Praten met je partner

Annette Heffels

Praten met je partner

Voor liefde kun je kiezen

Het Spectrum

Uitgeverij Het Spectrum B.V.
Postbus 2073
3500 GB Utrecht

Omslagontwerp: Volken Beck
Foto auteur: Hans de Kort
Zetwerk: Elgraphic+DTQP bv, Schiedam
Druk: Hentenaar Boek, Nieuwegein
Eerste druk oktober 2000
Tweede druk december 2000
Derde druk februari 2001
Vierde druk augustus 2001
Vijfde druk november 2001

ISBN 90 274 7145 2
NUGI 711
www.spectrum.nl

Inhoud

Inleiding

You always hurt the one you love
The one you shouldn't hurt at all
You always take the sweetest rose
And crush it till the petals fall

You always break the kindest heart
With a hasty word you can't recall
So if I broke your heart last night
It's because I love you most of all

(Uit een liefdesliedje van The Mills Brothers)

Het heeft me altijd getroffen dat mensen die zo innemend en communicatief zijn in het contact met zaken-
relaties of kennissen, in de omgang met hun intieme
partner zo vreselijk de plank mis kunnen slaan.
Dat je degene die je het meest dierbaar is, het meeste
kwetst, lijkt in bovenstaand liedje een wat gemakkelijke
smoes, maar is waarschijnlijk niet onwaar. Hoewel, of
omdat, ze van elkaar houden, kunnen mensen elkaar
heel erg pijn doen. Ze doen dat zelden met slechte bedoelingen, meestal niet uit een gebrek aan liefde, maar

omdat ze zo verschillend zijn, elkaar niet begrijpen, zich teleurgesteld, gedwongen of oneerlijk behandeld voelen.

De gedachte dat liefde genoeg is om je te verzekeren van een harmonisch en gelukkig leven, berust op een spijtig misverstand. Juist degene van wie je het meest verwachtte, op wie je al je dromen en fantasieën had geprojecteerd, blijkt zo anders dan je had gedacht en uit verdriet en woede daarover pak je hem terug.

De gevoelens bij paren die samen problemen hebben zijn intens, gecompliceerd en diep. De oplossingen lijken, vergeleken met al deze hartstocht, merkwaardig simpel.

Dit boek probeert – zonder de diepte van de gevoelens te ontkennen – een wat realistischer en praktischer kijk op relaties te presenteren. Ergernissen, meningsverschillen en ruzies zijn geen teken dat de liefde over is. Ze geven slechts aan, dat je elkaar beter leert kennen en dus oog krijgt voor verschillen die je aanvankelijk met de mantel der verliefdheid bedekte. Paren moeten iets bedenken om die verschillen te overbruggen zonder elkaar of zichzelf te verliezen. Je zou dat liefde kunnen noemen, maar dan liefde als gevolg van het aardig en respectvol met elkaar omgaan, niet als vanzelfsprekende oorzaak daarvan.

Uit onderzoek weten we dat paren die tevreden zijn over hun relatie anders met elkaar omgaan dan ongelukkige paren.

De gelukkige paren raken elkaar meer aan, uiten meer waardering, vertellen elkaar meer over waar ze mee bezig zijn en over wat ze denken en voelen en zijn soepeler en creatiever in het oplossen van meningsverschillen. Het is dan ook logisch dat relatietherapeuten ongelukkige paren proberen te leren om meer en vriendelijker met elkaar te communiceren. Dat blijkt ook te helpen. Een probleem daarbij is, dat mensen slechter kunnen communiceren wanneer ze emotioneel of gespannen zijn. In slechte relaties lopen de emoties vaak hoog op.

Daarom wordt in dit boek ook aandacht besteed aan het begrijpen van die emoties en aan het kunnen hanteren van stress.

Dit boek volgt in grote lijnen de werkwijze die ik hanteer in mijn relatietherapieën: ik probeer mensen te leren om zich aardiger en liever ten opzichte van elkaar te gaan gedragen, waardoor ze aardiger over elkaar gaan denken en na verloop van tijd elkaar liever gaan vinden. Voor een deel volgt het boek het protocol voor de behandeling van paren met relatieproblemen van prof.dr. C.P.D.R. Schaap, dr. B.M. van Widenfelt en drs. S.B. Pielage. Veel ontleen ik echter ook aan het werk van prof.dr. A. Lange, prof.dr. Alfons Vansteenwegen en dr. Maureen Luyens. In de literatuurlijst vindt u hun boeken, die zo mooi zijn dat de vraag gerechtvaardigd is of dit boek dan ook nog geschreven moest worden. Ik dacht dat het geen kwaad kon.

Het is geschreven naar aanleiding van de vele reacties op de cursus relatietherapie in het vrouwenblad *Margriet*. Het boek is een bewerking en uitbreiding van deze artikelen. Het bevat meer uitleg en veel praktijkvoorbeelden. En daarnaast adviezen natuurlijk, die echt helpen, mits u ze niet slechts leest.

Annette Heffels

1

Wij kunnen niet met elkaar praten

Als paren in therapie komen is dat vrijwel altijd omdat ze vinden dat ze niet samen kunnen praten. Vaak hebben ze al een hele tijd geprobeerd om dat te verbeteren, of eigenlijk om hun partner te leren hoe hij het anders moet doen, want meestal is er een duidelijke visie over het ontstaan van de problemen: de ander is daar de oorzaak van.

Carolien bijvoorbeeld is ervan overtuigd dat haar man Jasper een probleem heeft. Ze zou hem daar graag mee willen helpen en omdat haar inzet tot nu toe niet tot het gewenste resultaat heeft geleid, zoekt ze hulp. Zij heeft gebeld om een afspraak te maken en Jasper komt – niet geheel vrijwillig en slecht op zijn gemak – achter haar aan mijn spreekkamer binnen. Op mijn vraag wat ik voor hen kan doen, neemt Carolien het woord.
'Het probleem is dat hij niet praat,' zegt ze en zwijgend luistert Jasper naar de voorbeelden, die ze daarvan geeft. 'Het is waar,' zegt hij vervolgens: hij houdt van haar maar hij praat niet. Hij heeft dat van huis uit niet meegekregen. Zij ook niet, onderbreekt Carolien, thuis moest zij ook haar mond houden, maar daarom juist wil ze het in haar eigen

relatie anders. Daar moet gepraat worden, over en onder de afwas, maar vooral over gevoelens. Want ook al zegt hij niets, ze weet toch best wanneer hij het ergens niet mee eens is, dus kan hij het net zo goed wel zeggen. 'Dat is ook waar,' zegt hij en begint licht te transpireren, want het soort gevoelens dat zij bedoelt: hij weet niet waar hij die vandaan moet halen. Hij is kwaad, of hij vindt het gezellig, maar hij moet van haar horen dat hij zich bijvoorbeeld ook nog schuldig voelt soms, of verongelijkt, of jaloers, of een combinatie daarvan. Daar komt hij zelf niet op. Dus heeft ze hem meegenomen naar mij om te leren praten over gevoelens.

'Bijvoorbeeld,' zegt zij, 'over mijn studie, dat je daar kwaad over bent.'

'Niet waar,' zegt hij, 'daar ben ik niet kwaad over.'

'Waarom ben je dan elke keer als ik weg moet voor de opleiding te laat thuis? Waarom heb jij het altijd net heel druk als ik voor een tentamen moet werken en ben je het altijd vergeten als ik naar een werkgroep moet?'

'Niet altijd.'

'Negen van de tien keer.'

'Je overdrijft.'

'Ik overdrijf? Je zou je gezicht eens moeten zien als ik naar boven ga om te studeren. En je stuurt honderd keer de kinderen om iets te vragen.'

'Alleen als er iets moet gebeuren dat ik niet weet, want als ik het niet op jouw manier doe is het ook weer mis.'

'Zie je wel dat je kwaad bent. Jij vindt gewoon dat ik beneden moet zijn bij de kinderen. Zeg dat dan gewoon, zeg gewoon dat je het me niet gunt.'

'Ik gun je alles, het moet alleen niet ten koste gaan van ons.'

'Weet je wat het met jou is: jij hebt zelf helemaal geen belangstelling en geen hobby's. Als jij zou besluiten om een opleiding te gaan doen, of als je zou gaan sporten, dan zou ik dat juist hartstikke leuk vinden voor je en ik zou je daarin steunen. Ja, wat is er nou, waarom kijk je nou zo?'

'Ik weet het niet,' zegt hij ongelukkig en zij zegt heftiger maar net zo ongelukkig: 'Zo gaat het nou altijd, hij zegt niet wat hij voelt.'

'Nee,' geef ik toe, 'jij zegt wat hij voelt.'

Ze moet wel, zegt ze beledigd, want hij kan het niet. Ze vraagt het hem vaak genoeg, maar er komt niets uit. Tamelijk vervelend vindt ze zo'n opmerking trouwens. Van een vrouwelijke therapeut verwacht ze meer begrip als het gaat om mannen. Het is per slot van rekening algemeen bekend dat die weinig verstand hebben van gevoelens.

'Wat wil je weten van zijn gevoelens over jouw opleiding?' vraag ik.

Wat hij er echt van vindt, wil ze weten, om zich dan te realiseren dat ze denkt daarvan al op de hoogte te zijn.

In de therapie ontdekt ze dat hij bang is, niet kwaad. Hij is bang, omdat hij denkt dat ze hem saai vindt. Door haar nieuwe opleiding komt ze in contact met intelligente mensen, met wie ze kan praten, terwijl hij thuis niets pienters weet te verzinnen. Hij is bang dat zij straks niet meer naar huis zal willen komen. Vroeger wilde ze niets liever dan bij hem zijn, met hem samen, haar wereld draaide om hem, maar dat is veranderd. Ze hoeft niet meer om hem te lachen en ze weet al wat hij wil zeggen. Dat allemaal hoort ze over zijn gevoel, wanneer ze de tijd neemt om lang te luisteren. Het valt haar niet mee om te luisteren. Ze vindt praten gemakkelijker. Door te luisteren gaat ze voelen wat hij voelt en daar heeft ze het moeilijk mee. Ze heeft er lang over gedaan om te weten wat ze wil en om te besluiten dat ze voor zichzelf kiest: zij wil studeren. Boos worden vanwege zijn verzet helpt daarbij. Je moet vechten voor je recht. Met hem meevoelen maakt zwak. Ze wil niet dat hij ongelukkig is.

Het probleem van Carolien is niet zozeer dat ze niet met Jasper kan praten, maar dat zij niet naar hem kan luisteren. Naar de ander luisteren kan moeilijk zijn omdat je liever niet wilt horen wat hij zegt of omdat je denkt dat al te weten. Het kan ook zijn dat je het oninteressant vindt of dat je heel iets anders wilt weten dan de ander vertelt. Het gesprek loopt daardoor steeds weer uit op een teleurstelling of zelfs op ruzie.

Het wonderlijke is dat mensen die in therapie komen omdat ze niet met elkaar kunnen praten, over het algemeen uitstekend kunnen praten met anderen: met vriendinnen, collega's of zelfs met willekeurige vreemden. Het lukt alleen niet met elkaar, niet met degene met wie ze dat het liefste zouden willen.

Charlot zou dolgraag meer willen praten met Marcel, want voor haar betekent praten over wat je bezighoudt intimiteit. Marcel is van huis uit niet zo gewend om onder woorden te brengen wat hem bezighoudt. Intimiteit is voor hem lekker ontspannen bij elkaar zitten en jezelf kunnen zijn. Als hij praat dan is dat over dingen die er gebeurd zijn of over problemen die opgelost moeten worden. Wanneer je goed luistert naar de manier waarop Charlot tot een goed gesprek probeert te komen, wordt het ineens wat duidelijker waarom dat ondanks al haar pogingen maar niet wil lukken.

> Charlot: Vertel eens, hoe was jouw dag?
> Marcel: Druk, niks bijzonders.
> Charlot: Was er iets mis?
> Marcel: Nee, hoezo?
> Charlot: Je bent zo stil, net alsof je met je gedachten heel ergens anders bent.
> Marcel: Ik zit gewoon lekker te eten.
> Charlot: Je vindt het dus wel lekker. Ik had het idee dat je niet eens proefde wat je at.
> Marcel: Sorry, schat, ik vind het heel lekker.
> Charlot: Ja, dat zei je, ja.
> Marcel: Wat is er nou?
> Charlot: Dat ik me uitsloof om lekker te koken en dat jij sinds je thuis bent geen kop opengedaan hebt, dat is er.
> Marcel: O, sorry, ik heb het nogal druk gehad. Ik moest dat rapport afmaken en ik werd voortdurend gestoord.

Charlot: Waarom laat je die telefoontjes dan niet tegenhouden?

(Marcel begint een omstandig verslag van alle redenen waarom dat niet kan en door wie en waarom hij precies gestoord werd.)

Charlot: Nou ja, het zal wel. Dat is natuurlijk allemaal vreselijk belangrijk dat je dat dan allemaal zelf doet.

Marcel: Ik dacht dat je wilde weten...

Charlot: Ach, laat ook maar. Natuurlijk wil ik niet weten wat je van minuut tot minuut voor interessants gedaan hebt, ik wil gewoon weten hoe je je voelt.

Marcel: Moe, dat zei ik toch.

Charlot: Ja, dat zei je, ja.

De rest van de maaltijd wordt in doodse stilte doorgebracht. In een toetje hebben ze allebei geen trek meer.

Wanneer Marcel iets wil vertellen over zijn dag, wordt dat door Charlot afgestraft: dit vindt ze oninteressant of wil ze niet horen. Het gaat haar om een ander soort gesprek, een echt gesprek over gevoelens. Voor Marcel wordt het daarom lastig om een gesprek met haar aan te gaan. Ieder gesprek leidt tot wrevel en afstand. Wanneer Charlot zou proberen om te begrijpen wat Marcel haar vertelt over zijn werk, zou ze waarschijnlijk heel wat meer over zijn gevoelens te weten te komen tussen de regels door, dan nu ze hem zo afkat.

Met 'Wij kunnen niet praten' (vaak trouwens wat minder neutraal geformuleerd: 'Met hem/haar valt niet te praten') kunnen twee dingen worden bedoeld: 'Wij kunnen onze ervaringen en gevoelens niet met elkaar delen,' of 'We krijgen steeds ruzie als we samen een probleem moeten oplossen waar we verschillend over denken.' De aanschaf van een nieuwe bank, het bepalen van de vakantiebestemming of het verdelen van de huishoudelijke taken zorgt voor onoplosbare conflicten. Het is terecht dat er in relaties zo veel belang wordt gehecht aan het goed met elkaar kunnen praten. Paren die met elkaar kunnen bespreken wat ze denken en voelen en die in staat zijn om meningsverschillen op te lossen, zijn gelukkiger in hun relatie dan paren die hier niet in slagen. Niet het hebben van problemen, maar de manier waarop je daarmee omgaat, bepaalt of je het prettig hebt samen.

Uit onderzoeken waarin de manier waarop paren met elkaar praten zorgvuldig werd geobserveerd, bleek dat degenen die samen gelukkig waren dat heel anders deden dan de paren die zich ongelukkig voelden met elkaar.

Bij mensen die ontevreden zijn over hun relatie, zie je bijvoorbeeld heel vaak de volgende patronen:

- Beide partners klagen voortdurend tegen elkaar over wat de ander fout doet zonder dat er een poging wordt gedaan om te begrijpen waar de pijn zit. Iedere klacht ('Had je niet even kunnen bellen?') wordt meteen gevolgd door een tegenbeschuldiging ('Alsof jij dat ooit doet.').

  Er is een strijd om de macht: het gaat om het winnen, niet om een oplossing. Als de een A zegt, vindt de ander onmiddellijk B. Als de een iets voorstelt, vindt de ander dat automatisch niets. Terwijl hij het voorstelt wordt hij al door haar onderbroken, omdat zij denkt dat ze al lang weet wat hij gaat zeggen. En terwijl zij uitlegt waarom zijn plan niet deugt, wordt ze in de rede gevallen door hem, omdat hij niet wil luisteren naar haar bezwaren, maar alweer tegenargumenten bedacht heeft.

- Dat tegenspreken en in de rede vallen gebeurt niet alleen als de ander een voorstel doet of zijn mening geeft, maar ook als hij zijn gevoelens uit. 'Ik vind het heel kwetsend als je dat zegt.' 'Wat een onzin, ik zeg het toch alleen maar om je te helpen. Dan hoef je je dat toch niet persoonlijk aan te trekken. Jij kunt gewoon niet tegen kritiek.' De conclusie waarmee het gesprek afgemaakt wordt en waarbij aan de ander wordt uitgelegd wat hij voelt of denkt, komt zelden prettig aan. Toch is gedachten lezen en conclusies trekken over het karakter van de ander iets wat veel gedaan wordt door echtparen die niet blij zijn met elkaar: 'Jij bent zo ongelooflijk zelfingenomen.' 'Helemaal niet, maar jij denkt dat jouw oplossing de enige is.' 'Dat denk ik niet, maar jij ziet iedere andere mening gelijk als kritiek,' enzovoorts.

- Een ander patroon dat je vaak ziet bij ongelukkige paren, is dat een van de twee steeds trekt aan de ander en dat die ander steeds verder achteruit leunt of ontwijkt: zij wil weten of hij voelt voor een vakantie samen en hij ontwijkt door vragen te stellen over de kosten, de plaats en het tijdstip of door te zeggen dat hij niet weet of hij weg kan op zijn werk en ook niet weet wanneer hij dat zou kunnen weten.

Bij paren die wel tevreden zijn over de relatie komen zeker meningsverschillen en conflicten voor, maar die verlopen op een andere manier.

- Als een van tweeën een voorstel doet om een probleem op te lossen, dan reageert de ander daar positief op of doet een aanvullend voorstel. Zij vindt het vervelend dat hij vaak 's avonds boven zit te werken en stelt voor dat hij in ieder geval beneden blijft tot de kinderen naar bed gaan. Hij zegt: 'Je hebt gelijk, als ik ze nou eens naar bed breng en zullen we daarna samen even koffiedrinken als zij naar bed zijn, want anders hebben we nauwelijks tijd om elkaar te spreken.'
- Op het uiten van gevoelens wordt niet gereageerd door die te ontkennen, maar door te zeggen dat je het je kunt voorstellen of door verder te vragen. Gedachten en gevoelens worden niet ingevuld voor de ander, maar eerder gepeild: als je denkt te merken dat iemand zich verdrietig voelt, kun je vragen of dat klopt

(en accepteer je als het ontkend wordt).

- Ten slotte praten mensen met een goede relatie over de manier waarop ze met elkaar praten. Weer niet door overhaaste conclusies te trekken, maar door tegen elkaar te zeggen wat ze voelen: 'Het is net alsof je geïrriteerd bent, omdat ik dat voorstelde.' 'Ja, als ik eerlijk ben, heb ik er niet zo'n zin in.'

Samengevat komt het erop neer dat tevreden echtparen echt luisteren naar wat de ander te zeggen heeft. Ze proberen te begrijpen wat de ander voelt en durven het met hem of haar eens te zijn. Ze weten dat je elkaar kunt verliezen door elke woordenwisseling te winnen.

Het vervelende is dat ongelukkige paren zelf niet doorhebben dat ze in een min of meer vast patroon van praten zijn vastgelopen. Ze weten dat hun gesprekken zelden tot opluchting of een oplossing leiden, maar ze weten niet hoe dat komt.

De kunst van het luisteren

Er was eens een man, die last kreeg van zijn ogen: hij kon niet goed meer de krant lezen. De kleine lettertjes verdwenen in een grijze mist. Dus besloot hij naar een oogarts te gaan, die hem vroeg wat zijn klachten waren. Nauwelijks was de man begonnen dat uit te leggen of de oogarts onderbrak hem en zei: 'Meneer, ik begrijp het al, ik weet precies wat u nodig heeft.'

Vervolgens nam hij de bril van zijn eigen neus en zette hem op de neus van de verbouwereerde patiënt. Die tuurde ingespannen door de bril en zei toen: 'Het spijt me dokter, maar nu zie ik nog veel minder dan zojuist.'

'Dat kan niet,' reageerde de dokter monter, 'zelf draag ik deze bril al twintig jaar en ik zie er uitstekend door. Ik heb er twee, dus u kunt deze ophouden en ik zal me vandaag verder behelpen met mijn reserve-exemplaar.' Tevreden

met zijn eigen hulpvaardigheid keek hij de patiënt aan, die protesteerde: 'Ja, maar dokter, ik zie echt helemaal niks door deze bril.' Nu raakte de dokter geïrriteerd: 'U moet natuurlijk wel een beetje meewerken. Wilt u eigenlijk wel geholpen worden, of hoe zit dat?'

Waarna dokter en patiënt voorgoed en niet erg hartelijk afscheid van elkaar namen.

Het is duidelijk wat er mis ging in dit voorbeeld. De oogarts luisterde niet naar zijn patiënt, maar was alleen bezig met zijn eigen ideeën. Niemand zou voor een tweede keer naar een dergelijke arts toe gaan. Het voorbeeld, dat ik heb overgenomen van de Amerikaanse organisatiedeskundige Covey, lijkt bizar. Toch gedragen we ons allemaal regelmatig net als deze oogarts, zonder dat we het beseffen. Ik heb nog nooit iemand bij me gehad met de klacht: 'Ik kan niet naar mijn man luisteren.' Toch zou dit in veel gevallen het probleem juister weergeven dan: 'Ik kan niet met hem praten.' Bij Carolien en Jasper bijvoorbeeld is het feit dat Carolien slecht luistert minstens zo belangrijk als Jaspers probleem om zijn gevoelens goed onder woorden te brengen. Bovendien beïnvloeden Jasper en Carolien elkaar op zo'n manier dat hij steeds minder gaat zeggen (zij weet immers al wat hij bedoelt) en zij steeds meer (als ze op hem moet wachten komt het nooit tot een zinnig gesprek).

Veel gesprekken lopen mis, niet omdat we niet kunnen praten maar omdat wij moeite hebben met de rol van luisteraar. Joost praat als Brugman in het nu volgende fragment, maar zijn vrouw Karin wordt daar niet gelukkiger van.

Karin en Joost hebben drie kinderen van elf, negen en vier jaar oud.
Joost werkt fulltime en Karin drie dagen per week. Vandaag heeft ze geprobeerd een verslag thuis af te maken. Joost

weet dat en vraagt, als hij thuiskomt, belangstellend of ze is opgeschoten met haar werk.

Joost: Heb je lekker kunnen werken?

Karin: O ja hoor, tussen het opruimen door en de telefoon en en spelletjes doen en ruzies sussen heb ik fantastisch kunnen werken. Ik heb minstens drie zinnen op papier gekregen.

Joost: Niet dus, nou ja, eerlijk gezegd vind ik ook dat het niet klopt, dat je die verslagen thuis moet maken. Je werkt drie dagen, daar word je voor betaald en wat niet in die drie dagen past, dat moet iemand anders maar doen.

Karin: Hoe kan dat nou, het is mijn project.

Joost: Dan moet je zo'n project niet aannemen, er zijn toch meer mensen die dat kunnen doen.

Karin: Ik wilde dat project juist absoluut. Het was voor mij een mogelijkheid om te laten zien wat ik kan. Omdat ik parttime werk gaan de leukste klussen toch al vaak naar de fulltimers. Ik vond het juist hartstikke leuk om te doen.

Joost: Ja, dat zie ik, je zit echt te stralen.

Karin: Omdat het geen doen is om zo'n verslag te maken met de kinderen om me heen, om nog maar te zwijgen van de troep in huis.

Joost: Ik heb je al honderd keer gezegd dat je dan meer hulp moet nemen, laat de werkster gewoon drie keer per week komen in plaats van één ochtend.

Karin: Alsof dat een oplossing is. Het is hartstikke duur en zolang iedereen hier alles achter zijn kont laat slingeren blijft het toch een puinhoop.

Joost (begint wat speelgoed van de grond te pakken): Jongens, kom eens hier en ga eens opruimen.

(Er breekt tumult uit onder de kinderen die alledrie zeggen dat zij die rommel niet gemaakt hebben.)

Karin: Laat ze nou alsjeblieft, ze zijn net even rustig bezig. Ik doe het straks wel, of misschien zou je kunnen overwegen zelf even je handen te laten wapperen in plaats van mij te vertellen hoe ik het allemaal moet doen.

Joost: Ik probeer je alleen maar te helpen.

Karin: Nou ga je gang.

Joost: Wat heb jij een pesthumeur zeg, omdat jij je werk niet aankan, heb ik het allemaal weer gedaan.

Karin wil haar frustraties spuien over de dag en erkenning voor het feit dat het haar tegen heeft gezeten. Joost luistert nauwelijks maar overlaadt haar met goedbedoelde adviezen, waar ze niet op zit te wachten. Hij heeft het idee dat Karin dit van hem verwacht. Hij denkt dat ze een beroep doet op zijn vermogen om praktische oplossingen voor een probleem te bedenken. Karin vat echter zijn adviezen op als teken dat hij haar problemen niet serieus neemt. Hij denkt zeker dat het allemaal even simpel te regelen valt, dat hij alles beter weet en dat zij niet in staat is om zulke voor de hand liggende oplossingen zelf te bedenken. Ze voelt zich onbegrepen en heeft het idee dat ze niet alleen een rotdag heeft gehad, maar vervolgens ook nog de schuld voor al haar problemen in de schoenen geschoven krijgt.

Wanneer iemand iets vertelt over zijn gevoelens en de ander luistert niet, maar is druk in de weer om zijn eigen mening alvast te formuleren, dan leidt dat niet tot een goed gesprek, maar tot boosheid, misverstanden, voortdurend herhalen van het eigen standpunt of tot het je gekwetst en onbegrepen terugtrekken. Als Joost geluisterd had naar Karin en zich had proberen te verplaatsen in haar geworstel om kinderen, huishouden en werk te combineren, dan zou het gesprek heel anders verlopen zijn. Mogelijk hadden ze samen kunnen zoeken naar een oplossing, maar pas op het moment dat Karins probleem echt helder was, niet alleen voor Joost, maar ook voor haarzelf. Praten tegen een aandachtige luisteraar helpt namelijk om je gedachten te ordenen, om helder te krijgen wat je precies dwars zit. Misschien was Karin erachter gekomen dat ze zich heel onzeker voelt over dat project, dat ze misschien hulp erbij nodig heeft. Misschien speelt een rol dat ze via dit project wil bewijzen dat ze minstens zo veel in huis heeft als haar fulltime werkende collega's; mogelijk is ze jaloers op het feit dat Joost wel rustig door kan werken op zijn kantoor, of zelfs thuis, omdat de kinderen hem veel minder storen. Al dit soort gedachten en gevoelens komen nu niet aan de orde, omdat Joost zijn eigen oplossing geeft voordat het probleem duidelijk is.

De rol van de spreker en de rol van de luisteraar

Voor een goed gesprek heb je een spreker en een luisteraar nodig. Vaak zijn we wat te veel gespitst op onze tekst als spreker en te weinig op de belangrijke rol van luisteraar.

In beide rollen kan er van alles mis gaan. De spreker kan zich omslachtig of onduidelijk uitdrukken. Hij durft misschien niet precies te zeggen wat hij bedoelt, of hij vindt dat de ander het maar moet aanvoelen zonder dat het met zoveel woorden gezegd wordt. De luisteraar kan moe of geïrriteerd zijn, of kan denken dat hij allang weet wat de ander wil zeggen. Om allerlei redenen kunnen er storingen optreden in de verbinding tussen luisteraar en spreker.

De kans dat de boodschap goed overkomt, maak je zo groot mogelijk wanneer beiden, spreker en luisteraar, hun rol goed vervullen. De meest gemaakte fouten van mensen die met elkaar praten zijn:

1. (met stip) **Niet luisteren**

2. Gedachten lezen
Wanneer je al een tijd bij elkaar bent, kan de indruk ontstaan dat je precies weet wat er in de ander omgaat. Je leest het af uit hoe hij kijkt, hoe hij zit, uit de manier waarop hij langs tv-programma's zapt. Hij hoeft het je niet te vertellen: je kent hem beter dan hij zichzelf kent.

In deze overtuiging schuilt een groot gevaar. Niemand wil een volledig open boek zijn voor de ander, zeker niet wanneer daarin vooral minder leuke verhalen worden gelezen. Zelfs als je gelijk hebt (en wie bepaalt dat eigenlijk?) zal je partner geneigd zijn te ontkennen dat hij denkt wat jij dacht dat hij denkt. Mogelijk zit Ellen er in het volgende voorbeeld niet eens zo ver naast, wanneer ze zegt wat Mark denkt en voelt, maar ze komen door dit gesprek niet echt nader tot elkaar.

Ellen: Wat is er?
Mark: Niks, hoezo?
Ellen: Je bent zo stil.
Mark: O ja? Nou, er is niks.
Ellen: Ik zie toch dat er iets is en ik weet trouwens ook wat er is.
Mark: Als je het zo goed weet, waarom vraag je het dan?
Ellen: Je bent kwaad omdat ik gisteravond niet wilde vrijen.
Mark: Dacht je echt dat ik daar nog kwaad om werd? Daar ben ik allang aan gewend.
Ellen: Zie je wel dat je kwaad bent.
Mark: Goed, dan ben ik kwaad, maakt dat enig verschil?
Ellen: Als je bedoelt dat we dan vanavond gaan vrijen, dan niet nee.
Mark: Goed, dat is dan ook weer duidelijk.
Ellen: Maar gaat het daar dan alleen maar om? Voor jou telt alleen maar of we een paar keer per week vrijen, dan is alles goed.
Mark: Waar heb je het over, een paar keer per week, ik zou al heel gelukkig zijn met een paar keer per maand.
Ellen: Wat kom jij toch vreselijk tekort! Vind je het gek dat ik geen zin heb, als jij de hele avond tv zit te kijken en dan in bed ineens zin krijgt om te vrijen? Voor mij moet daar wel iets aan vooraf gaan.
Mark: O werkelijk, dat heb ik gemerkt toen ik je wilde aanhalen in de keuken.
Ellen: Ja, toen stond ik druk te koken, je weet je momenten

wel te kiezen, zeg, je weet dat ik er niet van hou als je dan aan me zit.

Mark: Niet in de keuken, niet in bed, mocht er ooit nog eens een moment zijn waarop het je wel uitkomt dan hoor ik het wel. Van mij zul je geen last meer hebben.

3. Verwijten in plaats van wensen

Het is kennelijk veel eenvoudiger voor ons om te zeggen wat ons niet bevalt aan een ander dan om te zeggen wat we graag van hem of haar zouden willen.

Mieke stoort zich aan Jans autoritaire houding tegenover de kinderen. Tegenover haar zou hij zich trouwens ook wel wat subtieler kunnen opstellen, maar daar wil ze het nog niet eens over hebben. Ze probeert hem uit te leggen wat haar ergert, maar geeft geen antwoord op zijn terechte vraag wat ze nu eigenlijk van hem wil.

Jan heeft hun vijftienjarige zoon, die voor de tv lag, 'toegesproken' zoals hij dat zelf noemt. Hij heeft hem uitgelegd dat er niets van zijn school en van hem terechtkomt, dat hij geen spat uitvoert en een slap karakter heeft en dus nu onmiddellijk naar zijn kamer gaat en aan het werk. En uitgaan met zijn vrienden kan hij voorlopig vergeten, als zijn schoolprestaties niet verbeteren.

Mieke: Moest dat nu zo?

Jan: Hoe bedoel je, moest dat nu zo. Ik dacht dat jij vond dat het zo niet verder kon.

Mieke: Ja, maar als je die jongen eerst tot de grond afbreekt, gaat hij daarna echt niet aan het werk. Hij heeft toch al het idee dat hij niks kan.

Jan: Hij voert niks uit, dat is het probleem, en jij houdt hem altijd de hand boven het hoofd.

Mieke: Ik ben gewoon bang dat je het contact met die jongen verliest als je zo tegen hem tekeergaat.

Jan: Zo tekeergaat? Ik heb hem gewoon duidelijk gezegd waar het op staat, daar moet hij maar tegen kunnen.

Mieke: Dat moet jij zeggen, jij kan er helemaal niet tegen als iemand een kritische opmerking maakt, maar die jongen moet dat allemaal maar goed opvatten, je weet niet half hoe denigrerend jij kan doen.

4. Het 'Ik zeg' patroon
Dit is het steeds herhalen van het eigen standpunt, vaak met telkens een ander argument om het nog eens uit te leggen. Meestal is de reden dat de ander jouw mening niet deelt echter niet dat hij je niet gehoord of begrepen heeft, maar dat hij iets anders wil of vindt.

5. Generaliseren
Generaliseren doe je door 'altijd' of 'nooit' aan je opmerking toe te voegen.
'Jij laat altijd alle troep achter je slingeren.'
'Kun je nu nooit eens een keer iets positiefs zeggen?'

6. Eisen van gevoelens of spontaan gedrag
'Doe eens een beetje gezellig.'
'Je kan toch ook wel eens uit jezelf een bloemetje meenemen.'
Mensen kunnen niet op commando iets 'spontaan' doen. Als je het verzoek opvolgt, is het al niet meer spontaan. Gevoelens kunnen alleen maar spontaan optreden. Een verzoek om je anders te *voelen* is onzin. Je kunt je alleen op verzoek anders *gedragen*. Voor veel mensen is dit echter niet genoeg. Als hun partner bloemen voor ze meeneemt omdat ze dat gevraagd hebben is het ineens een zinloos gebaar, omdat het niet uit hemzelf gekomen is. Wanneer je met iemand vrijt omdat je hem graag een plezier doet, dan is dat verkeerd, want je moet het zelf willen. Eigenlijk is dit een heel wonderlijk standpunt: wanneer iemand moeite doet om jou iets te geven waar je om gevraagd hebt, dan is dat minder waardevol dan wanneer hij iets geeft dat spontaan in hem opkomt – terwijl dat laatste waarschijnlijk veel gemakkelijker is. De achtergrond hiervan is, dat je niet

wilt dat de ander anders dóét, maar dat hij anders ís: namelijk net zo als jijzelf. Hij moet eigenlijk hetzelfde voelen en hetzelfde willen, omdat het toch 'logisch' is wat jij wilt. En als hij echt zoveel van je houdt als hij zegt, dan zou hij dat toch vanzelfsprekend voor jou willen doen, dan zou je er helemaal niet om hoeven vragen. Het is die teleurstelling waarop het gesprek tussen Marijke en Job afknapt.

Marijke en Job hebben een druk leven: ze hebben twee schoolgaande kinderen en allebei een baan. Soms leven ze in al die drukte wat langs elkaar heen.

Marijke heeft in de loop van de dag bedacht dat het tijd is om weer eens samen iets leuks te doen. Ze stelt zich voor om gezellig een weekend naar Amsterdam te gaan, lekker eten, misschien naar het theater, een leuk hotelletje, tijd om te praten en te vrijen, want dat is er allemaal wat bij ingeschoten. Als haar man thuiskomt, kan ze nauwelijks wachten om hem haar plan voor te leggen.

Marijke: Zou je het leuk vinden om volgend weekend gezellig samen naar Amsterdam te gaan?

Job: Hoezo, wat wou je daar dan doen en hoe moet dat dan met de kinderen?

Marijke (al en beetje ontnuchterd door zijn reactie): De kinderen kunnen bij mijn zus logeren. En wij dan gewoon, net als vroeger, lekker door de stad lopen, leuke dingen doen en dan blijven we daar logeren...

Job: Weet je wat een hotel in Amsterdam kost?

Marijke: Ik vind dat we best wat verdiend hebben. We hebben het zo druk gehad de laatste tijd en als we hier thuis blijven dan gaan we toch weer van alles doen. Het lijkt me zo leuk, om weer eens echt de tijd te hebben voor elkaar.

Job: Daar hoef je toch niet voor naar Amsterdam, dan kunnen we hier toch ook best een weekend geen afspraken maken.

Marijke (inmiddels gepikeerd): Ja, dat ken ik! Ik dacht dat je het leuk zou vinden, maar als het jou niet uitmaakt dat we elkaar nauwelijks meer spreken, laat dan maar zitten.

Job: Nauwelijks meer spreken lijkt me wat overdreven. En trouwens, als je me wilt spreken dan kan dat hier thuis toch ook, daar hoeven we toch niet voor naar Amsterdam.

Marijke: Nee hoor, daar hoeven we niet voor naar Amsterdam, we hoeven helemaal niks, dat is ook het goedkoopste.

Job: Als jij zo graag naar Amsterdam wilt, dan vind ik het best, dan gaan we naar Amsterdam.

Marijke: Het hoeft al niet meer. Als je het alleen voor mij doet, dan is de lol eraf.

Job: Je hoeft niet meteen kwaad te worden. Ik bedoel niet dat ik niet wil, maar je overvalt me. Misschien kunnen we gewoon een dag gaan, als jij dat leuk vindt.

Marijke: Ik ben niet kwaad en ik vind het niet leuk, niet meer.

Job: Ja, sorry hoor, ik begrijp niet precies waarom je nou zo raar doet, als jij naar Amsterdam wilt dan gaan we naar Amsterdam.

Marijke: Laat maar zitten Job, als je dat niet begrijpt, kan ik het je ook niet uitleggen.

Marijke voelt zich afgewezen. Vroeger zou Job het idee van een romantisch weekend met zijn tweeën fantastisch gevonden hebben. Ze vraagt zich af of hij nog wel om haar geeft. De gedachte komt zelfs in haar op dat er misschien een ander is, want hij neemt ook veel minder initiatief om te vrijen dan vroeger, maar die gedachte zet ze snel weer van zich af. Dat zou ze merken, of niet?

Wat blijft is de boosheid. Wat een krent is hij toch, om alleen maar te denken aan het geld dat zo'n weekend zou kosten. Hij heeft niets voor haar over, denkt alleen maar aan dat stomme werk. Van haar hoeft hij voorlopig geen toenaderingspogingen meer te verwachten.

Job vindt dat Marijke vreemd reageert. Voor hem hoeft zo'n weekend niet, maar hij was best bereid om voor haar mee te gaan, hoewel hij eigenlijk nog een hoop werk had liggen. Hij kan zich niet voorstellen waar ze nu zo gepikeerd over is, maar hij besluit haar maar een tijdje in haar sop gaar te laten koken. Meestal trekt zo'n bui vanzelf over.

Marijke en Job denken een heleboel dingen die ze elkaar niet zeggen. Marijke zegt niet dat zij meer intimiteit wil, zij vraagt of hij zin heeft in een weekend Amsterdam en als hij die niet blijkt te hebben is ze teleurgesteld, omdat hij niet hetzelfde wil als zij. Het is niet voldoende dat hij voor haar wil gaan, hij moet het zelf willen. Uiteindelijk ontstaat er zo afstand, terwijl ze meer contact wilde.

'Als het niet spontaan kan, dan hoeft het al niet meer,' is een gevaarlijk zinnetje.

7. In algemene termen praten

Vaak praten partners over 'je,' 'men' of 'sommige mensen'. 'Je wilt toch ook wel eens wat waardering horen,' in plaats van 'Ik zou het fijn vinden als je zegt wat je ervan vindt, wanneer ik zo'n klus gedaan heb.'

8. Vragen die geen vragen zijn

Vaak wordt iets als een vraag gebracht, terwijl het eigenlijk een bewering is. Bijvoorbeeld: 'Waarom ben ik hier in huis de enige die ooit opruimt?'

Duidelijker is: 'Ik wil graag dat je je kamer opruimt.'

In een gesprek tussen Mark en Ellen over hetzelfde thema waar ze eerder in dit hoofdstuk ruzie over maakten (ze hebben het daar wel meer over) wordt een aantal van deze onterechte vragen gesteld. Er komt een soort antwoord op, maar dat antwoord is niet het antwoord op de vraag, omdat de vraag geen echte vraag was.

Mark: Hou je eigenlijk nog een beetje van me?
Ellen: Ja, natuurlijk.
Mark: Nou dat klinkt enthousiast.
Ellen: Sorry, ik ben bezig.
Mark: Zo druk, dat ik niet aan je mag komen.
Ellen: Ik vind het gewoon niet zo prettig als je me zo ineens vastpakt als ik druk bezig ben.

Mark: Ik zou er geen bezwaar tegen hebben als je mij eens ineens zou pakken.

Ellen: Doe nou niet ineens zo beledigd, alsof ik jou nooit aanhaal.

Mark: Ik ben niet beledigd. Ik vind het jammer.

Ellen: O, niet beledigd, zielig dan en wat vind je zo jammer?

Mark: Dat ik altijd het initiatief moet nemen, jij zal nooit eens mij vastpakken.

Ellen: Ja, hoor eens, ik kan dat niet op commando.

Mark: O, maar ik zou er ook helemaal geen bezwaar tegen hebben als het spontaan in je op zou komen, het hoeft helemaal niet op commando.

Ellen: Ik haal jou heus wel eens aan.

Mark: Werkelijk?

Ellen: Ja, maar als ik dat doe, dan grijp jij meteen naar mijn borsten.

Mark: Ja, als het eens een keer voorkomt, dan reageer ik daarop ja. Ik vind je toevallig nog steeds aantrekkelijk, neem me niet kwalijk. Wat is daar mis mee?

Ellen: Niks natuurlijk, dat bedoel ik helemaal niet.

Mark: Wat bedoel je dan wel? Denk je dat het leuk is, als ik jou aanraak dat je dan altijd zo stijf als een plank staat. Moet je me eigenlijk nog wel?

Ellen: Doe niet zo idioot, natuurlijk wel, ik ben alleen even bezig nu.

Mark: Laat ik je dan met rust laten. Dat is toch wat je wilt?

9. Op de man spelen: beledigingen of karakteranalyses

Natuurlijk moet je het tegen elkaar kunnen zeggen als de ander iets doet wat je hindert. Het wordt echter moeilijk te verteren wanneer je je kritiek niet richt op het *gedrag* van die ander, maar op zijn persoon. Hij *doet* niet iets verkeerd, hij *is* verkeerd. Zijn karakter deugt niet.

Het nu volgende gesprek tussen Els en Jaap gaat al snel niet meer over gedrag, maar over de persoon van de ander. De uitspraken die worden gedaan, zijn vooral bedoeld om te kwetsen, niet meer om iets op te lossen.

Els en Jaap willen ieder de avond anders doorbrengen. Dit feit leidt tot verstrekkende gevolgtrekkingen over het karakter van de ander en voor beiden niet tot een aangename avond.

Els: We hadden een afspraak, weet je nog?

Jaap: Ik weet van niks.

Els: Het heeft ook geen zin om afspraken met jou te maken. Dat we minder tv zouden kijken, dat hadden we afgesproken.

Jaap: Nou?

Els: O, dus je herinnert het je?

Jaap: Ja, natuurlijk.

Els: Je weet het nog wel, maar je trekt je er gewoon niks van aan. Wat ben je toch ook een egoïst.

Jaap: Hoezo trek ik me er niks van aan, ik hou me altijd aan afspraken, van mij mag hij zo meteen uit.

Els: Ja, nadat ik je eraan herinnerd heb en je de hele avond naar sport hebt zitten kijken.

Jaap: O, bedoel je dat dat ook niet meer mag, dat ik niet eens meer een voetbalwedstrijd mag kijken?

Els: Je zit iedere avond sport te kijken.

Jaap: Er is helemaal niet iedere avond sport. Ik kijk als er een belangrijke wedstrijd is. Omdat jij niet sportief bent, mag ik er ook geen plezier aan beleven.

Els: Bedoel je dat het sportief is als je naar de inspanningen van anderen kijkt.

Jaap: Als ik een hele dag hard gewerkt heb, vind ik het leuk om naar een wedstrijd te kijken. Ik begrijp nu dat mij dat niet gegund is.

Els: Ik gun je alles, maar ik zou het aardig vinden als we ook eens een woord samen zouden wisselen in plaats van zo'n hele avond samen te zitten zwijgen voor de tv.

Jaap: Het zou niet gek zijn als je eens een hele wedstrijd zweeg.

Els: Ik zeg al niets meer. Ik ga wel naar boven.

Jaap: Goed. Oké, je wilde praten. Waar had je het dan over gehad willen hebben?

Els: Dat maakt niet uit, over alles wat je bezighoudt.

Jaap: Er is niks op het moment wat me bezighoudt.

Els: Natuurlijk wel.

Jaap: Ja, op het moment ben ik bezig met die wedstrijd, waar ik naar probeer te kijken.

Els: Zie je wel, dat stomme voetballen vind je belangrijker dan onze relatie.

Jaap: Doe niet zo belachelijk. Ik kijk gewoon even naar de wedstrijd en dan wil ik daarna met je praten zolang je wilt.

Els: Na de wedstrijd ben ik moe. Je weet zelf ook dat ik er weer om zeven uur uit moet.

Jaap: Nou, dan vertel je nu wat je te vertellen hebt.

Els: Ik kan niet praten terwijl jij met een oog op de tv gericht zit.

Jaap: Nou, je bent anders al aardig op dreef.

Els: Het interesseert je totaal niet, je wilt alleen maar dat ik mijn mond hou, zodat je weer rustig kunt kijken.

Jaap: Als jij iets belangrijks te vertellen hebt, dat echt niet kan wachten, dan zet ik de tv uit.

Els: Dus dit vind je niet belangrijk.

Jaap: Dit heb ik al eens meer gehoord en ik zal het in de toekomst vast ook nog wel eens horen.

Els: Als ik me druk maak over onze relatie en als ik wil dat we dingen uitpraten, dan ben ik natuurlijk volgens jou weer aan het zeuren.

Jaap: Heb ik gezegd dat je zeurt?

Els: Nee, dat hoef je ook niet te zeggen, dat is zo van je gezicht af te lezen.

Jaap: Wat had je nou eigenlijk te zeggen?

Els: Niks.

Jaap: Als je het niet erg vindt, dan zou ik graag even die wedstrijd willen zien.

10. 'Kijk naar jezelf'-reacties

Dikwijls wordt kritiek of een klacht van een ander meteen beantwoord met een tegenklacht: 'Dat moet jij nodig zeggen, dat ik niet attent ben, wie vergat laatst onze trouwdag?'
'Net alsof jij nooit eens iets vergeet.'

11. Afdwalen van het onderwerp en oude koeien uit de sloot halen

Als een argument niet overtuigend is, of als een punt van kritiek onvoldoende aankomt, worden er vaak allerlei zaken bij gehaald uit het verre verleden, tot niemand meer weet waar het oorspronkelijk ook alweer over ging. Zo wil Steffie graag dat Rik met haar meegaat naar een etentje bij haar beste vriendin. Rik kan deze vriendin niet uitstaan. In hun pogingen om de ander van het gelijk te overtuigen wordt er van alles bij gehaald.

> Rik: Sorry Stef, je weet hoe ik over haar denk, daar heb ik echt geen zin in.
> Steffie: Ik heb ook wel eens ergens geen zin in. Dacht je dat ik het altijd leuk vind om met mensen van jouw werk te eten.
> Rik: Dan moet je dat niet doen.
> Steffie: Ik doe het voor jou, omdat ik weet, dat jij het prettig vindt, als ik meega.
> Rik: Overigens vind ik dat dat wel iets anders ligt, uiteindelijk zijn dat etentjes met zakenrelaties en het is ook in jouw belang dat dat goed loopt.
> Steffie: Daar zijn we weer: als iemand voor jou niet belangrijk is, dan ben je niet geïnteresseerd. Als Marieke een belangrijke functie had, dan zou het geen punt zijn, maar gewoon dat ik het belangrijk vind, dat telt niet. Naar mijn ouders ga je zelfs niet mee.
> Rik: Omdat ik niet weet wat ik daar moet doen en bovendien zijn ze niet in mij geïnteresseerd.
> Steffie: Ze voelen zich niet op hun gemak met jou, zul je bedoelen, en dat kan ik me best voorstellen.

Rik: We hebben elkaar nu eenmaal weinig te melden.

Steffie: Je hoeft toch niet meteen zo uit de hoogte te doen. Het feit dat mijn ouders minder opleiding hebben dan jij, betekent niet dat ze minder zijn.

Rik: Zeg ik dat dan?

Steffie: Nee, maar dat laat je mij en hun wel altijd heel goed voelen. Zelfs toen we trouwden, kon je het nog niet opbrengen om een beetje respect voor hen te tonen.

Rik: Moeten we het daar nu weer over hebben?

Steffie: Nee, daar mag niet over gesproken worden, maar als je maar weet dat je voor mij en voor mijn ouders die dag volledig bedorven hebt. En dan neem je hun kwalijk dat ze niet in jou geïnteresseerd zijn.

Rik: Als ik de sfeer zo bederf, dan is het toch duidelijk dat je beter alleen kunt gaan.

Steffie: Denk je dat ik het zo gezellig vind bij jou thuis, met jouw moeder, die voortdurend overal kritiek op heeft?

Enzovoorts enzovoorts...

Overigens moet bij het met rust laten van oude koeien wel een kanttekening worden gemaakt. Soms is het wel nodig om op iets wat in het verleden gebeurd is, uitvoerig terug te komen. Het kan zijn dat een van beide partners het idee heeft dat een oud zeer al uitvoerig en herhaaldelijk aan de orde is geweest, terwijl de ander toch blijft vinden dat ze nooit echt gehoord is in haar verdriet. Dat is het geval bij Melanie en Bob.

Bob heeft ruim een jaar geleden een affaire gehad met een collega op zijn werk. Hij heeft zelfs enige tijd getwijfeld of hij niet bij Melanie weg zou moeten gaan en is een tijdje het huis uit geweest. Uiteindelijk heeft hij voor haar en de kinderen gekozen. Voor Melanie was het alsof de bodem onder haar bestaan werd weggeslagen. Ze had zich nooit kunnen voorstellen dat hun zoiets zou kunnen overkomen. Wat haar het meest geshockeerd heeft, is dat Bob niet eerlijk tegen haar was. Hij heeft ontkend dat er iets gaande was tussen hem en die collega, tot het moment dat ze een e-mail van haar aan hem las op zijn PC, die aan duidelijkheid niets te raden of te ontkennen overliet. Ze voelde zich diep gekwetst, afgewezen, onzeker en onveilig. Bob begrijpt niet goed dat ze voortdurend maar weer op deze gebeurtenis wil terugkomen. Het is gebeurd, het was fout, hij heeft voor haar gekozen, dus wat valt er nog meer over te zeggen? Hij kan toch moeilijk voor eeuwig het boetekleed aanhouden? Hij wil dat het af en over is en dat ze met een schone lei opnieuw kunnen beginnen. Niet dat hij echt applaus verdiend heeft, maar ze zou toch ook wel wat meer waardering kunnen hebben voor het feit dat hij die relatie verbroken heeft. Dat heeft hij uiteindelijk voor haar gedaan en het was helemaal niet zo gemakkelijk.

'Zie je wel,' zegt zij, 'dat je nog om haar geeft. Hoe weet ik dan dat het niet opnieuw gebeurt? Hoe weet ik nog of ik je kan vertrouwen, want je hebt toen ook een hele tijd niets gezegd?' 'Hou toch eens een keer daarover op,' vindt Bob.

Maar in dit geval zal dat niet lukken. Het verleden is door Melanie nog niet verwerkt. Aanvankelijk is ze vooral bezig geweest om haar huwelijk te redden en zelf te overleven. Nu de situatie weer wat stabieler is, realiseert ze zich dat het nooit meer zal worden zoals het was. Haar boosheid en verdriet daarover wil ze uiten.

In zo'n geval is het beter om wel de tijd te nemen om uitvoerig stil te staan bij wat er gebeurd is en hoe dat voelde. De rol van Bob is hierbij die van luisteraar. Hij hoeft zich niet steeds te verontschuldigen of te verdedigen, hij moet vooral proberen zich in te leven in de gevoelens van Melanie. Dat helpt om het verleden af te sluiten en samen opnieuw te beginnen. Het wordt nooit meer zoals het was, maar soms wordt het minstens zo goed.

12. Ja maar

Iedere zin die begint met 'Ja maar' betekent dat je het niet eens bent met de ander, maar dat je dat niet zo

rechtstreeks durft te zeggen. Dus leidt het tot verwarring en onduidelijkheid.

'Zullen we afspreken dat we de hypotheek verhogen
voor de verbouwing van de keuken?'

'Ja, maar we zitten al op behoorlijk hoge lasten.'

Moeilijker maar wel duidelijker is het om in zo'n geval te
zeggen: 'Ik ben het daar niet mee eens. Ik vind dat we
best nog een tijd kunnen wachten met die nieuwe keuken.'

Hoe moet het wel?

De rol van de luisteraar
Luisteren-Samenvatten-Invoelen (voortaan
afgekort als LSI)

Uit het voorafgaande is duidelijk dat de rol van de
luisteraar een heel belangrijke rol is, die vaak verwaarloosd wordt. Alle aandacht gaat naar wat we willen zeggen in plaats van naar het luisteren naar wat
de ander zegt. Maar pas nadat je hem goed gehoord en
begrepen hebt, kun je zo reageren dat het gesprek iets
oplevert.

Om zeker te weten dat je de ander goed begrepen hebt,
kun je het beste samenvatten wat je gehoord hebt.
Daarbij gaat het niet alleen om de precieze inhoud,
maar ook en vooral om het invoelen van de emotie van
de ander. Met name met dat laatste kun je gemakkelijk
fouten maken, omdat emotie vaak overgebracht wordt
door non-verbaal gedrag: door de gezichtsuitdrukking,
de klank van de stem of de houding.

Karlijn en Peter hebben afgesproken dat Peter die avond zal
koken. Karlijn heeft zich erop verheugd, dat ze zo aan tafel
kan als ze thuiskomt van haar werk. Als ze keurig op tijd arri-
veert, is Peter er nog niet. Om half zeven belt hij, dat hij in
verband met problemen op het werk later is, maar dat Kar-

lijn niet hoeft te koken, want hij neemt iets mee. Om half acht besluit Karlijn tot een boterham met kaas en als Peter om acht uur thuis komt met een Chinese maaltijd, zegt ze met de blik strak op de tv dat ze al gegeten heeft.

Een eenvoudige samenvatting: 'Ah, je hebt al gegeten,' is hier wat summier en laat het belangrijkste deel van de boodschap weg. Het gesprek tussen Peter en Karlijn verloopt als volgt:

Peter: Je bent boos omdat je zelf iets te eten hebt moeten maken, terwijl ik beloofd had te koken.
Karlijn: Boos? Ik weet niet, ja waarschijnlijk ook boos, maar dan meer op mezelf omdat ik weer zo stom was om erin te trappen en me te verheugen op een avond samen. Ik had kunnen weten dat er weer wat tussen zou komen. Je houdt gewoon geen rekening met mij. Als je met mij iets afspreekt dan kan die afspraak altijd wel veranderd worden.
Peter: Het kwetst je dat ik problemen op het werk voor onze afspraak heb laten gaan. Dat geeft jou het idee dat ik jou en onze avond samen niet belangrijk vind, terwijl ik dat eigenlijk veel belangrijker zou moeten vinden dan mijn werk.
Karlijn: Ja, dat voelt heel rot, alsof ik er niet toe doe.
Peter: Dat snap ik. Ik kan wel zeggen dat jij het belangrijkste bent, maar op deze manier laat ik je dat niet voelen.

Aanvankelijk schiet Peter ernaast, als hij probeert samen te vatten wat Karlijn zegt. Doordat hij echter verwoordt wat hij hoort en ziet, geeft hij haar de gelegenheid om hem te corrigeren en om preciezer te zeggen wat ze voelt. Doordat hij niet meteen in de verdediging gaat, maar eerst laat merken dat hij begrijpt wat Karlijn bedoelt, voelt ze zich erkend in haar emoties. Daarna kan ze ook beter luisteren naar Peter. Er volgt een gesprek over hun beider gevoel dat ze te veel onder druk staan op hun werk en over wat ze feitelijk willen in hun leven.

De volgende tips helpen om de rol van luisteraar (LSI) goed te vervullen.

1. Stop de spreker als zijn verhaal te lang wordt of als je de draad kwijtraakt.

2. Vraag om verduidelijking als je iets niet begrijpt.

3. Let op non-verbaal gedrag: kijk je gesprekspartner aan, keer je naar hem toe. (Tegelijk de krant lezen of tv kijken is niet aan te raden.)

4. Luister actief: knik, zeg 'ja' of 'hm' ten teken dat je luistert.

5. Vat regelmatig in je eigen woorden samen wat de ander zegt. Probeer in die samenvatting zowel de inhoud als het gevoel te pakken.

6. Controleer bij de partner of de samenvatting goed is.

7. Probeer je in te leven in de ander en te verwoorden wat je denkt dat hij bedoelt. Zeg bijvoorbeeld dat je je voor kunt stellen dat iets moeilijk is. Daarbij hoeft het niet zo te zijn dat je het met de ander eens bent, je hoeft alleen maar aan te geven dat je hem begrijpt.

8. Probeer op een positieve manier onder woorden te brengen wat de boodschap voor jou betekent (ook als het gaat om kritiek): 'Het is wel even slikken, wat je zegt, maar ik ben toch blij dat ik nu weet wat er in je omgaat.'

9. Wees terughoudend met adviezen. Te vaak hebben we het idee dat we alleen maar wat bieden, wanneer we de ander vertellen wat hij moet doen. Zeker wanneer die ander vraagt wat hij moet doen, staan we on-

middellijk klaar met instructies, om vervolgens verongelijkt te constateren dat die ander ons niet eens
dankbaar is.

Dit laatste punt vraagt wat meer toelichting, omdat
mensen soms wel vragen om een advies, maar het dan
toch afwijzen. Zowel op mijn werk als thuis merk ik dat
een vraag om advies lang niet altijd betekent dat er ook
behoefte is aan advies, of althans niet aan het advies
dat jou zo logisch voorkomt.
Uit het volgende voorbeeld blijkt dat ik zelf ook regelmatig te snel ben met 'goede raad'.

> 'Mam, ik moet er voor dat feest netjes uitzien,' zegt mijn
> dochter, 'wat zal ik aandoen?'
> 'Je zwarte pak.'
> 'Hè? Welk zwart pak?'
> 'Dat we toen gekocht hebben toen je er een keer netjes uit
> moest zien voor die bruiloft en dat ik eigenlijk wel erg duur
> vond, maar waarvan jij dacht dat je het heel vaak aan zou
> hebben.'
> 'Nee, dat is weer te netjes, ik bedoel ook een beetje leuk.'
> 'Ik vind dat pak heel leuk; jij ook toen, weet ik nog.'

Dit is een duidelijk voorbeeld van een slecht advies. Niet
omdat ik ongelijk heb, maar omdat er geen schijn van
kans is dat het opgevolgd zal worden. Als ik de zender
ben van het advies en mijn dochter de ontvanger, zou je
het een typisch 'zendergericht advies' kunnen noemen.
Ik geef het advies dat mijzelf bevalt, maar dat niets met
haar te maken heeft. Wat zij bedoelt, is iets in de trant
van: 'Mam, mijn kleedgeld is op en ik zou graag die
nieuwe broek willen, die ik in de stad heb gezien. Maar
die is behalve mooi ook duur. Kun je voorschieten of bij-
betalen?' Dat vraagt ze niet, want ze heeft geen zin in
het antwoord dat ze verwacht, dus maakt ze een omtrekkende beweging via de vraag om raad. Ze hoopt dat

ik via: 'Wat had je zelf gedacht?' zal uitkomen op: 'Voor deze keer dan.' Met zo'n advies had ze uit de voeten gekund.

Dit was het foute advies op de verkeerde vraag, maar zelfs als de vraag klopt zijn veel adviezen fout, omdat ze te weinig met de ontvanger te maken hebben en te veel met de adviseur.

Een kleine bloemlezing:

> 'Wat moet ik nou doen?' vraagt de vrouw die ontdekt heeft dat haar man verliefd is op een ander.
> 'Je moet het niet pikken,' adviseert haar vriendin. 'Bij mij ging hij er gelijk uit. Je zegt gewoon dat het afgelopen moet zijn en anders kan hij zijn spullen pakken.'
> 'Misschien heb je wel gelijk,' zegt de vrouw en moet huilen omdat ze hem niet kan missen en nog slap is ook.

> 'Je lijkt wel gek,' vindt de man van de vrouw, die avond aan avond thuis zit over te werken. 'Om vijf uur trek je de deur achter je dicht en wat niet af is, vind je morgen wel weer.'
> 'Maar dan loopt de boel in de soep,' protesteert de vrouw.
> 'Precies,' zegt de man, 'en dan begrijpt je baas dat er iemand bij moet komen op de afdeling.' Waarna de vrouw besluit dat met hem niet te praten valt en dat ze dat voorlopig ook niet meer zal doen en de man verontwaardigd is omdat ze nooit naar hem luistert.

> 'Ik wil me nergens mee bemoeien,' zegt oma, 'maar ik zou het niet goed vinden dat dat kind tot diep in de nacht uit gaat en die brutale mond zou ik ook niet tolereren.'
> 'Nee, ma,' zegt haar dochter en denkt: 'Wij waren niet brutaal, maar zeiden ook niet tegen je wat we dachten, nog steeds niet trouwens.'

Parels voor de zwijnen, moeite voor niets, adviezen die je voor je kunt houden. Net zo nutteloos als 'kop op' zeggen tegen iemand die in de put zit of 'je moet eens wat rustiger aan doen' tegen iemand die overwerkt is.

Een goed advies is voor 80% wat iemand zelf bedenkt en voor hoogstens 20% iets nieuws. Mensen zijn zelden in voor een totaal nieuwe aanpak, zeker niet wanneer ze zich heel verward of ongelukkig voelen. Meestal doen ze dan juist meer van hetzelfde. Als je vastloopt in je werk en iemand raadt je aan om eens flink te gaan delegeren, denk je dat dit alleen maar nieuwe problemen op zal leveren. Niemand weet immers zo goed als jij hoe het allemaal geregeld dient te worden, en je hebt bovendien geen tijd om goed uit te leggen hoe het moet. Dan heb je het nog vlugger zelf gedaan.

Om advies te geven moet je eerst heel goed luisteren en vervolgens vragen wat al geprobeerd, bedacht en weer verworpen is. Tien tegen één dat daar het advies dat je wilde geven ook bij zit. En pas dan, als je precies begrijpt wat de ander dwarszit, kun je misschien een nieuwe invalshoek vinden om naar zijn probleem te kijken. Een goed advies, kortom, kost tijd en bescheidenheid. Niemand zit te wachten op de arrogantie van de betweter.

De rol van de spreker

We zagen al eerder aan de hand van het voorbeeld van Karin en Joost (pag. 19) dat er twee soorten gesprekken zijn: het gesprek om ervaringen, gedachten en gevoelens te uiten en het gesprek om iets op te lossen, een probleem of een verschil van mening.

In het eerste type gesprek moet de spreker vooral opletten of zijn boodschap wel aankomt bij de luisteraar. Als hij de zender is, moet hij op de ontvanger gericht blijven. Hij moet hem aankijken, zorgen dat hij niet te veel informatie tegelijk geeft en te lang achter elkaar praat, en letten op tekenen van begrip, instemming en aandacht. Hij moet ruimte geven voor reactie en hij moet zijn taal en houding afstemmen op de ontvanger. Bijvoorbeeld, geen heel ingewikkelde vaktaal gebruiken tegen iemand die daar niet aan gewend is.

Bij een probleemoplossend gesprek moet je dat alles ook doen, om helder te krijgen wat het probleem is. Als het probleem (volgens jou) bij de ander zit, is het daarnaast raadzaam om gebruik te maken van de *GSG-formule*. Deze formule staat voor: jouw *gedrag* in deze *situatie* geeft mij een ... *gevoel*. In het vervolg zullen we het hebben over de Gedrag-Situatie-Gevoel-formule of kortweg GSG. We bedoelen daarmee het volgende.
Als de ander iets doet wat je stoort, probeer dat dan meteen te zeggen. Beperk je daarbij tot wat hij nu doet, in deze situatie, zonder er allerlei soortgelijke voorbeelden bij te halen die je opgespaard hebt in het verleden en zonder het in verband te brengen met zijn beroerde karakter. Probeer duidelijk te maken wat voor gevoel zijn gedrag op dit moment jou geeft.
Een goed voorbeeld van een gesprek dat heel anders kan verlopen als gebruikgemaakt wordt van deze formule, is het volgende incident tussen Frank en Elisa.

Frank en Elisa hebben beiden een baan en ze hebben twee kleine kinderen. Het is Franks beurt om voor de kinderen te zorgen. Wanneer Elisa thuis komt, staat er een macaronischotel in de oven, de kinderen en Frank zitten elkaar stralend en luidruchtig achterna door het hele huis en de kamer is een puinhoop. Elisa schiet uit haar slof. Ze verwijt Frank, dat hij op 'zijn' dag in het huishouden alleen de leuke dingen doet. Hij kookt lekker, speelt met de kinderen, en het huishoudelijke werk laat hij voor haar liggen. Intussen laat hij zich er wel op voorstaan dat hij zogenaamd zo leuk samen met haar voor de kinderen zorgt. En zij, Elisa, moet dan ook nog voortdurend van zijn moeder horen dat het voor Frank allemaal wel erg veel is, naast zijn drukke baan zoveel in huis doen, en dat Frank daardoor de kans op een glanzende carrière mist. Nou Elisa weet wel beter: Frank mist alleen maar kansen door zijn eigen gemakzucht. Net zoals hij het er thuis van neemt, laat hij ook op zijn werk alles wat hem niet aanstaat liggen.

Franks reactie op haar uitbarsting is kort maar krachtig. Hij zegt dat hij bij haar ook nooit iets goed kan doen en verdwijnt, twee huilende kinderen en een woedende Elisa achterlatend.

Als Elisa haar kritiek beperkt had tot het rommelige huis, was het vermoedelijk anders gelopen. Gebruikmakend van de GSG-formule had ze bijvoorbeeld kunnen zeggen: 'Ik baal ervan dat je niet hebt opgeruimd voor ik thuiskom. Ik heb dan het idee dat ik meteen aan de slag moet en het maakt me kwaad dat jij de leuke dingen doet en de rommel voor mij laat liggen. Ik vind dat niet eerlijk.'

Het beste werkt deze kritiek natuurlijk als je er een compliment aan toe zou kunnen voegen over de ovenschotel en de frisgewassen kinderen, maar er zijn grenzen als je moe van je werk komt.

De volgende tips helpen om de rol van spreker goed te vervullen.

1. Blijf niet te lang aan het woord en let op de ontvanger van je boodschap.

2. Maak gebruik van de GSG-formule als je feedback geeft op het gedrag van de ander: Als jij ... Gedrag vertoont in ... Situatie, geeft mij dat een ... Gevoel.

3. Haal er niet van alles bij, maar blijf bij het onderwerp.

4. Spreek voor jezelf, dus in de ik-vorm, niet in de jij-vorm. Dus niet: 'Jij houdt geen rekening met mij,' maar: 'Ik voel me gekwetst als jij over zoiets belangrijks niet overlegt.'

Opdrachten

Tot slot van dit hoofdstuk wat opmerkingen over de tips en opdrachten om je relatie te verbeteren. Mogelijk bent u net als ik en leest u dergelijke opdrachten altijd wat korzelig, om ze vervolgens niet uit te voeren. Hoe komt dat? Waarom verzetten wij ons tegen adviezen waar we de redelijkheid best van inzien?

Eigenlijk is het in de meeste gevallen helemaal niet zo moeilijk om te bedenken wat mensen zouden moeten doen om hun relatie te verbeteren. Daar is inmiddels veel onderzoek naar gedaan en we weten dat relaties ervan opbloeien wanneer mensen elkaar vertellen wat ze denken, doen en voelen. Mits daar door de ander belangstellend naar geluisterd wordt, natuurlijk. Daarnaast helpt het om zaken niet op te kroppen, maar om meteen en beleefd tegen de ander te zeggen wat je niet bevalt aan zijn gedrag, hoe je het graag zou willen en waarschijnlijk nog belangrijker, om ook regelmatig te zeggen wat je wel in hem waardeert. Als je dan ook nog in staat bent om een beetje redelijk om te gaan met spanningen die je buiten en in de relatie oploopt, en je blijft niet je hele leven liefde verwarren met de passie en de verliefdheid van een beginnende relatie, dan is de kans groot dat je het prettig hebt samen. Niet volmaakt, wel aangenaam.

Ik kan het u met de hand op het hart verzekeren: alle zelfhulpboeken over relaties komen neer op het hanteren van dit soort eenvoudige principes, en alle onderzoeken wijzen uit dat het echt helpt als je die toepast.

Dus wat is nu het probleem? Het probleem is dat de oplossing te simpel is. Zo voor de hand liggend dat je hem bij wijze van spreken zelf allang bedacht hebt. En wie zit er nu te wachten op een simpele oplossing voor een probleem waar hij zo vreselijk onder lijdt? Wanneer je je kussens nat gehuild hebt, je tot in je ziel eenzaam en gekwetst hebt gevoeld, de ander hebt gehaat om zijn botte onbegrip, dan wil je geen luisteroefening doen of leren onderhandelen. Zelfs niet als dat helpt. Dan heb je behoefte aan een diepere oorzaak van al deze pijnlijke en hevige emoties. Je wilt een inzicht dat jou en liever nog hem de ogen opent, waardoor hij ineens ziet dat hij het tot dan toe verkeerd begreep en in een moeite door spontaan ook zijn gedrag verandert. Zodat hij ineens een ander mens wordt eigenlijk, want nu wil hij wat jij altijd al wilde. Wij zien graag dat een verandering zich voltrekt in die volgorde: eerst het inzicht, dan de emoties en dan als vanzelf het gedrag. Andersom, dus beginnen bij je gedrag, lijkt oppervlakkig en banaal. Wij proberen daar als hulpverleners en schrijvers over relaties ook wel aan tegemoet te komen. Aan onze eenvoudige adviezen – beter luisteren, beter praten – voegen we ingewikkelde motiveringen toe. Bijvoorbeeld dat mannen vrouwen niet begrijpen omdat ze zich ooit als kleuter met een ruk van hun moeder moesten losmaken en zich met hun vader moesten identificeren, of dat mannen van Mars komen en vrouwen van Venus. Dit soort verklaringen helpt wel wat om de boodschap verteerbaar te maken. Het wordt ook wat gemakkelijker wanneer je eerst uitvoerig praat over de vaders en de moeders waar we al dat botte, respectievelijk overgevoelige gedrag van hebben overgenomen. Maar de adviezen na deze uitleg blijven die stuitende eenvoud hebben: luister eens wat beter naar zijn gevoelens, zeg dan wat je wilt, wees eens lief, toon je waardering. Moet je daarvoor nu in therapie of zo'n boek kopen?

Behalve dat ze simplistisch zijn, zijn de adviezen nog vervelend ook. Het kost behoorlijk wat discipline om je partner niet te onderbreken als je denkt dat je allang weet wat hij wil gaan zeggen en als je bovendien veel beter dan hijzelf weet wat hij bedoelt. En wanneer je boos bent, is het veel eenvoudiger om te zeggen dat hij een egoïst is die denkt dat de wereld om hem draait, dan om te nuanceren dat je je gekwetst voelt omdat hij voorstelt dat je zelf een cadeau voor je verjaardag uitzoekt, aangezien hij niet kan bedenken wat je wilt hebben.

Dat brengt ons bij de laatste reden waarom deze effectieve adviezen zo moeilijk op te volgen zijn: ze dwingen je om naar je eigen gedrag te kijken en niet alleen naar dat van de ander. En dat terwijl je zeker meende te weten dat bij hem toch de schuld gezocht zou moeten worden. Sterker nog: je denkt dat het averechts werkt als jij verandert, want dan heeft hij zijn zin en dat kan nooit de bedoeling zijn. Kijken naar je eigen aandeel in de problemen en toegeven dat jouw gedrag moet veranderen, is lastig. Ook in dit boek vindt u adviezen die echt werken, maar tegelijk eenvoudig zijn en moeilijk op te volgen. U hoeft ze echter alleen maar te gebruiken op het moment dat je echt een probleem hebt; de rest van de tijd blijf je rustig door elkaar praten en de ander de schuld geven, net als iedereen.

Wanneer u de twee onderstaande oefeningen regelmatig doet en u de techniek om op deze manier te praten en te luisteren eigen maakt, zult u merken dat lastige gesprekken ineens een verrassend positieve uitkomst krijgen, enkel door het toepassen van de twee formules LSI en GSG.

- Maak de komende week twee afspraken om samen te praten over dingen die u gedacht, gevoeld of ervaren hebt. Het gaat erom dat u uw ervaringen samen deelt, dus niet om het vinden van een oplossing, maar om elkaar te begrijpen.
- Kies voor het begin een niet te moeilijk onderwerp, bijvoorbeeld iets wat u die dag geraakt heeft, een ontmoeting, een gebeurtenis op het werk, iets met de kinderen.
- Maak duidelijk onderscheid tussen de rol van de luisteraar en de rol van de spreker. Degene die luistert, gebruikt LSI.
- Wissel de rol van spreker of luisteraar af. De luisteraar neemt pas de rol van spreker over, als de ander aangeeft dat zijn punt goed is samengevat en ingevoeld.

GSG-OEFENING

Maak een keer per dag een GSG-opmerking: dat wil zeggen, dat u zegt wat u voelt bij het gedrag van uw partner in een bepaalde situatie. Het hoeft hier niet alleen om ergernissen te gaan. Positieve GSG-opmerkingen hebben vaak een verbluffend effect.

Bijvoorbeeld: 'Het vertedert mij als jij zo geduldig aan Lotje uitlegt hoe ze haar veters moet strikken.'

2

Over alles wat niet gezegd wordt (maar gedacht en gevoeld)

Er kan verwijdering ontstaan in een relatie door wat mensen doen en zeggen, maar ook door wat ze denken over zichzelf en elkaar. Denken, doen en zeggen hangen samen. Als je denkt: 'Wat is hij toch een egoïst, hij is alleen geïnteresseerd in zijn eigen werk,' dan bepaalt dat hoe je tegen hem doet en wat je zegt. We zeggen echter lang niet altijd wat we denken. Soms durven we dat niet, weten we het zelf niet, of nemen we aan dat de ander dat toch kan zien: het spreekt toch vanzelf, want wij weten toch ook precies wat er in hem omgaat (denken we).

Dit hoofdstuk gaat over betekenis, fasen, patronen, verwachtingen en gedachten (denkfouten). Kortom over de vaak onbewuste manieren waarop er storingen ontstaan in de communicatie met je partner.

Betekenis

Allemaal hebben we duidelijke ideeën over wat 'normaal' is in een relatie. Vanuit die ideeën handelen we en geven we betekenis aan wat de ander doet en zegt. Je jas over een stoel gooien, je schoenen uittrekken en languit met de krant voor de tv gaan liggen kan voor de een betekenen: 'Heerlijk, ik ben thuis, ik kan hier volledig mezelf zijn, ik voel me op mijn gemak en veilig bij jou.' De ander kan dit gedrag echter begrijpen als: 'Ik heb totaal geen respect voor het feit dat jij net de huiskamer hebt opgeruimd. Het is uiteindelijk jouw taak om dat te doen. En verder ben ik ook niet geïnteresseerd in hoe jij je dag hebt doorgebracht, want veel boeiends valt daar meestal niet over te melden.' Aan hetzelfde gedrag wordt dus door beiden een andere betekenis gegeven.

Soms lijkt het of de ene partner zijn boodschap afgeeft in het Russisch, terwijl de ander Chinees spreekt. Beide partners begrijpen elkaar volledig verkeerd. Het verhaal dat twee mensen vertellen over hun relatie kan soms zo verschillen, dat je het idee krijgt dat het over een totaal andere persoon in een totaal ander huwelijk gaat. In het verhaal van Anne en Bart bijvoorbeeld wordt door geen van beiden gelogen, maar de betekenis die ze geven aan de gebeurtenissen is totaal verschillend.

Het verhaal van Anne begint met een gelukkige jeugd. Hard werkende ouders die alles voor hun kinderen over hadden. Weinig geld, veel liefde en nooit ruzie thuis, heel anders dan bij haar man. Bart is opgegroeid als enig kind van oudere ouders met een versleten huwelijk. De moeder had zich volledig aan het kleine prinsje gewijd en had elke wens uit zijn ogen gelezen. Toen die wensen aanzienlijk begonnen te verschillen van de hare, had zijn moeder aangenomen dat hij tijdelijk niet wist wat goed voor hem was. Ten gevolge daarvan had Bart, nog steeds volgens Annes geschiedschrijving, zich ontwikkeld tot een moeilijk en ongelukkig mens met angst voor vrouwen. Iedere relatie die hij aanging liep stuk op zijn bindingsangst. Hij kon vanwege zijn uiterlijk, zijn inkomen en zijn mysterieus ongelukkige uitstraling elke vrouw krijgen, maar kreeg het vervolgens benauwd bij ze en vertrok. Tot Anne kwam en besloot hem te redden met haar liefde. Ze kwam een heel eind. Al gedroeg hij zich egoïstisch en onbehoorlijk, al wees hij haar af, ze wist dat hij op die momenten in haar zijn moeder zag en dat hij niet slecht, maar wanhopig was. Na jaren van opoffering en aanpassing begon er toch iets te wringen bij haar. Al haar inspanningen hadden niet geleid tot een zichtbare verbetering in het karakter van haar man. Sterker nog, hij besloot dat hij niet met haar verder wilde. Zij wist dat hij het niet tegen haar had maar tegen zijn moeder, die vanuit haar graf nog steeds regeerde over hun leven, dus weigerde ze hem los te laten.

Tot zover Annes verhaal, dat niet onlogisch klinkt. In het verhaal van Bart zijn de rollen van Anne en Bart anders geschreven. Hij is langzamerhand gek geworden van het gezeur van zijn vrouw. Zij kan het niet helpen, maar ze komt uit een heel ander nest dan hij. Zijn ouders waren intellectuelen, kunstzinnig ook. Bij hem thuis gingen de gesprekken ergens over, hij moest met argumenten komen, er werd geen tijd verspild aan prietpraat. Anne komt uit een gezin waar men de mavo al een hele studie vond. Dat geeft niets, maar als je elke gedachte gaat vervangen door een gevoel, wordt het lastig praten. Annes moeder is dom, maar dwingend. Ze chanteert met ziekte en treurigheid en zet zo iedereen naar haar hand. 'Ze is zo gevoelig,' wordt er dan vervolgens gezegd. Anne begon dezelfde trekken te ontwikkelen. Altijd negatief, altijd iets te klagen en altijd lag het aan hem. Maar helaas: hij was niet net als haar vader bereid om in een marionet te veranderen. Hij wilde geen vrouw die als een molensteen om zijn nek hing, hij wilde een gelijkwaardige partner en had er trouwens al een op het oog.

Twee verschillende verhalen met dezelfde hoofdpersonen. De werkelijkheid zal de verhaallijn op sommige punten kruisen. Voor hen is dat echter te laat.

De zorgzaamheid die Bart in de begintijd van hun relatie zo ontroerde, is hem langzamerhand steeds meer gaan benauwen en zijn sombere teruggetrokken houding die Annes liefde aanvankelijk zo diep en intens maakte, ging Anne geleidelijk zien als verwend en egoïstisch. Met andere woorden: de betekenis die wij geven aan het gedrag van onze partner verandert ook nog eens in de loop van de jaren. Verschillen die ons aanvankelijk voorkomen als heel innemend, kunnen ons vervolgens vreselijk op de zenuwen gaan werken.

Fasen in de relatie

In de eerste fase van de relatie, als je verliefd bent, lijkt het alsof je elkaar zonder woorden 'vanzelf' aanvoelt. Dat komt doordat je zoveel bij elkaar herkent. Allerlei gedachten en gevoelens waarover die ander vertelt, blijk jij precies zo te hebben. En mocht je al iets anders willen of voelen dan hij, dan pas je je moeiteloos aan. Je hebt je nooit speciaal voor voetbal geïnteresseerd, maar als hij daar zo intens en aandoenlijk van geniet, wil je dolgraag naast hem zitten op de tribune – en als het je al opvalt dat daar vaak een snijdende wind waait, dan heb je daar geen last van, vanwege de warmte vanbinnen. Uren kun je met elkaar praten, alles wat er besproken wordt is interessant en je zou elkaar wel de hele dag willen aanraken. Verschillen bestaan nauwelijks of lijken van geen belang. Ze dragen slechts bij aan de overtuiging dat je bij elkaar hoort en elkaar aanvult. De aanpassing aan elkaar kost geen enkele moeite.
Geen enkele verliefdheid is echter bestand tegen de dagelijkse aanwezigheid van de geliefde. Doordat je bed, huiskamer, keuken en bankrekening gaat delen ontstaan er problemen. Je blijkt ineens niet twee zielen met één gedachte zijn, maar twee verschillende mensen die meningsverschillen hebben over allerlei dingen: van de manier waarop je je geld besteedt tot de opvattingen over opruimen. Wanneer partners deze verschillen gaan zien, ontstaan vaak de eerste problemen. Wanneer zij het vanzelfsprekend vindt dat je alles samen doet en hij

dat je regelmatig blijft uitgaan met je eigen vrienden, dan moeten ze daar een oplossing voor vinden. Bij sommige paren verloopt dat heel soepel, omdat de verschillen niet zo groot zijn, of omdat ze beiden gemakkelijk van aard zijn en het 'voor wat hoort wat'-principe goed kunnen toepassen.

In mijn praktijk merk ik dat de meeste paren tegenwoordig de overgang naar het samenwonen en eventueel trouwen minder moeilijk vinden dan de overgang van stel zonder kinderen naar ouders. Dat heeft allerlei redenen. Voor de meeste jonge ouders betekent de komst van een kind dat hun leven totaal op zijn kop wordt gezet. Ze worden overspoeld door liefde, angst en verantwoordelijkheidsgevoel voor hun kind, gevoelens zo heftig, dat de partner er vaak enigszins bij inschiet. Ze voelen zich moe, doordat de baby voortdurend tussen al hun andere taken door verzorgd moet worden en door een verstoorde nachtrust. Vaak hebben ze voorheen werk buitenshuis en huishoudelijke taken gedeeld. Wanneer er kinderen zijn, worden de rollen ineens een stuk traditioneler, terwijl daarvoor het idee en vaak zelfs de afspraak bestond dat ze alles samen zouden doen. Meestal is het de vrouw die nu ineens het grootste deel van de huishoudelijke taken en de zorg voor de kinderen op zich gaat nemen, deels omdat zij dat ook wil of omdat het de meest praktische oplossing lijkt. Toch zie je dat er na verloop van tijd iets begint te wringen: hij gaat zijn gang maar, doet niets zonder dat het hem gevraagd wordt en zij probeert werk en baan zo goed mogelijk te combineren, maar het voelt niet langer meer als alles samen. De tevredenheid over de relatie wordt minder, er komen meer al dan niet uitgesproken irritaties.

Die dalende lijn zet door tot de kinderen zo'n beetje volwassen zijn, met een dieptepunt bij puberende kinderen. (Natuurlijk is dit niet bij alle paren zo, het gaat meer om een gemiddelde tendens.) In de middenleeftijd, als paren zo tegen de vijftig zijn, hebben ze vaak niet alleen te maken met dwarse kinderen, die als splijtzwammetjes kunnen fungeren, maar ook met problemen binnen een carrière, met overbelasting omdat ze de vele taken die ze inmiddels op zich genomen hebben niet meer zo goed aankunnen en met een veranderend lichaam, dat niet meer alles kan wat ze willen. Ook de seksuele relatie verandert daardoor, zo zullen we verderop in het boek zien.

Bij de paren die deze problemen doorstaan en zich soepel kunnen aanpassen aan de veranderende eisen die het leven aan hen stelt, zie je dat daarna, als de kinderen min of meer op hun plek zijn, de tevredenheid over de relatie toeneemt.

Jan en Lia bijvoorbeeld hebben samen heel wat afgevochten en er zijn perioden geweest dat Lia haar koffers al bijna gepakt had. Bovendien was ze toen vreselijk verliefd op een collega, met wie ze over alles kon praten. Jan is een gesloten man, die zijn gevoelens niet goed kan uiten in woorden, maar eerder door dingen te doen voor zijn gezin. Hij werkte hard en was dan vaak in de weekenden nog bezig met zijn hobby: beleggen. Naar zijn idee deed hij dat ook voor zijn gezin, zodat ze straks wat extra's zouden hebben. Lia's minnaar praatte de sterren van de hemel, maar kon desalniettemin niet goed besluiten voor wie hij koos, voor zijn gezin of voor Lia en deed daar zo lang over, dat Lia uiteindelijk begon te twijfelen. Dus bleef ze bij Jan. Inmiddels zijn de kinderen de deur uit en tot Lia's verbazing vindt ze dat minder erg dan ze gedacht had en geniet ze van haar rust.

Lia: We hebben het eigenlijk heel goed samen, eigenlijk beter dan ooit.

Jan: Je zegt het alsof het je verbaast.

Lia: Het is best moeilijk geweest, dat weet jij ook. Ik zie nu ook wel dat ik me vreselijk druk heb gemaakt over dingen waarvan ik achteraf denk: was dat nu echt de moeite waard?

Al die ruzies, en dat jij steeds maar achter de pc zat, bezig met die aandelen.

Jan: Dat doe ik nu ook veel minder.

Lia: Wel wat minder ja, maar ik heb ook geleerd om minder aan jou te trekken en om dingen alleen of met anderen te doen.

Jan: En als ik meega vind ik het vaak heel leuk.

Lia (tegen mij): Jan is niet iemand die naderhand uitgebreid gaat vertellen wat hij van een film of een stuk in de krant of een discussie met andere mensen vond. Wij zijn heel verschillend in veel dingen, maar we kunnen nu ook samen door de tuin lopen en daar intens van genieten. Of 's avonds lekker met een boek en muziek... dan word je je er toch van bewust hoezeer je met elkaar vertrouwd bent geraakt in zo'n heel leven samen. Het is natuurlijk anders dan vroeger, maar het is wel een heel warm gevoel. (Lachend:) Vooral als hij een paar dagen is weggeweest voor zijn werk.

Jan: Ik moet dus meer weg.

Lia: Ik ga gewoon meer mee. Dan is dat potje dat jij met het beleggen hebt opgespaard tenminste ergens goed voor. (In de inhoud klinkt nog wat oud zeer door, maar ze legt tegelijk een hand op zijn knie.)

Jan: Ik heb inderdaad altijd de neiging om op te potten, iets achter de hand te houden. Ik vind het moeilijk om aan onze reserves te komen. Ik heb dat van huis uit meegekregen. Je moet altijd zorgen dat je iets voor later hebt.

Lia: Maar later is nu.

Jan: Dat leer ik van jou, ik ben daar toch ook al in veranderd?

Jan en Lia zijn door de jaren heen erin geslaagd om de verschillen die er tussen hen beiden zijn te accepteren en vooral ook om de problemen die daardoor ontstaan te relativeren, erover te onderhandelen en oplossingen te zoeken. Bovendien kunnen ze als er een meningsverschil is, het contact weer herstellen. Door een verzoenend gebaar of een opmerking voorkomen ze dat de ander zich gekwetst voelt of zich terugtrekt. In een relatie is dit heel belangrijk.

Na de fase van verliefdheid waarin je de verschillen bagatelliseert, volgt een leven samen waarin die verschillen maar al te duidelijk worden en waarin je een manier moet vinden om daarmee te leven. Ontkennen van de verschillen helpt niet, aannemen dat je de gevoelens en het karakter van die ander wel kunt veranderen levert ook niet veel op. Levenslange projecten zijn dat en zelden wordt er iemand gelukkig van.

Wat wel helpt is gedachten en gevoelens uitwisselen en proberen te begrijpen hoe de ander is, wat hij denkt en wat hij voelt en waarom hij de dingen doet zoals hij ze doet. Wanneer dat duidelijk is, kun je voor het verschil een oplossing zoeken. Ook al zijn partners verschillend, je kunt wel iets *doen* om de ander tegemoet te komen of een plezier te doen. Hoe iemand is, hoe hij denkt of voelt, verander je niet zo gemakkelijk. Over het algemeen word je er ook allebei niet beter van als het je lukt die ander zo te dresseren, dat hij precies zo is als jij. Het is in feite zo dat je verschillen tussen jou en je partner pas kunt overbruggen als je ze eerst accepteert.

Met die acceptatie dat Wim een ander mens is dan zij, heeft Josje het moeilijk.

> Wim en Josje zijn een echtpaar van rond de veertig met vier puberkinderen. Ze zijn geen echtpaar met heftige ruzies. Eigenlijk zijn ze altijd vriendelijk en redelijk tegen elkaar. Toch voelt Josje zich de laatste tijd vaak eenzaam en verdrietig. En Wim heeft er last van dat ze zo weinig behoefte heeft aan vrijen, althans zo veel minder vaak dan hij zou willen.
>
> Wim: Wat heb je toch, je hebt al de hele avond geen woord gezegd.
>
> Josje: Ik ben het gewoon zat.
>
> Wim: Wat dan? Als ik iets moet doen, dan moet je het gewoon zeggen.
>
> Josje: Dat is het dus. Je doet een heleboel, maar alleen maar

als ik het zeg en dan moet ik er ook nog precies bij zeggen hoe je het moet doen of wanneer, want anders gebeurt het nog niet.

Wim: Ik geef toe dat ik wel eens wat vergeet, maar dan kun je me er toch aan herinneren.

Josje: Ja, dat kan en dat doe ik ook honderd keer, maar bij mij ontstaat op den duur wel een gevoel van hopeloosheid, alsof ik het alleen maar belangrijk vind en het jou allemaal niet uitmaakt.

Wim: Ik weet eerlijk gezegd niet waar je het over hebt.

Josje: Nou bijvoorbeeld over de afspraak die we gemaakt hadden dat we 's avonds na het eten even samen de hond zouden uitlaten, zodat we de tijd hebben om wat bij te praten. Jij vond dat ook een goed idee, maar altijd weer verdwijn je naar boven of zit je voor de tv en moet ik je roepen.

Wim: Maar dan kom ik toch ook, en soms ben je ineens al verdwenen met de hond zonder dat ik het doorheb.

Josje: Maar begrijp je dan niet dat ik geen zin heb om altijd degene te moeten zijn die het initiatief neemt om iets samen te doen? Het is net alsof ik loop te bedelen om contact en om aandacht en het voor jou eigenlijk helemaal niet hoeft.

Wim: Dat is niet zo, maar ik denk er gewoon niet altijd aan.

Josje: Dan vind je het toch niet belangrijk? Als je een afspraak maakt met iemand van je werk, vergeet je dat nooit.

Wim: Jawel, maar...

Josje: Als ik er niets van zeg, of er niet over begin, dan leven we gewoon volledig naast elkaar. En met de kinderen gaat het al net zo. We hebben al een maand geleden afgesproken dat jij een keer met Stef zou praten.

Wim: Waarover?

Josje: Dat bedoel ik, je zegt op alles ja, als ik het je vraag, maar vervolgens gebeurt er niks.

Wim: Sorry, maar ik weet echt niet meer wat je bedoelt.

Josje: Jij zou met Stef over seks praten, want je was het met mij eens, dat jij als man bepaalde dingen beter kon bespreken. Als je het niet wilt doen, beloof het dan ook niet.

Wim: O, dat. Ik wil dat best doen, maar de gelegenheid heeft zich nog niet voorgedaan, ik wou daar niet zo plompverloren over beginnen.

Josje: Toe nou Wim, geef het nou toe, je was het vergeten of je had er geen zin in of allebei. En ik pas ervoor om almaar achter je aan te blijven lopen en me verantwoordelijk te voelen. Ik vind dat je uit jezelf maar eens wat meer aandacht moet hebben voor die dingen, misschien vind ik het dan ook wel weer wat leuker om te vrijen.

Wim: Ik begrijp niet wat dat ermee te maken heeft.

Josje: Begrijp je dat echt niet? Ik kan niet vrijen met iemand met wie ik geen contact heb en met wie ik niets kan delen.

Wim wil best van alles voor Josje doen, maar ze moet het dan inderdaad voor hem uitspellen. Zij vindt dat vervelend, niet alleen omdat ze altijd het initiatief moet nemen, maar ook omdat ze zich niet kan voorstellen dat hij er niet uit zichzelf aan denkt. Eigenlijk wil ze niet gewoon dat Wim de dingen doet die zij hem vraagt, maar ze wil dat hij wat meer wordt zoals zij: dus dat hij zelf praten over de relatie belangrijker gaat vinden. Voor haar is het onvoorstelbaar dat hij het niet nodig heeft om gevoelens uit te wisselen. Dat is toch een voorwaarde om intimiteit te ervaren? Voor Wim niet. Voor hem is intimiteit thuis dingen doen die hij leuk vindt en seksueel contact natuurlijk. Hij hoeft niet per se met Josje te praten, hij vindt het fijn als ze er is terwijl hij beneden in de kamer zit te werken.

Het accepteren van dit soort verschillen in een relatie is een voorwaarde om prettig met elkaar te kunnen leven. Pas als je begrijpt dat die ander de dingen echt anders voelt en ziet dan jij, kun je hem vragen om met jouw gevoelens rekening te houden en niet langer verwachten dat hij uit zichzelf hetzelfde voelt en wil als jij.

Patronen

Problemen in relaties kunnen ontstaan vanaf het moment dat de verschillen duidelijk en lastig worden. Het is logisch dat die verschillen meer opvallen en voor meer problemen zorgen wanneer je als paar naar een andere fase in de relatie gaat: wanneer je kinderen krijgt bijvoorbeeld, of wanneer die kinderen gaan puberen, of als een van beiden ophoudt met werken. Ook spanningen van buitenaf – geldproblemen, een verhuizing, leermoeilijkheden van een kind, spanningen op het werk – kunnen pijnlijk duidelijk maken hoe verschillend je reageert.

Naarmate partners meer van elkaar verschillen en dus een voor de ander vreemdere 'taal' spreken, is de kans groter dat er 'meer-van-het-zelfde-patronen' ontstaan.

In het begin van hun relatie werd Inge vertederd door de onhandigheid van Hans. Ze begon hem te helpen en voor ze het wist zaten ze beiden gevangen in een vaste rolverdeling. Volgens Inge was Hans echt zo'n man waar je vingers van gingen jeuken. Voor je het wist had je hem uitgenodigd om bij je te komen eten, of had je aangeboden zijn broek te persen. Dat was leuk om te doen, want alles was zo aan hem besteed. Hij vond alles lekker, had altijd honger, kocht consequent de verkeerde kleren en droeg daar dan twee verschillende sokken in twee verkeerde kleuren bij. Allebei die sokken waren verdwaald in zijn witte was, waardoor zijn overhemden altijd onbestemde pastelkleuren vertoonden. Hij was zo'n man, die argeloos de te kleine trui met dramatisch dessin kocht en die droeg tot iemand hem voorstelde om een keer met hem te gaan winkelen. Er was altijd wel een vriendin die met hem wilde winkelen en die vervolgens zijn flat opruimde en een smaakvol kleed over zijn kunstleren bankstel legde. Aan zo'n middag hield je het gevoel over, reddingswerk verricht te hebben. Hij was de platonische vriend waar vrouwen dol op zijn, die ze er graag bij hebben om ongevaarlijk mee te praten, omdat hij door niemand als bedreigend wordt beschouwd, zelfs niet door zichzelf.

Je kon niet zeggen dat hij lelijk was, het was meer de smakeloosheid van alles om hem heen die hem dat onweerstaanbare verwaarloosde aanzien gaf. Geen vrouw die hem niet aardig vond, geen vrouw die hij niet aardig vond. En het ondefinieerbaar erotische dat vanwege al die zorgzaamheid soms in de lucht hing, kon gemakkelijk weggeredeneerd worden. Hij was geen man om in die zin iets mee te beginnen, al was het maar omdat hij zelf nooit op de gedachte kwam.

Hij liep tegen de veertig toen Inge besloot met hem te trouwen. Zij was een van de vrouwen die in de loop van de tijd door een vriendin aan hem gekoppeld waren, omdat zij leuk was en hij ook alleen. Meestal vervaagden dit soort contacten tot vriendschap, maar Inge bleef.

Ze richtte zijn flat opnieuw in, sorteerde zijn sokken, gooide ze vervolgens weg en kocht een geheel nieuwe garderobe met hem. Ze loodste hem in een andere baan, een groter huis, een relevante kennissenkring. Hij kreeg meer relaties en minder vriendinnen. Geen spoor meer van verwaarlozing. Hij was haar lange tijd dankbaar. Zij waren er beiden van overtuigd dat het een zegen was dat hij haar was tegengekomen. Om gered te worden hoefde hij slechts te doen wat zij zei en hij wilde nauwelijks anders.

Na tien jaar had ze er geen zin meer in. Ze wilde een man die initiatieven nam, zei ze, niet iemand die alles aan haar overliet.

'Wat wil je dan dat ik doe?' zei hij en dat was het hem nou juist, dat hij dat vroeg. De man die ze eigenlijk wilde, bleek ze al geruime tijd buitenechtelijk te hebben en die was inderdaad heel anders. Dus ging ze weg, al was het niet daarom, en hij bleef nogal wanhopig achter in het smaakvolle huis, waar hij de lege plekken opvulde met adviezen van vriendinnen. Hij had nog onthouden van vroeger dat hij absoluut geen smaak had. Hij had wel weer meteen vriendinnen.

Ze hadden allebei gedacht dat hij het niet zou redden zonder haar. Ze had beloofd dat ze hem ook niet zomaar zou laten vallen. Ze zou hem blijven helpen, want wat hij zonder haar hulp moest, konden ze zich geen van beiden voorstellen.

Met de nieuwe vriend die zo anders was, liep het mis, om allerlei redenen, waarvan de belangrijkste was dat hij haar niet nodig had. Hij wilde niet verbeterd worden en met die initiatieven viel het uiteindelijk ook nogal tegen. Het was niet dat ze spijt had, dacht ze, het was meer dat het allemaal nogal wonderlijk was. Zij had zich zorgen gemaakt over zijn eenzaamheid, maar zelfs voor zij zich bedacht had, bleek zij vervangen.

De vriendin die zijn nieuwe tweezitsbankje had uitgezocht, bleek zich hierop al snel uitstekend thuis te voelen. Ze was begonnen af en toe voor hem te koken en op te ruimen en dit bleek al snel het gevoel op te leveren dat ze onmisbaar was.

Omdat Inge en Hans vrienden waren gebleven, vertelde hij haar alles over hoe het gegaan was, met die makkelijke vertrouwelijkheid die ze ineens weer herkende. 'Je weet hoe ik ben,' zei hij, 'ik kan al die dingen niet alleen. Ik heb geen smaak, alleen voor vrouwen.'

'Nee, dat is waar,' zei zij verlangend en probeerde zich te herinneren hoe benauwd ze het gehad had, toen ze elke dag voor hem moest zorgen.

De basis voor de rolverdeling wordt gelegd in de eerste fase, maar dan kost die nog geen enkele moeite. Daarna, als je je dagelijks leven deelt en er van alles moet gebeuren, valt op dat je allebei uitgaat van totaal andere ideeën over wat normaal is.

Annelies bijvoorbeeld is gewend om dingen zelf te beslissen en op te lossen. Tom daarentegen is veel bedachtzamer en wil graag eerst uitvoerig over dingen nadenken en overleggen. Dus stoort het hem als Annelies stralend thuiskomt en zegt dat ze nu eindelijk een goede lamp voor de eetkamer gevonden heeft. Hij begrijpt niet, dat ze die meteen gekocht heeft. Met haar moeder nota bene. Het is toch niet normaal dat je de inrichting van het huis waar je samen in woont, uitzoekt met je moeder. Normaal is dat je daar eerst met zijn tweeën naar gaat kijken. Annelies daarentegen begrijpt niet dat hij niet enthousiaster reageert. Hij heeft het toch zo druk en ze wist zeker dat hij deze lamp mooi vond, want het was precies wat ze zochten, dus wat zeurt hij nu. Hij houdt niet eens van winkelen en haar moeder vindt het hartstikke gezellig. De lamp is inderdaad mooi, vindt Tom, maar daar gaat het niet om. Het gaat erom dat ze dingen niet overlegt. Althans niet met hem, wel met haar moeder.

In de komende jaren zal dat regelmatig tot problemen leiden. Annelies nodigt spontaan vrienden uit voor een etentje zonder eerst aan Tom te vragen of dat uitkomt. Ze besluit een cursus te gaan volgen die ze leuk vindt, ze verft de slaapkamermuren geel. Ze probeert zich wel aan te passen, maar lang niet altijd met succes. Zo besluit ze om vóór ze de woonkamer een kleurtje geeft, Tom daarvan op de hoogte te stellen, om niet weer hetzelfde gedoe te krijgen. Als hij, omdat hij ook niet altijd wil zeuren, zegt dat dat misschien wel een idee is, vat Annelies dat op als toestemming en heeft ze de volgende dag al een proefstrookje opgezet. Tom is boos dat zij nu weer haar zin doordrukt, en Annelies omdat hij toch gezegd had dat hij het leuk vond.

Langzamerhand ontwikkelt het patroon zich. Annelies zal er al van uitgaan dat Tom toch niets wil en geen besluiten kan nemen, dus zal ze hem steeds meer gaan achtervolgen met voorstellen, waarbij ze hem zo enthousiast mogelijk probeert te overtuigen en de zaken steeds rooskleuriger voorstelt om Tom over de streep te trekken. Tom zal daardoor bevestigd worden in zijn idee dat zij niet realistisch en veel te impulsief is, en zal hoe langer hoe gereserveerder gaan reageren om hen beiden te behoeden voor stommiteiten.

Sommige paren slagen erin om voor dit soort verschillen een oplossing te vinden. Bij anderen, zoals bij Annelies en Tom, zie je de neiging ontstaan om problemen steeds op dezelfde manier aan te pakken. Hoe minder het lukt, hoe harder ze het op dezelfde weinig succesvolle manier proberen. Ze lijken op een toerist in het buitenland, die er niet in slaagt om de man achter de balie van zijn hotel duidelijk te maken dat hij graag in een leuk restaurant kip wil eten en daarom op steeds luidere toon herhaalt: 'Ik wil graag kip,' terwijl hij intussen hevig met zijn armen wappert alsof het vleugels zijn. De baliemedewerker vermoedt dat zijn gast informeert naar de plaatselijke dierentuin, of wil hij misschien op de fazantenjacht of met het vliegtuig terug naar huis? De toerist blijft steeds nadrukkelijker herhalen, de man achter de balie blijft raden. Dezelfde volharding zie je soms bij paren die elkaar iets duidelijk proberen te maken.

De meeste patronen zijn ooit ontstaan als poging om een probleem op te lossen. De oplossing werkt echter niet, maar wordt onderdeel van het probleem. Veel voorkomende patronen die een echte oplossing in de weg staan zijn: zwijgen, knokken en trekken-ontwijken.

Zwijgen

Sommige paren die het moeilijk vinden om met elkaar te praten, zijn daarmee opgehouden. Het kan zijn dat ze van huis uit niet gewend waren om veel over gevoelens en gedachten te praten, het kan ook zijn dat ze wel met anderen kunnen praten, maar dat de ervaring hun geleerd heeft dat met elkaar praten alleen maar leidt tot problemen en misverstanden. Om dat te voorkomen zwijgen ze. Een zwijgen dat op den duur kan leiden tot een gevoel van onverschilligheid, eenzaamheid of tot opgekropte spanning en boosheid.

Evelien was ervan overtuigd dat Jack en zij dezelfde ideeën hadden over het verdelen van de zorg voor huishouden en kinderen. Na de geboorte van de kinderen bleek echter dat hij volledig werd opgeslokt door zijn werk. Dat was onvermijdelijk, legde hij uit, omdat hij zich anders niet staande kon houden tussen zijn collega's. Hij kon niet van een vergadering weglopen, omdat hij op tijd thuis moest zijn. Na een tijd lang verbeten ruziemaken besloot Evelien, dat het geen zin had om Jack aan de afspraken te houden. Het betekende alleen maar dat de sfeer verpest werd thuis. Ze zou haar eigen plan wel trekken, hulp regelen, minder gaan werken en ze zou gewoon geen beroep meer op hem doen. De ruzies werden inderdaad minder, de levens van Evelien en Jack bogen meer uit elkaar. Evelien had vaak ook geen zin meer om hem te vertellen wat ze overdag met de kinderen had meegemaakt en nog minder om naar zijn dikke verhalen te luisteren over wat hij voor interessants gedaan had. Als hij thuiskwam moest hij vaak nog wat werken en tegen de tijd dat hij zich ontspande met de krant of de tv, was zij moe en ging ze naar bed. Hij vond het heerlijk om dan nog even alleen te zitten zonder iemand die iets van hem moest en dus werd het steeds later, en als hij uiteindelijk in bed kwam, was Evelien in diepe rust.

Knokken

Er zijn ook paren die niets laten passeren. Elke kleinigheid kan aanleiding geven tot een hevige ruzie, waarvan ze naderhand zelf ook moeilijk kunnen achterhalen waar die ook alweer over ging. De vraag of ze laatst in Amsterdam nu Indisch of Chinees gegeten hebben, leidt tot een verbeten gevecht. Via allerlei omwegen komen ze tot de constatering dat de een zijn ongelijk nooit toe kan geven en dat de ander altijd in aanwezigheid van derden probeert de partner te kleineren en dat het dus zonder enige twijfel een Indisch restaurant was, nee een Chinees. Beiden realiseren zich nog wel dat het niet om de

Indiër of de Chinees gaat, maar om 'iets anders'. In feite gaat het om de macht, hoewel beiden dit niet gemakkelijk zullen toegeven. Er is ook sprake van angst: als je dit gevecht opgeeft, betekent dat dat de ander het idee heeft dat hij alles kan maken, dat hij jou steeds tot toegeven kan dwingen. Ieder verloren gevecht kan leiden tot het verliezen van de oorlog die de relatie geworden is en vooral tot het verliezen van een stukje eigen terrein, een stukje van jezelf.

Karel en Mariet zijn beiden niet gewoon een blad voor de mond te nemen en vinden het belangrijk om voor hun mening uit te komen. Ook vinden ze allebei dat hun partner zich wel erg assertief, om niet te zeggen egoïstisch opstelt. Tijdens elk gesprek worden onmiddellijk de stellingen betrokken. Het thema waarover ze van mening verschillen wisselt, van het een komt het ander, maar de posities blijven gelijk: als Karel A vindt, besluit Mariet dat het B moet zijn. Opvallend is ook dat geen enkel thema wordt afgerond en dat er geen oplossing wordt gevonden.

Mariet (enthousiast): Moet je zien, ik heb in de stad ontzettend leuke jassen voor de jongens gevonden, voor de winter.

Karel: Ze hadden toch nog jassen.

Mariet: Ja, van vorig jaar, die kunnen ze ook nog aan om buiten te spelen. Vind je ze mooi?

Karel: Ik vind ze mooi, dat mag trouwens ook wel voor die prijs, maar ik vind het vooral overbodig. Vorig jaar zei je dat je juist zulke dure jassen gekocht had, omdat ze er dan twee jaar mee kunnen doen.

Mariet: Doe niet zo krenterig zeg, ik vind het nou eenmaal belangrijk dat die kinderen er leuk uitzien.

Karel: En omdat jij dat belangrijk vindt, koop je voortdurend kleren voor de kinderen. Ik vind dat niet goed, ook niet voor de kinderen. Zo krijgen ze toch het idee dat het geld niet op kan. Ik vind dat je ze veel te veel verwent.

Mariet: Ik verwen ze helemaal niet. De kinderen weten heel goed dat niet alles kan. En jij weet heel goed dat ik veel meer mijn poot stijf houd als ze iets willen hebben dan jij. En die kleren hebben niets met verwennen te maken. Het maakt die kinderen helemaal niet uit of ze een nieuwe jas krijgen, ik vind dat zelf leuk.

Karel: Ik vind dat je dat overdrijft: je maakt een soort modepoppen van die jongens. De kinderen moeten gewoon kleren hebben waar ze lekker in kunnen spelen buiten.

Mariet: O, leuk voetballen met hun vader, bedoel je, of het bos in, lekker ravotten.

Karel: Waar slaat dat nou weer op?

Mariet: Alsof je dat niet weet. Hoe vaak komt het voor dat jij naar buiten gaat met de kinderen? Wou je ze alleen de gezonde buitenlucht in sturen om lekker te spelen in hun ouwe kloffie?

Karel: Ik ga regelmatig met ze naar het bos of naar de speeltuin.

Mariet: Ja, dat is het afgelopen jaar minstens drie keer voorgekomen.

Karel: Dat is niet waar, bovendien gaat het daar niet over.

Mariet: Nee, het gaat erover dat jij wel zonder blikken of blozen een nieuwe pc koopt voor jezelf, terwijl de vorige drie jaar oud is, maar dat je nieuwe jassen voor je kinderen een overdreven luxe vindt.

Karel: Die pc heb ik nodig voor mijn werk.

Mariet: Ach werkelijk?

Trekken-ontwijken

Dit laatste patroon tref je bijvoorbeeld aan bij paren waarbij een van beiden (meestal de vrouw) probeert om over haar gevoelens en gedachten te praten en pogingen doet om ook iets te weten te komen over wat er in haar partner omgaat. Die voelt daar echter niets voor en probeert het gesprek zo kort mogelijk te houden of te ontwijken. Soms gebeurt dit vermijden heel bewust, omdat hij bang is dat er anders ruzie ontstaat, soms heeft hij het idee dat zij iets van hem vraagt dat hij niet kan bieden. Hij is niet zo'n prater of hij weet niet wat hij voelt of hij heeft naar zijn eigen idee niets bijzonders gedacht. Zo'n gesprek verloopt ongeveer als volgt:

Zij: Is er iets?

Hij: Nee, hoezo, wat zou er zijn?

Zij: Ik weet niet, je bent zo stil.

Hij: Ik ben gewoon moe.

Zij: Is er iets wat je dwars zit? Iets op het werk gebeurd of zo?

Hij: Nee, niks bijzonders. De normale dingen.

Zij: Waar zit je dan aan te denken?

Hij: Nergens aan.

Zij: Je kunt toch niet niks denken. Ik zie gewoon dat er iets is. Als er iets is, moet je daarover praten. Het is niet goed om alles zo op te kroppen.

Hij: Ik krop niks op.

Zij: Jawel, dat doe je wel. En dan hoor ik weken later wat er aan de hand is.

Hij (inmiddels wat geïrriteerd): Er is niks aan de hand.

Zij: Als er niks aan de hand zou zijn, zou je niet zo geïrriteerd zijn.

Hij: Ik ben niet geïrriteerd.

Zij: Je bent wel geïrriteerd. Ik hoor het toch aan je stem. Als ik iets verkeerds gedaan heb, dan moet je dat zeggen.

Hij: Je hebt niets verkeerds gedaan, hoe vaak moet ik dat nog zeggen.

Zij: Ik ken je gewoon niet, ik weet niet wat er in je omgaat. Ik vind dat zo moeilijk. Ben je kwaad omdat ik je pak vergeten was op te halen van de stomerij?

Hij: Mens, dat ben ik allang vergeten.

Zij: Zie je wel, dat je daar nog kwaad over bent. Maar ik kan toch ook wel eens iets vergeten?

Hij: Ja, dat zal wel.

Zij: Wat is dat nou voor een antwoord. Dat zal wel. Jij denkt dat ik de hele dag niks anders te doen heb dan aan jou en je pak te denken.

Hij: Wat moet ik nou zeggen, ik wil gewoon geen ruzie, ik

heb een zware dag gehad en ik ben moe.(Loopt van tafel.)
Zij (huilend): Ja hoor, loop maar weer weg, dat is makkelijk.

Trekken-ontwijken komt ook voor als een van beiden veel initiatieven neemt en de ander erg behoudend is. Een van beiden wil bijvoorbeeld iets vernieuwen in huis en de ander vindt dat altijd onzin en zoekt uitvluchten. Wanneer u iets herkent in deze voorbeelden kunt u met behulp van de volgende vragen uitzoeken of u in een van deze relatiepatronen verzeild geraakt bent.

1. Praat u samen zelden over dingen die u denkt of voelt?
2. Vindt u het vaak verstandiger om te zwijgen omwille van de lieve vrede?
3. Heeft u het idee dat het 'toch geen zin' heeft om dingen met uw partner te bespreken, bijvoorbeeld omdat hij zaken heel anders ziet of niet begrijpt?

4. Heeft u vaak ruzie?
5. Als u ruzie heeft, eindigt die dan vaak onopgelost?
6. Heeft u vaak het idee dat de ruzie over andere, belangrijkere dingen gaat dan waar u ruzie over maakt?

7. Heeft u het idee dat in uw relatie een van beiden nu eenmaal geen prater is?
8. Heeft in uw relatie een van beiden een ontwikkelings-project gemaakt van de ander? Dat wil zeggen heeft hij (of waarschijnlijker zij) het streven om de ander te leren over zijn 'echte' gevoelens te praten, of om te zeggen wat hij echt wil?
9. Lukt het desalniettemin zelden om tot een gesprek te komen dat u beiden een 'goed' of 'echt' gesprek vindt?

Wanneer u de eerste drie vragen met 'ja' beantwoord heeft, is uw patroon *Zwijgen*.
Wanneer u vraag 4 tot en met 6 met 'ja' beantwoord heeft, is uw patroon *Knokken*.

Wanneer u vraag 7 tot en met 9 met 'ja' beantwoord heeft, is uw patroon *Trekken-ontwijken.*

Hoe doorbreekt u het patroon?

Zwijgen

Gebruik de GSG-formule (Gedrag-Situatie-Gevoel) om uw gevoelens uit te drukken (zie hoofdstuk 1). Dat betekent:

1. Praat in de Ik-vorm over uw eigen *gevoel.*
Niet: Wat ben je toch een egoïst.
Wel: Ik voel me genegeerd als je mij niet vraagt wat ik wil drinken.

2. Praat over het *gedrag* van uw partner, niet over zijn (slechte) karakter.
Niet: Jij houdt nooit rekening met een ander.
Wel: Ik wil graag dat je met mij overlegt, voordat je een afspraak maakt om over te werken.

3. Praat over het gedrag in deze specifieke *situatie* en haal er niet van alles bij.
Niet: Het enige waar jij belangstelling voor hebt, is die stomme tv. Als de kinderen iets over school vertellen hoor je dat niet eens. Zelfs als er bezoek komt laat je hem nog het liefste aan staan... Enzovoort.
Wel: Wil je de tv even uitzetten? Ik heb het idee dat je niet hoort wat ik zeg en dat vind ik vervelend.

4. Als u kritiek heeft, voeg er dan aan toe wat u wel graag zou willen.
Niet: Wat maak jij toch overal een puinhoop van.
Wel: Als je niet opruimt na het koken heb ik nóg niet het idee dat ik een vrije avond heb. Wil jij de spullen die je gebruikt hebt in de keuken alsjeblieft opruimen?

Knokken

In hoofdstuk 4 en 5 zal nog uitvoerig aandacht worden besteed aan het omgaan met ruzies en heftige emoties. Voor nu volsta ik daarom met de opmerking, dat door een ruzie zelden een probleem wordt opgelost. In tegendeel: wanneer je allebei boos bent, loop je het risico dingen te zeggen die kwetsend zijn voor de ander en die hij niet zal vergeten. In emotioneel opzicht kom je daardoor steeds meer 'rood te staan' bij je partner, totdat uiteindelijk je krediet totaal verbruikt is. Wanneer een van beiden merkt dat de spanning te hoog oploopt, dus wanneer hij zich te boos, te angstig of gekwetst voelt, is het verstandig dat hij het gesprek stopt. De ander moet dat absoluut respecteren en desnoods midden in de zin zijn mond houden. Degene die het gesprek stopte, neemt wel de verplichting op zich om op een later moment, wanneer beiden zich rustiger voelen en hebben nagedacht, op het gesprek terug te komen.

Misschien is het op dat latere tijdstip wel mogelijk om de formules voor de luisteraar (LSI) en voor de spreker (GSG) in acht te nemen.

Trekken-ontwijken

1. GSG: Zie de regels onder *Zwijgen*. Zowel voor de trekker als voor de ontwijker wordt het gesprek prettiger en gemakkelijker wanneer de spreker zich aan de GSG-regels houdt.
2. LSI: Luisteren-Samenvatten-Invoelen. Met name voor de trekker geldt dat luisteren beter werkt als middel om iemand aan het praten te krijgen dan praten.

Maak duidelijk dat u echt geïnteresseerd bent door LSI, dat wil zeggen door actief te luisteren, samen te vatten wat iemand zegt en vooral door te proberen om in te voelen wat hij precies bedoelt en dat ook onder woorden te brengen.

Realiseert u zich daarbij dat niet ieder gesprek of iedere spreker onmiddellijk de diepte in wil of kan. Een gesprek over wat iemand gedaan heeft die dag op zijn werk, kan voor een oplettende luisteraar even veel informatie bevatten over de gevoelens en gedachten van de partner als een gesprek over hoe je je voelde toen je als kind van je moeder op je kop kreeg.

Elk met zijn eigen verwachtingen

De patronen die je ontwikkelt in de relatie hebben alles te maken met de verwachtingen die je hebt of had van de relatie. Die verwachtingen ontstaan vooral in het gezin waar je bent opgegroeid. Daar doe je je eerste en vaak je belangrijkste ideeën op over wat 'normaal' is in een relatie.

Xandra is de oudste dochter uit een gezin met drie kinderen. Haar vader had een eigen bedrijf en financieel heeft het gezin het altijd goed gehad. In het huwelijk van haar ouders waren echter veel spanningen. Haar moeder voelde zich verwaarloosd door haar man, die altijd werkte en er (volgens haar) af en toe vriendinnen op na hield. Haar vader verweet zijn vrouw dat ze niet met hem meegegroeid was en hem niet steunde. Zodra hij thuiskwam, begon ze te klagen over in zijn ogen onbelangrijke zaken. Een normaal gesprek kon je met haar niet hebben. Xandra vond de ruzies tussen haar ouders vreselijk en probeerde ze te voorkomen. Wanneer haar vader thuiskwam, wachtte zij hem op met verhalen over school of een vraag over haar huiswerk. Wanneer haar moeder aan tafel begon te klagen, leidde zij het gesprek gauw af door een onderwerp uit de krant aan te snijden. Hoewel ze als kind dol was op haar vader, werd ze steeds meer de vertrouweling van haar moeder. Haar vader, die het 'gezeur' van zijn vrouw al lang zat was, vond dit wel rustig en trok zich nog meer terug in zijn werk. Door de intieme details die Xandra's moeder haar vertelde over het seksleven van de vader die ze altijd zo bewonderd had, veranderde haar beeld van hem en van mannen in het algemeen. Ze begon haar vader te verafschuwen en kreeg steeds meer medelijden met haar klagende moeder, die ze als slachtoffer zag. De waarschuwingen van haar moeder om vooral beter uit te kijken dan zij had gedaan voor ze aan een relatie begon had Xandra niet nodig. Ze hield jongens op een afstand en buiten school ging ze nauwelijks ergens heen. Ze wist niet wat er thuis zou gebeuren als zij er niet was als bliksemafleider, maar ze had bovendien het idee heel ver af te staan van alles waar haar leeftijdgenoten zich mee bezighielden. Na de middelbare school ging ze rechten studeren en toen ontmoette ze Dirk. Ze werd voor het eerst van haar leven vreselijk verliefd.

Dirk kwam uit een totaal ander nest dan Xandra. Hij was de enige zoon van ouders die gescheiden waren toen hij een jaar of vijf was. Hij groeide op bij zijn moeder, die pianolerares was, maar hield ook een goed contact met zijn vader.

Dirk zag zijn moeder eerder als vriendin dan als moeder. Dirks moeder was een vrolijke, chaotische vrouw met veel vrienden en vriendinnen en een groot gat in haar hand. Hoewel ze verschillende relaties had na de vader van Dirk, trouwde ze niet opnieuw. Ze gaf Dirk veel liefde en veel vrijheid. Dirk vond het, zeker toen hij op de middelbare school zat, enerzijds wel stoer dat hij zo'n aparte moeder had, die door iedereen geweldig gevonden werd, anderzijds benijdde hij ook wel eens kinderen met 'gewone' ouders. Al jong nam hij zich voor om later veel geld te verdienen, omdat hij het voortdurende geldgebrek van zijn moeder vreselijk vond.

Xandra viel voor Dirk omdat hij anders was dan alle andere jongens die ze kende. Dirk was een man die niet stoer deed en niet onmiddellijk met haar naar bed wilde, maar die echt met haar praatte over gevoelens. Dat had hij bij zijn moeder en haar vriendinnen wel geleerd. Dirk was gevleid omdat de mooie, afstandelijke Xandra, met wie volgens iedereen niets te beginnen was, verliefd op hem werd. Hij voelde zich aangetrokken tot Xandra's rust. Hij had het idee dat ze, zo jong als ze was, al precies wist wat ze wilde en dat ze haar leven helemaal op orde had. Bovendien ontroerde het hem dat ze zo haar best deed om het gezellig voor hem te maken en dat ze hem hielp met zijn studie waar ze maar kon. En hoewel Dirks moeder Xandra een tikje saai vond en Xandra's moeder het idee had dat Dirk behoorlijk verwend was, leefden ze jarenlang heel gelukkig met elkaar. Ze kregen twee kinderen. Xandra ging parttime werken omdat ze haar kinderen alle aandacht wilde geven die ze zelf gemist had. Toen de jongste twee jaar was, bekende Dirk dat hij verliefd geworden was op een collega op zijn werk. Voor Xandra stortte de wereld in. Had ze daarvoor al die jaren zo haar best gedaan om Dirk en de kinderen gelukkig te maken? Dirk was geshockeerd door de wanhoop van zijn altijd zo evenwichtige Xandra. Hij realiseerde zich dat hij niet bij haar en de kinderen weg wilde of kon en ze besloten samen in therapie te gaan.

De verwachtingen waarmee Dirk en Xandra aan hun relatie begonnen, waren net zo verschillend als de gezinnen waar ze uit kwamen. Toch leek het aanvankelijk alsof ze hetzelfde wilden. Ze wilden een harmonieuze relatie waarin ze zichzelf konden ontplooien maar ook alles zouden delen. Ze wilden hun kinderen een gelukkige en een veilige jeugd bieden. Ach, ze wilden zoveel en ze hadden niet door dat de woorden hetzelfde klonken, maar een totaal andere lading hadden.

Een goede relatie betekende voor Xandra: alsjeblieft nooit meer ruzie. 'Zeg jij het maar, ik vind alles leuk,' zei ze als Dirk vroeg naar welke film ze zouden gaan. Omdat hij graag doe-vakanties wilde, gingen ze wandelen en zeilen en, omdat hij van skiën hield, nam zij les en daalde doodsbang de zwarte pistes af.

Voor Dirk was kameraadschap en gelijkwaardigheid in een relatie wezenlijk. Hij had van zijn moeder geleerd dat alles bespreekbaar was. Wanneer Dirk het echter oneens was met Xandra werd ze stil en zei dat er niets was. Hij leerde om het van haar gezicht af te lezen als ze iets niet wilde. Soms werd het pas achteraf duidelijk dat ze ergens moeite mee had, omdat ze dan hoofdpijn kreeg. Veiligheid, orde en het gevoel dat ze alles in de hand had, waren voor Xandra wezenlijk. Zwijgend ruimde ze Dirks spullen achter hem op en regelde ze dingen die hij vergat. Avontuur, vrolijkheid, vrienden en sociale contacten waren belangrijk voor Dirk.

Toen ze kinderen kregen, werden de verschillen tussen hen duidelijker. Xandra vond dat hij te gemakkelijk met de kinderen omging, hij vond haar overbezorgd en omdat ze toch altijd kanttekeningen bij zijn aanpak had (die ze niet als kritiek bedoelde) begon hij zich meer en meer terug te trekken. Hoe prettig hij het aanvankelijk ook vond dat Xandra het huishouden en de financiën altijd zo perfect onder controle had, nu begon hij af en toe terug te verlangen naar de onbezonnenheid en de uitspattingen van zijn moeder. En Xandra realiseerde zich dat haar moeder toch gelijk had gehad. Net als haar vader had Dirk uiteindelijk alleen maar belangstelling voor zijn werk en voor zichzelf, en het ergste van alles: net als haar vader had hij haar bedrogen. En dat terwijl zij anders dan haar moeder nooit gezeurd had en hem steeds gesteund had. Mannen bleken dus inderdaad niet te vertrouwen.

In de therapie leerden Dirk en Xandra, nadat de schok van de ontrouw enigszins verwerkt was, om de verwachtingen die ze beiden hadden van elkaar en van de relatie voor het eerst duidelijk te uiten zonder de verschillen weg te werken. Dat viel niet mee, want van een aantal verwachtingen waren ze zich nauwelijks bewust. Ze moesten als het ware opgegraven worden van onder een berg gekwetstheid en verwijten. Dirk vertelde Xandra dat hij het zat was om voortdurend 'adviezen' te krijgen bij alles wat hij deed. Hij had er behoefte aan om af en toe van haar te horen dat ze hem waardeerde en dat ze van hem hield. Bovendien had hij er behoefte aan om samen leuke dingen te doen en erop uit te gaan in plaats van het leven en de relatie te zien als een aaneenschakeling van taken en plichten. Hij wilde Xandra als kameraad en als minnares, niet alleen maar als moeder en manager van het gezin.

Xandra ontdekte dat zij heel graag af en toe wilde steunen op Dirk. Ze wilde niet altijd de verstandige en de verantwoordelijke zijn die overal aan moest denken. Ze wilde dat er ook eens voor háár gezorgd werd en dat ze dingen kon bespreken en uit handen kon geven. Ze wilde gekoesterd worden en ze wilde tederheid.

Ook al heb je het idee dat je precies weet uit wat voor nest je partner komt, toch is het goed om hem daarover eens als een nieuwsgierige onbevooroordeelde interviewer uit te horen. Heel vaak merk ik, als ik in therapieën aan beide partners vraag om hun levensgeschiedenis te vertellen, dat de ander nieuwe dingen hoort in een oud verhaal.

OPDRACHT

Maak een afspraak samen waarbij u een half uur tot een uur praat over het gezin waar u uit komt en over het huwelijk van uw ouders. Ga er niet van uit dat u daar al alles van weet, maar probeer onbevooroordeeld te luisteren naar wat uw partner daarover vertelt. Let erop dat u de rol van luisteraar goed vervult (dus LSI). Vraag dingen die u graag wilt weten of die u niet duidelijk zijn en let erop dat dat echte vragen zijn, dus geen verkapte opmerkingen in de trant van: 'Werd er eigenlijk wel ooit ergens over gepraat bij jullie thuis?'

Probeer voor uzelf en voor uw partner antwoord te vinden op de volgende vragen:

- Heeft u goede herinneringen aan het huwelijk van uw ouders en zijn er dingen die u graag op precies dezelfde manier zou willen doen in uw eigen relatie?
- Zijn er nare herinneringen aan het huwelijk van uw ouders en zijn er dingen waarvan u zeker weet dat u het

absoluut zo niet zou willen doen?
- Zijn er gebeurtenissen geweest in uw leven die heel veel indruk op u hebben gemaakt: positief of negatief?
- Wat vindt u terug van uw eigen ervaringen vroeger in uw relatie nu?
- Welke 'fouten' van uw ouders heeft u weten te vermijden?
- Welke positieve kenmerken van (de relatie van) uw ouders heeft u niet kunnen waarmaken in uw eigen relatie?
- Als u terugdenkt aan het begin van uw relatie, wat is u dan heel erg tegengevallen?
- In welk opzicht vindt u dat u en uw partner dingen bijgeleerd hebben in de omgang met elkaar?

Wanneer u dit gesprek achter de rug heeft en daardoor beter begrijpt waar uw eigen verwachtingen en die van uw partner ten aanzien van de relatie vandaan komen, zou u een volgende (moeilijke) stap kunnen zetten om die verwachtingen en de rol die ze spelen in uw relatie verder te verhelderen.

OPDRACHT
Schrijf voor uzelf op wat u belangrijk vindt in de relatie met uw partner. Vraag hem om dat ook te doen en maak een afspraak om dit aan elkaar te laten lezen. Geef geen commentaar op de wensen van de ander, vraag hooguit verheldering als u iets niet begrijpt. Probeer op te schrijven wat u wel graag wilt in de relatie en niet wat u *niet* wilt. Met andere woorden: het woord *niet* mag niet op uw papier voorkomen.

Tom en Annelies (het paar van de ruzie over de lamp die zonder overleg gekocht was, zie pag. 59-60) ontdekten in een gesprek over hun beider achtergrond, dat Toms vader in zijn gezin van herkomst een zeer centrale rol had gespeeld. Zijn wil was wet, althans zo leek het, zeker van buitenaf. Toms moeder verzette zich nooit openlijk tegen het standpunt van haar man, maar had wel zo haar manieren om hem zachtjes in een bepaalde richting te manoeuvreren. Tom was de enige jongen in een gezin dat verder alleen uit meisjes bestond. De band tussen de meisjes en zijn moeder was heel hecht. Tom werd tot een jaar of negen erg verwend door zijn moeder, maar toen greep zijn vader in, om ervoor te zorgen dat de jongen niet als watje op zou groeien. Tom deed zijn best om aan de hoge verwachtingen van zijn vader te voldoen en slaagde daar naar zijn eigen idee nooit helemaal in. Een van de dingen die hij van zijn vader leerde is dat je vrouwen niet over je moest laten lopen en dat ze dat wel altijd probeerden.

Annelies komt uit een zakengezin. Haar vader werkte altijd en haar moeder regelde alle huiselijke zaken. Voor Annelies was het ondenkbaar dat haar vader zich ooit bemoeid zou hebben met zoiets als de aankoop van een lamp. Dat deed haar moeder. Annelies weet dat haar moeder zich heel erg interesseert voor woninginrichting en het leuk vindt om winkel in, winkel uit te lopen tot ze precies vindt wat ze in haar hoofd heeft. Voor Annelies is het dan ook volstrekt logisch dat zij haar om advies vraagt bij de inrichting van haar huis.

Bij het opschrijven van hun verwachtingen van een relatie schrijft Tom: Voor mij is het belangrijk om samen dingen te bespreken en beslissingen te nemen. Ik vind eerlijkheid, kameraadschap en gelijkwaardigheid wezenlijk in een relatie. Ik vind het vreselijk als ik buitengesloten word of gemanipuleerd.

Annelies schrijft: Ik vind het belangrijk om dingen samen te doen, maar ik wil ook graag een eigen leven houden. Ik wil niet afhankelijk zijn. Doordat je naast alles wat je deelt ook je eigen bezigheden en vrienden hebt, blijft de relatie spannend. Ik ben als de dood voor sleur. Ik wil graag alles uit mijn leven halen wat erin zit.

De rol van de gedachten

Wat mensen doen, denken en voelen hangt nauw samen. Als Annelies denkt dat de inrichting van het huis iets is, waar mannen zich niet voor interesseren, is het logisch dat ze een lamp samen met haar moeder koopt en daar heel blij mee thuiskomt. Wanneer Tom dit opvat als een manier om hem buiten te sluiten, is het logisch dat hij zich gekwetst voelt en boos wordt. Annelies is zich van geen kwaad bewust en reageert aanvankelijk verbaasd en daarna geïrriteerd. In de toekomst zal ze mogelijk haar gedrag aanpassen en hem betrekken in nieuwe aankopen, maar het kan ook zijn, dat ze overleg met Tom lastig vindt, omdat hij dan altijd bezwaren ziet of omdat het zo lang duurt voordat hij een beslissing neemt. Het is duidelijk dat de gedachten van Tom en Annelies bepalen hoe ze zich voelen en wat ze doen. Hun gedrag wordt vervolgens door de ander weer op een bepaalde manier opgevat: hij heeft er zo zijn eigen gedachten over en die bepalen weer hoe hij zich voelt en hoe hij zich gedraagt enzovoorts.

Hoe je je voelt en wat je voelt voor je partner hangt dus af van hoe je denkt over *jezelf,* over *hem* en over de *relatie.* Wanneer je iets vertelt over een probleem op je werk en je partner legt je uit dat het toch duidelijk is hoe je dat moet oplossen, kan het zijn dat je denkt: 'Hij begrijpt er helemaal niks van.' Misschien zeg je dat ook of je legt hem uit dat zijn oplossing werkelijk nergens op slaat. Hij verwijt je dat je eigenwijs bent of niet voor rede vatbaar en besluit dat je het dan zelf maar moet uitzoeken. Een volgende keer zul je misschien geneigd zijn om te zwijgen.

Maar niet alleen de gedachten over de relatie en over je

partner bepalen hoe je je voelt en je gedraagt, ook de gedachten over jezelf hebben daar veel invloed op. Wanneer je je onzeker voelt over jezelf, zul je al snel denken dat de ander je ook niet zo interessant vindt. Wanneer je partner dan een tijd lang wat in zichzelf gekeerd is, zul je mogelijk concluderen dat hij natuurlijk is uitgekeken op jou. Misschien begint hij het saai te vinden, misschien heeft hij een ander. Iemand die zichzelf leuk vindt, zal eerder veronderstellen dat die ander niet zo lekker in zijn vel zit om een heel andere reden en zal proberen te achterhalen wat die reden is. Of hij wordt boos, omdat hij vindt dat de partner wel eens wat meer aandacht mag hebben voor hem in plaats van almaar met zichzelf bezig te zijn.

Je zou zeggen dat dergelijke gedachten gemakkelijk te corrigeren zijn door simpelweg aan je partner te vragen of het waar is wat je denkt dat hij denkt. Soms durven mensen dat echter niet en vaker nog zijn ze zich nauwelijks bewust van wat ze denken omdat die gedachten zo snel en automatisch komen. Het eerste waaraan je vaak merkt dat je negatief over jezelf, over de ander of over een bepaalde situatie denkt, is een vervelend gevoel. Een gevoel van boosheid, verdriet, spijt, angst. Wij zijn geneigd te denken dat ons gevoel een rechtstreeks gevolg is van de situatie, van het gedrag van onze partner bijvoorbeeld, maar dat is niet zo.

Stel, je bent met je partner uitgenodigd op een feestje van zijn werk. Als jullie binnenkomen zie je dat je de verkeerde kleren aanhebt. Iedereen is op chic, terwijl jij gewoon een lange broek met een truitje draagt. Je zegt tegen je partner: 'Dat had je me ook wel eens mogen vertellen,' en hij reageert met: 'Wat maakt het nou uit, dit staat je toch goed.'

Mogelijkheid 1
Je weet dat hij jou mooi vindt, wat je ook draagt. Je bent zelf ook best tevreden met je uiterlijk. Dus denk je iets als: 'Het is

ook niet echt belangrijk wat ik aanheb. Als mensen me daarop beoordelen, dan hoef ik me dat niet aan te trekken, dan is dat hun probleem.' Misschien zul je je nog even ongemakkelijk voelen, maar daarna vermaak je je prima.

Mogelijkheid 2

Je denkt: 'Hij verplaatst zich nooit eens in mij en neemt niet eens de moeite om me te vertellen dat er afgesproken is dat iedereen zich feestelijk aankleedt.' Als gevolg daarvan voel je je boos. Je zult je op het feest waarschijnlijk heel afstandelijk ten opzichte van je partner gedragen en de kans is groot dat jullie op de terugweg flink bonje krijgen.

Mogelijkheid 3

Je denkt: 'Hij schaamt zich voor me en hij heeft gelijk, ik zie er niet uit.' Het effect van die gedachte is, dat je je de rest van de avond doodongelukkig voelt en misschien hoofdpijn voorwendt om snel weg te kunnen.

De situatie is in alle drie de gevallen hetzelfde. Het verschil zit in wat je denkt over de situatie, over je partner en over jezelf. Dat verschil in *denken* bepaalt hoe je je *voelt* en hoe je je *gedraagt*. Vervolgens reageert je partner weer op jou, maar laten we eerst eens kijken naar jouw gedachten en gevoelens.

Door je bewust te worden van je gedachten zul je je gevoelens beter begrijpen. Bovendien heb je dan de mogelijkheid om je af te vragen of deze gedachten wel kloppen en of je er iets mee opschiet om dat te denken.

Je kunt dat achterhalen door je af te vragen:

- Is het waar wat ik nu denk?
- Welke bewijzen heb ik daarvoor?
- Is er een andere verklaring mogelijk (bijvoorbeeld voor het gedrag van mijn partner)?

Het kost wat oefening om te achterhalen wat je denkt en om gedachten en gevoelens uit elkaar te houden. Ieder-

een heeft echter van binnen een soort metertje dat oploopt wanneer je je niet prettig voelt. Als je je niet prettig
voelt, is dat een teken dat je ook dingen denkt, waardoor dit onprettige gevoel ontstaat. Met name bij vrouwen staat dit metertje vaak wel heel fijngevoelig afgesteld. Bij het minste of geringste teken van spanning in
hun omgeving slaat het uit en beginnen ze razendsnel
te denken en vanuit dat denken iets te doen.

Noortje bijvoorbeeld voelt zich zenuwachtig worden als
haar man thuiskomt. In haar beschrijving van de
avond, die ik zo precies mogelijk heb proberen weer te
geven, wordt duidelijk dat ze een heleboel denkt, voor
iedereen, maar dat ze veel van die gedachten benoemt
als gevoelens.

Noortje, werkende moeder met twee pubers, voelt onmiddellijk als haar man thuiskomt dat er iets mis is. Hij heeft het
zelf nog niet door.

Hij denkt nog als hij thuiskomt dat hij gewoon moe is, maar
dat is een misverstand. Noortje voelt niet alleen dát er iets
aan de hand is, ze voelt ook wát: hij ergert zich omdat zij zelf
zo laat thuis was van haar werk en omdat ze geen tijd heeft
gehad om te koken. En dat hij zich daaraan ergert – hetgeen
al bedenkelijk is voor iemand die graag van zichzelf zegt dat
hij gemakkelijk is – komt omdat hij zich gisteren ook al ergerde. Gisteren namelijk, dat voelde ze best, zat het hem niet
lekker toen zij het opnam voor hun zoon, die van hem op zijn
lazer kreeg vanwege een verknoeid proefwerk. Noortje voelde behalve de ergernis van haar man ook van alles bij haar
zoon. Ze weet op haar gevoel, dat de kritiek van zijn vader op
het moment niet goed is voor het kind, dat hij er onzeker
door raakt terwijl hij nu net nodig heeft dat zijn vader wat
vertrouwen in hem toont. Bovendien weet ze, ook al zegt hij
het niet, wat het voor haar man betekent, dat ze hem op zijn
werk niet betrokken hebben in dat overleg over de komende
reorganisatie. Hij zal het nooit toegeven, maar ze voelt dat
hij zich gekrenkt en gepasseerd voelt. Hij heeft toch al moei-

te met het ouder worden. Toen ze dat artikel las over de psychologische problemen van de ouder wordende man was het alsof het over hem ging. Kortom, van de emmer van haar man, die nu overloopt, heeft ze elke druppel horen vallen. En al ontkent hij zowel de emmer als de druppel, zij weet wat ze voelt.

Ze weet ook dat ze niet door moet vragen nadat hij gezegd heeft dat er 'niks' is, 'helemaal niks', maar ze zit er mee. De hele avond voelt ze de sfeer in haar maag. Welke sfeer? De sfeer die er niet is. En de spanning die er wel is tussen haar man en haar zoon. Het zweet breekt haar uit van het gewoon doen. Als haar zoon na het eten voor de tv plof en begint te zappen, probeert ze eerst indirect te seinen dat hij misschien naar zijn kamer moet gaan om huiswerk te maken of in ieder geval te doen alsof. Vervolgens vraagt zij hem of het nieuws even aan mag, niet omdat ze dat wil zien, maar preventief, omdat ze weet dat haar man het zo meteen wil zien en dat haar zoon boos zal worden als haar man gewoon de afstandsbediening pakt en zijn programma wegzapt. Nu wordt hij boos op haar: 'Je kijkt niet eens.' Waarop haar man snauwt dat hij voor een keer nou eens gewoon moet doen wat hem gevraagd wordt en haar zoon boos naar boven verdwijnt. 'Was dat nu nodig?' vraagt Noortje en krijgt de wind van voren omdat hij het nota bene voor haar deed en nu is het weer niet goed.

Noortje haalt voelen en denken door elkaar. Ze voelt niet: mijn man ergert zich omdat ik laat ben en niet gekookt heb. Ze denkt dat en als gevolg van die gedachte voelt ze zich boos of gespannen. Ze voelt evenmin dat haar man moeite heeft met het ouder worden, ze denkt dat en die gedachte veroorzaakt een gevoel van medelijden.

Wat Noortje doet, het door elkaar halen van voelen en denken, gebeurt vaak. Het is zelfs behoorlijk ingeburgerd in het eigentijdse taalgebruik. Emoties en voelen zijn erg opgewaardeerd de laatste decennia en denken is wat minder in. Dat vinden we te afstandelijk, te kil. Bovendien valt over gevoel veel minder te twisten dan over gedachten. Een gedachte kun je ter discussie stellen, een gevoel niet. Vandaar dat te pas en te onpas gedachten worden gepresenteerd als gevoelens. 'Dat voel ik nu eenmaal zo,' wordt gezien als een definitief argument waarmee je iedereen de mond kunt snoeren, zelfs jezelf. Want als je iets nu eenmaal zo voelt, kun je er ook niets meer aan doen. Wanneer je je realiseert dat je niet vóélt dat die ander jou afwijst, maar dat je dat dénkt, kun je die gedachte vervolgens gaan toetsen.

Gevoelens, emoties zijn er niet zo veel: je kunt bang, boos, verdrietig, gespannen, opgewonden, jaloers, eenzaam, gelukkig zijn en zo zijn er nog wat varianten te bedenken. Een ezelsbruggetje om gedachten en gevoelens te onderscheiden is het volgende: een gevoel kun je in een woord weergeven, voor een gedachte heb je er meestal meer nodig. Gedachten zijn er heel veel en die gaan altijd aan de gevoelens vooraf, maar soms zo snel en automatisch, dat je je er echt op moet trainen om je ervan bewust te worden.

Je kunt dat doen door in de komende periode het metertje dat uitslaat als je een vervelend gevoel krijgt, niet te negeren of het gevoel weg te drukken. Ga juist eens opletten wanneer je je boos, verdrietig, gekwetst, eenzaam, enzovoorts voelt. Probeer dan te achterhalen en liefst op te schrijven wat er gebeurt en wat je over die situatie denkt. De beste manier om het te noteren is A: de situatie, B: wat je denkt en C: wat je voelt. Omdat het gevoel meestal het eerste is waarvan je je bewust bent, is het handig om bij C te beginnen. Daarna ga je naar A, de situatie, en pas daarna naar B, het moeilijkste onderdeel. Soms moet je echt enig speurwerk doen, voor je de gedachten te pakken hebt, die het nare gevoel veroorzaken. Soms denk je dat je dingen gedacht hebt, die redelijk neutraal zijn. Bijvoorbeeld: Wat zouden ze van me denken? Deze vragende gedachte verklaart echter niet je gevoel van angst en schaamte. Dus weet je dat er een andere gedachte achter moet zitten, bijvoorbeeld: Ik weet zeker dat ze me ontzettend stom vinden. Je kunt dus altijd controleren of je de juiste gedachte te pakken hebt door de vraag te stellen: verklaart deze gedachte het nare gevoel dat ik heb? Als dat niet zo is, moet je verder zoeken tot je de juiste gedachte wel gevonden hebt, de gedachte waarvan dat gevoel het logische gevolg is.

Vraag je vervolgens af welke bewijzen je hebt dat de gedachten over de situatie klopten. Wanneer het gedachten zijn over je partner, vraag je bij hem na of je juist dacht. Zijn het gedachten die je niet kunt navragen, ga dan bij jezelf na welke harde bewijzen je zelf hebt dat deze gedachte waar is. Vaak zul je ook die bewijzen niet vinden. Wanneer duidelijk wordt dat je je vergist hebt en dat er een veel betere en prettigere manier bestaat om over de situatie te denken, noteer die gedachte dan onder D.

Vaak kan het je bewust worden van je gedachten over de ander en het uitzoeken of deze gedachten wel waar zijn, ineens een totaal andere kijk op een situatie geven.

Naar aanleiding van een incident waar ze allebei erg over ingezeten hadden, noteerden Rob en Janneke wat ze gedacht en gevoeld hadden.

Janneke:

A: Situatie
Ik kom thuis van een vergadering en Rob zit nog op de bank. Hij zegt: 'Kom nog even lekker zitten,' en vraagt of ik een glaasje wijn wil.

B: Gedachten
Hij wil natuurlijk vrijen.
Ik ben doodop, ik heb geen zin, maar als ik hem afwijs, voelt hij zich gekwetst.

Ik doe hem tekort. Straks wordt hij verliefd op iemand anders.

Hij kan zich ook nooit eens verplaatsen in mij. Hij kan toch weten dat ik geen zin heb als ik vanaf vanmorgen tot nu bezig ben geweest.

C: Gevoel
Ik voel me gespannen en schuldig. Tegelijk ook een beetje boos.

Rob:

A: Situatie
Janneke komt thuis. Ik zit naar het voetballen te kijken, maar omdat ik weet dat ze daar een hekel aan heeft, zet ik het af en vraag hoe de vergadering was. Ze reageert nogal kortaf en zegt dat ze moe is.

B: Gedachten
Ze vindt het vervelend dat ik de kamer niet opgeruimd heb. Ik kan het ook nooit goed doen.
Ze moet altijd zo slachtofferig doen als zij het druk heeft. Ze gunt mij gewoon mijn vrije avond niet.
Als zij het druk heeft, moet iedereen het druk hebben.

C: Gevoel
Ik voel me boos, verongelijkt, geïrriteerd.

Wanneer Rob en Janneke hun gedachten aan elkaar voorleggen, blijkt dat ze beiden heel iets anders dachten dan de ander veronderstelde. Ze kunnen elkaar nu helpen om de situatie en het gedrag van de ander meer naar waarheid in te schatten. Janneke legt Rob uit, dat ze hem van harte zijn vrije avond gunt, maar dat ze zich schuldig voelt omdat zij minder vaak behoefte heeft om te vrijen dan hij. Zij heeft het idee dat Rob altijd wel wil en zij is vaak zo moe. Rob helpt haar wat dit betreft uit de droom. Hij zou inderdaad wel wat vaker willen vrijen maar heeft zeker niet altijd zin. En voor hem hoeft er trouwens niet altijd gemeenschap te volgen als hij een glaasje wijn inschenkt. In dit geval had hij alleen even wat willen praten.

Wanneer je een tijdje bijhoudt wat je denkt op ongelukkige momenten, dan merk je dat vaak eenzelfde soort gedachten terugkomt. Vaak hebben die gedachten te maken met verwachtingen die je hebt van de relatie, of met vastgeroeste, maar daarom zeker niet altijd ware ideeën over jezelf of over je partner. Gedachten die je boos of ongelukkig maken zijn globaal in twee categorieën in te delen:

1. Gedachten waarin de woordjes *moeten* of *niet mogen* voorkomen.
   Je hebt een bepaalde wens of verwachting en je vindt dat die *moet* uitkomen of dat je partner daaraan *moet* voldoen. Wanneer je daar goed over nadenkt, klopt dat niet. Het zou natuurlijk prettig zijn als hij aan al jouw wensen zou voldoen, maar het moet niet, het is niet noodzakelijk of verplicht.
2. Gedachten die een negatieve *overdrijving* van de realiteit zijn.
   Ook deze gedachten maken je ongelukkiger dan nodig is. Wanneer iemand bijvoorbeeld kritiek op je heeft en je denkt dat je nu vreselijk afgaat in de ogen van iedereen, dan is dat een voorbeeld van zo'n overdrijving. Kritiek is niet aangenaam, ook al kun je er iets van opsteken, maar het is ook weer geen ramp en zelden het einde van de wereld of zelfs maar van de relatie.

Een aantal denkfouten over relaties zijn berucht en kunnen veel verdriet veroorzaken en veel schade aanrichten. Ik heb ze voor u op een rijtje gezet.

- Als hij van me houdt, moet hij uit zichzelf aanvoelen wat ik graag wil.

- Als hij kritiek heeft op mij, is dat verschrikkelijk. Het betekent dat hij niet echt van me houdt, want als je van elkaar houdt, moet je elkaar accepteren zoals je bent.
- Als ik me aanpas aan zijn wensen, moet hij me daar dankbaar voor zijn en hij moet dan ook uit zichzelf doen wat ik wil.
- Hij moet onthouden wat ik hem gevraagd of verteld heb, anders is hij niet echt in me geïnteresseerd.
- Hij (of zij) moet altijd zin hebben om met me te vrijen, anders houdt hij niet echt van me.
- In een goede relatie moet je over belangrijke zaken hetzelfde denken of voelen.
- Als je echt van elkaar houdt, mag je je niet aangetrokken voelen tot iemand anders.
- In een goede relatie moet je elkaar altijd alles vertellen.
- Liefde is iets magisch, het gevoel moet er vanzelf en altijd zijn. Vanuit dat gevoel moet je spontaan dingen voor elkaar willen doen.

Als je je eerlijk afvraagt of deze gedachten kloppen, kun je ze met enige moeite weerleggen:
- Al houdt iemand van je, dan betekent dat (gelukkig) nog niet dat hij je gedachten kan lezen.
- Elkaar als persoon accepteren betekent niet dat je ook het gedrag van de ander prettig vindt. Kritiek op het gedrag van je partner betekent niet dat je niet van hem houdt (ga maar na bij jezelf).
- Uit zichzelf doen wat jij wilt, is voor een ander een onmogelijke opgave. Allereerst weet hij niet wat jij wilt, want hij kan geen gedachten lezen. Wanneer hij het wel doet, omdat hij weet dat jij het wilt, doet hij het niet meer uit zichzelf.
- Het feit dat iemand iets vergeet, is natuurlijk geen bewijs voor een gebrek aan interesse (ga maar na bij jezelf).

- Niemand heeft *altijd* zin in vrijen. Ook al houd je nog zoveel van je partner, er zijn situaties waarin je hoofd of je lijf er niet naar staat. Er is wel meestal een verschil in behoefte; maar het is niet zo dat degene die het vaakste wil vrijen het meeste van zijn partner houdt.
- Het feit dat je verschillend over dingen denkt (en dus andere gevoelens hebt) heeft niets met liefde te maken. Het is boeiend en stimulerend om met een partner met eigen ideeën samen te leven. Wie wil er nu een kloon van zichzelf?
- Ook en juist in een goede relatie houd je een eigen terrein met eigen activiteiten, gedachten, gevoelens en fantasieën.
- Bij liefde en zelfs bij verliefdheid speelt chemie wel een rol, maar gezond verstand, inzet en soepelheid spelen een veel grotere rol. Voor het gevoel moet je iets doen.

Met name de laatste denkfout zie je terug in het wanhopige relaas van Harry en Willemijn, die zich hebben aangemeld voor relatietherapie omdat 'het niet meer gaat'. De afgelopen week was het weer helemaal mis.

Waarover ze ruzie gehad hebben de afgelopen periode? Waar ze altijd ruzie over hebben: over dat hij niet liever is. Dat hij altijd de puntjes op de i moet zetten. Dat alles altijd op zijn manier moet. Dat hij nooit een waarderend woord heeft voor haar of voor de kinderen, maar altijd kritiek. 'Daarover maakt zij ruzie,' legt Harry uit, 'omdat ze het verkeerd begrijpt.' Hij wil haar alleen helpen. Als ze de dingen eens wat ordelijker en rationeler aanpakte en niet altijd zo emotioneel, dan zou ze het minder moeilijk hebben. Ze zou zich trouwens alles niet zo moeten aantrekken, hij maakt zich toch ook niet overal druk over? In tranen is ze inmiddels door zijn hulp. Half geërgerd, half wanhopig besluit hij dat hij het ook nooit goed kan doen. 'Wel,' snikt zij, 'als je maar eens echte belangstelling voor me had, voor wat ik voel, niet voor wat ik die dag gedaan heb en of ik er nog aan gedacht heb om bij de bank langs te gaan.'

'Wat kan hij doen,' vraag ik, 'om jou het gevoel te geven dat hij echte belangstelling voor je heeft?' Maar dat bedoelt ze niet. Het gaat er niet om dat hij iets anders *doet*, hij moet anders *zijn*. Wat heeft ze eraan als hij ineens iets liefs gaat zeggen dat hij niet meent? Wat schiet ze ermee op als hij aan tafel ineens een gesprek met haar begint over hoe haar dag geweest is, zoals ik eerder wel eens heb gesuggereerd? Als het niet uit hemzelf komt, als hij het zelf niet wil, dan hoeft het niet voor haar.

Een ander mens moet hij worden. Niet de rustige man die alles altijd zo nuchter kan bekijken en overal een verstandelijke oplossing voor heeft, wil ze, maar een man die zijn emoties laat zien en die aanvoelt hoe zij zich voelt. Beter nog, iemand die zich hetzelfde voelt als zij, die min of meer hetzelfde is en spontaan hetzelfde wil op hetzelfde moment. Het is een heilloos project. Mensen kunnen zich niet op verzoek anders gaan voelen of anders zijn. Als iemand je vraagt om niet altijd overal zo zwaar aan te tillen of om eens wat gevoeliger te reageren, lijkt dat zo op het gehoor een redelijk verzoek, maar tegelijk voel je dat je het niet kunt. Want hoe moet je je ineens gevoelig gaan voelen, zodat je ook gevoelig kunt doen? Je legt je krant weg en zegt: 'Ik hou van jou,' om maar eens wat te proberen, maar het klinkt nogal geforceerd en je voelt zelf ook al dat het niet is wat ze in haar hoofd had. En zij kan wel spontaan op eigen initiatief een blocnote op tafel leggen en zeggen: 'Ik wil graag van dag tot dag opschrijven hoe we onze vakantie gaan invullen en vast een jaar van tevoren lijsten maken wat we meenemen en alle hotels boeken,' maar hij zal daar niet blij mee zijn. Ze vindt hem immers belachelijk als hij gewoon eens een keer een beetje wil plannen, zodat niet altijd alles fout loopt. Dat weet hij, dus probeert hij haar nog een keer ervan te overtuigen dat ze het verkeerd ziet. Het is niet saai om van tevoren hotels te boeken. Teleurgesteld, verdrietig, gekrenkt zijn ze beiden na zo'n gesprek. Soms overheerst het gevoel dat de ander je niet accepteert zoals je bent, soms de woede omdat hij zijn gang maar gaat en gewoon weigert zo te worden als jij zou willen.

Ik heb Harry en Willemijn uitgelegd wat ik ook in dit hoofdstuk heb proberen uit te leggen. Ooit immers voelde hij moeiteloos hetzelfde als zij en deed zij woordeloos wat hij wilde, want dat wilde ze zelf ook het liefste. Zo graag wilde je samen zijn dat je samenviel. Maar het leven ging verder en geen enkele verliefdheid is daar tegen bestand. En langzaam maar zeker is er geen ontkennen meer aan: hij is anders dan jij. Bij relaties die het leven overleven zie je dat op den duur dat verschil wordt geaccepteerd. Als het niet zo sentimenteel zou klinken, zou je dat echte liefde kunnen noemen, dat je van iemand houdt zoals hij is, namelijk anders dan jij. Dat betekent niet, dat je vervolgens ook blij moet zijn met alles wat hij doet. Maar er is verschil: als je hem vraagt om iets anders te doen, voor jou, omdat jij dat graag wilt, is dat mogelijk. Hij hoeft het dan niet zelf te willen, het is een cadeautje. Wonderlijk toch, dat we minder blij zijn met iets dat de ander met moeite doet omdat wij het willen, dan met iets dat hij uit zichzelf doet, omdat hij het zelf ook wil.

Het uitdagen van de gedachte dat de ander uit zichzelf hetzelfde wil als jij en het vervolgens afrekenen met die gedachte werkt uitermate bevrijdend. Vanaf dat moment kun je hem namelijk gewoon gaan vragen om te doen wat jij wilt. In het volgende hoofdstuk zullen we zien dat de relatie daar een stuk leuker van wordt.

3

Hoe kunnen we het leven samen weer leuker maken?

Veel mensen denken met enige nostalgie terug aan de periode dat ze elkaar net kenden en nog heel erg verliefd waren: de tijd dat alles vanzelf leek te gaan. De tijd dat je uren praatte, nauwelijks van elkaar af kon blijven en samen eindeloos plezier had om niets. Alles wat die ander betrof, was boeiend: zijn hobby's, zijn vrienden, zijn ouders. Zelfs zijn fouten, als je die toen al zag, vertederden je.

Wanneer je enige tijd samenwoont, verandert dat. De gesprekken worden korter en minder interessant. Veel verhalen heb je al eens gehoord en het begint je te irriteren dat die ander altijd zo nadrukkelijk de held of juist het slachtoffer in zijn eigen verhaal is. Soms irriteert zijn aanraking je en de frequentie van het vrijen neemt fors af. Het is niet zozeer dat jij verandert, of je partner, maar je gaat elkaar anders zien. Terwijl je eerst juist zoveel bij elkaar herkende, vallen je nu allerlei verschillen op. Die blijken minder aandoenlijk te zijn in de dagelijkse omgang, net zoals de grappen minder leuk lijken en de ontboezemingen minder fascinerend. Regelmatig heb je het gevoel dat jij in de relatie meer hebt moeten inleveren dan hij, dat hij minder rekening met jou houdt dan jij met hem, dat jij het het zwaarste hebt. Wanneer je samen geen manier weet te vinden om met de realiteit van die verschillen om te gaan, dan kun je je partner, ooit de bron van je geluk, nu gaan zien als degene die jou ongelukkig maakt: het is zijn schuld dat het allemaal zo tegenvalt, dat je je tekort gedaan, verdrietig en boos voelt.

Verdriet en boosheid zijn voelbaar in het nu volgende gesprek tussen Kootje en Paul. Het lijkt te gaan om een zoekgeraakt verslag, maar zo simpel is het niet.

Paul: Waar ligt dat verslag van de zaak?

Kootje: Waar je het het laatste neergelegd hebt, schat.

Paul: Daar ligt het niet.

Kootje: Waar ligt het niet? Ik heb het in de afgelopen week op de keukentafel zien liggen, op de vensterbank, in je stoel...

Paul: Heb jij het weer opgeruimd?

Kootje: Herhaaldelijk, ja, heb ik het weer opgeruimd, als ik bijvoorbeeld de tafel wilde dekken of als Jeroentje erop wilde tekenen, dan heb ik het even op je bureau gelegd, neem me niet kwalijk.

Paul: Zie je wel, waar op mijn bureau?

Kootje: Boven op de bovenste stapel.

Paul: Ik heb je al zo vaak gevraagd om van dat bureau af te blijven.

Kootje: Ik zou niets liever doen, ik blijf ook van je bureau af als het even kan, maar als jij onder en rondom je bureau ook allerlei dingen gaat uitspreiden, dan leg ik dat wel eens op stapels als ik moet stofzuigen of zo. Ik hoop dat je me dat kunt vergeven.

Paul: Als jij gaat opruimen, vind ik nooit meer iets terug.

Kootje: Als ik niet zou opruimen, zou je jezelf niet eens terug vinden tussen al je troep.

Paul: Als jij ervan afblijft, kan ik alles vinden. Ik weet precies waar alles ligt.

Kootje: Behalve je verslag.

Paul: Dat lag hier, ik weet het zeker, ik heb het hier neergelegd, toen ik het gisteren nog even heb doorgekeken. Zijn die kinderen weer aan mijn spullen geweest?

Kootje: Jouw kinderen weten dat de doodstraf staat op het aanraken van jouw bureau.

Paul: Hoe kan het dan dat er hier in huis nooit iets te vinden is? Ik heb trouwens geen tijd voor dit gezeur, ik ben toch al te laat.

Kootje: Hier schat, je rapport, bij de telefoon.

Paul: Hoe kan dat nou? Had ik het hier neergelegd? Had je dat niet meteen kunnen zeggen?

Kootje en Paul hebben voortdurend dit soort gesprekken. Niet alleen over een zoekgeraakt document, maar ook over de taken in huis, over vakanties (zij wilde strand vanwege de kinderen, hij cultuur en rust en geen zand tussen zijn tanden) of over geld (hij begreep niet waar het bleef, zij wel). Beiden voelden zich ongelukkig, maar beiden hadden het gevoel dat de schuld daarvoor bij de ander lag en dat die ook als eerste iets eraan moest doen. Dus wachtten ze voortdurend op elkaars verzoenende gebaar.

'Hij moet niet denken dat ik nog een keer zijn papieren red uit de handen van de kinderen. Hij zal het weten, dat ik nergens aan mag komen.'

'Als zij zo weinig interesse heeft in mijn werk, dan hoeft ze ook niet te denken dat ik op zaterdag boodschappen voor haar doe.'

'Die koffie kan hij zelf zetten.'

Enzovoorts, enzovoorts. De ene strafmaatregel wordt op de andere gestapeld.

Beiden vinden dat de ander de negatieve spiraal moet doorbreken. Het lijkt ondenkbaar om zelf de eerste stap te zetten.

Dus wachten ze lang boos en verdrietig op elkaar. En dat terwijl de kettingreactie van vervelende reacties ook omgebogen kan worden in positieve zin. Als Kootje zou kunnen zeggen: 'Sorry, dat was flauw. Ik weet dat je het druk hebt en ik mis je een beetje. Ik wil zo graag weer eens met zijn tweeën een avond weg.' Of: 'Zie je ertegenop, tegen die vergadering vandaag? Schat, je hebt het zo goed voorbereid, het is echt een heel goed verhaal. Ik duim voor je, sterkte!' dan zouden ze heel anders uit elkaar gegaan zijn.

Dat zou ook het geval zijn geweest als Paul had gezegd: 'Kootje, je hebt gelijk, ik maak er een puinhoop van. Ik beloof je dat ik het bureau opruim in het weekend, maar help me alsjeblieft want ik kan niet opruimen.'

De boosheid is echter door veel van dit soort onafgemaakte ruzies zo opgelopen dat ze zich afvragen of ze nog wel samen verder willen.

Kootje en Paul melden zich aan voor relatietherapie.

Toen ik ergens halverwege het eerste gesprek vroeg waar ze oorspronkelijk op gevallen waren bij elkaar, veranderde de sfeer van het gesprek totaal. Tot dan toe waren ze slechts bezig geweest mij uit te leggen wat er allemaal mis was in hun relatie en hoe dat kwam. Toen ik hun vroeg terug te gaan naar de periode waarin ze verliefd op elkaar geworden waren, keken ze elkaar aan (voor het eerst dat uur, daarvoor hadden ze zich uitsluitend tot mij gericht in de overtuiging dat met hun partner niet te praten viel). Ze lachten een beetje, aarzelden. Kootjes toon is ineens wat plagerig, maar niet gemeen als ze zegt: 'Ja, waar viel ik ook alweer op, dat is wel lang geleden zeg.'

'Ik weet het nog precies,' zegt Paul. 'Ik viel in eerste instantie op je uiterlijk. Als een blok, ik zag je die kroeg binnenkomen en ik dacht: "Met dat meisje wil ik trouwen."'

'Dat vroeg hij ook al die eerste avond, die idioot,' zegt Kootje volledig vertederd.

'En jij zei : "Dat is goed,"' herinnert Paul zich en vertelt daarna uitvoerig hoe dodelijk verliefd hij was. Alles aan haar vond hij leuk. Niet alleen haar uiterlijk, maar ook dat ze zo lief was en zo vrolijk en dat ze zo intens kon genieten.

En Kootje weet weer hoe veilig ze zich bij hem voelde, dat hij haar het idee gaf dat hij haar totaal accepteerde en dat ze over alles met hem kon praten. Hij vond niets gek. Ze was onder de indruk van de manier waarop hij dingen kon verwoorden en van zijn vermogen om logisch na te denken. En ze konden vreselijk met elkaar lachen.

De toon is veranderd als Kootje daarna verdrietig zegt: 'Hoe hebben we het zo uit onze vingers kunnen laten glippen. Konden we die tijd nog maar eens overdoen.'

Hoewel we als we daar nuchter over nadenken best weten dat verliefdheid overgaat, hebben veel mensen het idee dat 'echte liefde' toch wel het gevoel moet zijn dat ze in die periode hadden. Echte liefde moet zo gemakkelijk en zo vanzelfsprekend zijn als verliefdheid. In zijn boek *Liefde na verschil* maakt relatietherapeut Vansteenwegen duidelijk dat dit niet zo is. Liefde ontstaat ná de verliefdheid, als je de verschillen van je partner duidelijk ziet en accepteert. Dan houd je namelijk van hem zoals hij is, en niet langer van het ideaalbeeld dat je op hem projecteerde.

Pas als je accepteert dat er verschillen zijn, kun je proberen die te overbruggen. Dat betekent niet dat je iemand anders moet zijn, alleen dat je soms iets anders doet, omdat je partner dat aan je vraagt en omdat je hem best een plezier wilt doen en hij jou. Liefde is lastiger dan verliefdheid, je moet er meer voor doen. Je moet de moeite nemen om die ander echt te leren kennen, om echt naar hem te luisteren, om hem echt te vertellen wat je voelt en vindt, en je moet proberen lief voor hem te zijn en de moed hebben om dingen aan hem te vragen. Je moet zelfs af en toe de eerste stap zetten om weer toenadering te zoeken.

Verschillen tussen gelukkige en ongelukkige paren

Gelet op het aantal echtscheidingen (en samenwonende paren die uit elkaar gaan) lukt het minstens een op de drie paren niet om de overgang van verliefdheid naar liefde te maken. Dat betekent echter dat nog altijd twee op de drie paren een manier vinden om de verschillen die er tussen hen zijn min of meer soepel te overbruggen. Zij gaan samen verder, misschien niet 100% gelukkig (wat ze wel verwachtten toen ze aan hun relatie begonnen) maar dan toch 70 of 80%. Het zal voor niemand moeilijk zijn om uit de volgende korte interviewfragmentjes te raden welk paar gelukkig is samen en welk paar niet.

1. *Ruth* en *Ivo* wonen tien jaar samen. Ze hebben beiden een baan en ze hebben een dochtertje van vijf jaar, Mai.

Ruth: Ruzie? Nee, ruzie hebben we niet meer. Vroeger maakte ik er wel een punt van, wanneer Ivo als vanzelfsprekend aannam dat ik onmiddellijk mijn afspraken af ging zeggen als Mai ziek was, maar ik weet nu dat dat toch geen zin heeft.

Ivo: Ik vind het vreselijk als je zo slachtofferig doet. Ik heb van het begin af aan gezegd, toen jij begon over kinderen, dat ik niet minder kon gaan werken. Dat hoefde ook niet volgens jou, maar ik had kunnen weten dat je daarop terug zou komen.

Ruth: Ik kan me absoluut niet herinneren dat we dat toen zo precies besproken hebben en bovendien hoef je van mij helemaal niet parttime te gaan werken. Ik vond het prima om mijn baan gedeeltelijk op te zeggen. Ik hoef niet zo nodig carrière te maken. Waar het mij om gaat is dat jij geen veertig, maar zestig uur per week blijft werken en dat je vindt dat het huishouden en Mai volledig mijn verantwoordelijkheid zijn.

Ivo: Nou ja zeg, alsof ik nooit wat doe. Wie staat er in het weekend altijd als eerste op zodat jij een keer uit kunt slapen, omdat je zo uitgeput bent van twee dagen werken en het zorgen voor een kind dat het grootste deel van de dag op school zit?

Ruth: Lieve schat, jij hebt gewoon geen enkel idee wat er allemaal bij een huishouden en de zorg voor een kind komt kijken. Dat kun jij ook niet hebben, want als jij die twee ochtenden zogenaamd oppast, dan betekent dat de krant lezen terwijl Mai tv kijkt. En wie kan daarna boodschappen doen en het huis opruimen?

2. *Iris* en *Rutger* zijn zestien jaar samen; ze hebben drie kinderen van twaalf, tien en zes jaar oud. Iris heeft een baan in het onderwijs en Rutger werkt als afdelingschef bij een groot bedrijf.

Iris: Natuurlijk is het af en toe druk, maar ik kan redelijk goed organiseren en ik hou heel erg van mijn werk. Ik geloof niet dat ik een leukere moeder zou zijn als ik de hele dag thuis zou zijn. Bovendien heb ik tijdens de schoolvakanties en na vier uur vrij.

Rutger: Iris is iemand die drie dingen tegelijk kan doen. Ze kan schoolwerk corrigeren terwijl de kinderen om haar heen herrie maken, en dan heeft ze ook tussendoor nog tijd om ze te helpen met knutselen of zo. Hoewel zij een werkende moeder is, kan bij ons thuis altijd alles, er kunnen altijd kinderen komen spelen. Ik zou me zo absoluut niet kunnen concentreren op mijn werk, maar dat lukt haar wel.

Iris: Ja, maar jij hebt weer een eindeloos geduld om ze iets uit te leggen van school. Ik ben zelf lerares, maar ik kan geen huiswerk maken met mijn eigen kinderen, dan is het meteen ruzie.

Rutger (lachend): Dat klopt ja, ze probeert het wel eens, maar dan is het binnen de kortste keren bonje....

Iris: Tegenwoordig begin ik er niet eens meer aan. 'Ga maar naar papa,' zeg ik dan.

Rutger: Wij zijn heel verschillend: Iris zit altijd vol ideeën en plannen, ze heeft een ongelooflijke energie, en ik ben heel saai. Ik voer gewoon uit wat zij zegt.

Iris: Dat is niet waar, je doet nu alsof ik jou vreselijk op je kop zit en jij een soort doetje bent, maar dat is helemaal niet zo. Wij overleggen wel... Hoewel, jij geeft mij wel vaak mijn zin.

Rutger: Ik ben denk ik wat makkelijker. Vaak vind ik het ook best leuk wat jij bedenkt. En als ik het echt niet wil, dan gebeurt het ook niet.

Iris: Ik zal dan wel op allerlei manieren proberen om toch mijn zin te krijgen en vaak lukt dat ook wel, maar ik drijf niet tot het uiterste mijn zin door.

Rutger (plagend): O nee...?

Iris (geeft hem een speelse duw): Nee!

Rutger en Iris kijken elkaar aan, lachen naar elkaar, raken elkaar aan, geven elkaar complimenten en uiten hun waardering over wat de ander doet. Ze zijn het zeker niet altijd eens en hebben vaak pittige woordenwisselingen.

Ivo en Ruth maken dan misschien wel geen ruzie, maar ze zijn sarcastisch en denigrerend tegen elkaar. Er hangt grimmigheid in de lucht. Als de een iets zegt, is de ander het daar niet mee eens, en waardering voor de inzet van de ander is er al helemaal niet. Respect en waardering worden streng gerantsoeneerd. Ze vinden beiden dat ze daaraan tekortkomen en denken er dus niet over om er iets van weg te geven. Helaas voor hen lijkt waardering echter op een soort magische drank. Hoe meer je ervan weggeeft, hoe meer je krijgt.

Rutger en Iris zijn tevreden over hun relatie, Ivo en Ruth niet. Hoe komt dat? Waarom leven sommige paren een leven lang gelukkig samen en krijgen anderen na een aantal jaren een hekel aan elkaar? Een heleboel onderzoekers en therapeuten hebben zich met deze vraag beziggehouden en paren ondervraagd en geobserveerd op zoek naar het geheim van de gelukkige relatie. De belangrijkste verschillen die er gevonden zijn tussen gelukkige en ongelukkige paren, zijn niet opzienbarend. Wat je met je gezonde verstand al vermoedde, wat je bij Ruth en Ivo en Rutger en Iris kunt zien, wordt door de wetenschap bevestigd.

Tevreden paren uiten meer warmte en affectie

Paren die tevreden zijn over hun relatie, gaan anders met elkaar om dan paren die daar ontevreden over zijn. Niet alleen praten ontevreden paren op een veel negatievere manier met elkaar, maar vooral hun non-verbale gedrag is anders: de manier waarop ze naar elkaar kijken, elkaar (niet) aanraken, hun houding en hun stem als ze met elkaar praten zijn verschillend.

Tevreden paren glimlachen vaker tegen elkaar, ze tonen aandacht als de ander iets vertelt, hun stem klinkt warmer, ze zitten dichter bij elkaar en nemen een opener houding aan. Ze zitten minder te friemelen, te plukken en te bewegen tijdens het gesprek dan ontevreden paren. Kennelijk voelen ze zich meer ontspannen en op hun gemak bij elkaar.

Wat het verbale gedeelte van de communicatie betreft, dus datgene wat ze feitelijk tegen elkaar zeggen: tevreden paren geven vaker aan dat ze het met elkaar eens zijn en bevestigen vaker iets dat hun partner zegt: 'Dat klopt, ja, goed dat je dat zegt.' Als de ander met een idee of voorstel komt, accepteren ze dat eerder.

Ontevreden paren fronsen vaker, tonen irritatie, boosheid of ongeduld, praten kortaf, zitten meer op afstand van elkaar, raken elkaar niet aan. Ze uiten meer kritiek, maken sarcastische opmerkingen en zijn het vaker oneens. Wanneer ze met elkaar praten, maken ze een meer gespannen indruk. Bij een meningsverschil proberen ze vaker hun doel te bereiken via een omweg: door te zwijgen, te mokken, zich terug te trekken – of ze betrekken anderen in het gesprek om het eigen gelijk te bewijzen.

Tevreden paren weten wat de ander belangrijk vindt

Gelukkige paren hebben een soort plattegrond van elkaars gedachten- en gevoelsleven. De Amerikaanse onderzoeker Gottman noemt dit: ze kennen elkaars 'liefdeskaarten'. Daarmee bedoelt hij dat ze op de hoogte zijn van belangrijke gebeurtenissen uit het leven van hun partner. Ze kennen de hoogte- en dieptepunten uit elkaars geschiedenis. Ze weten wat de ander prettig en lekker vindt en waar hij een hekel aan heeft. Ze kennen zijn mening over zaken, zijn dromen en toekomstverwachtingen, zijn angsten en zwakheden, zijn wensen en gewoonten. Als een van beiden een spannende dag heeft op zijn werk, weet de ander daarvan en vraagt 's avonds hoe het gegaan is. Ze vertellen het elkaar als er die dag iets vervelends of iets leuks gebeurd is. Kortom: ze houden voeling met elkaars leven, praten elkaar bij. Ontevreden paren vinden het vaker niet de moeite waard om zich op de hoogte te stellen of dingen te delen en verliezen elkaar na verloop van tijd uit het oog.

Tevreden paren zijn minder uit op het gebruikmaken van macht en proberen minder om de ander te overheersen

Bij tevreden paren is er sprake van gelijkwaardigheid. Soms bepaalt de een wat er gebeurt, soms de ander en geen van beiden heeft er moeite mee om op zijn tijd toe te geven aan wat de ander wil.

Tevreden paren zijn beter in het oplossen van problemen

Tevreden paren hebben ook problemen. Net als bij ontevreden paren zijn er bij hen ook verschillen in persoonlijkheid en denken ze anders over thema's als geld, seks, taakverdeling, vrienden en familie, enzovoorts. Tevreden paren maken ook niet noodzakelijkerwijs minder ruzie dan ontevreden paren, maar ze zijn er wel beter in om hun problemen op te lossen.

Bij ontevreden paren blijven ruzies vaker slepen. Ze leiden niet tot een afspraak of een oplossing. Nadat ze een tijd boos geweest zijn, zakt de woede en doen deze paren weer alsof er niets aan de hand is. Het probleem blijft smeulen tot het na verloop van tijd weer oplaait.

Tevreden paren bedenken mogelijke oplossingen voor het probleem, ze kunnen beter praten over hun gevoelens ten aanzien van het probleem en ze sluiten eerder een compromis. Ontevreden paren zullen proberen de ander te dwingen, door hem bijvoorbeeld belachelijk te maken of hem een schuldgevoel te geven.

Overigens is het een illusie om te denken dat alle problemen op te lossen zijn. De meeste paren hebben wel een paar gebieden waar ze hun hele relatie door van tijd tot ruzie over maken, zonder dat het echt bevredigend geregeld wordt. Wanneer een van beiden vreselijk precies is en de ander heel gemakkelijk, zal dit met enige regelmaat voor conflicten zorgen. Op zijn best vind je daar tussendoor een manier om met dat probleem te leven. Wanneer je zelf sociaal en extravert bent en je partner gesloten, zul je er niet in slagen om een prater van hem te maken. Het is dan zaak om ondanks de teleurstelling en de problemen die dit af en toe oplevert, de ander toch te accepteren. Geen enkele relatie bevredigt al je behoeften. Tevreden paren kunnen dit beter hebben en maken onderscheid tussen problemen die op te lossen zijn en problemen die nu eenmaal bij deze relatie van deze twee verschillende mensen horen.

Tevreden paren zijn dus flexibeler, houden minder vast aan het eigen standpunt, eisen niet altijd dat de ander toegeeft en, wat heel belangrijk is, ze kunnen het na een ruzie weer goedmaken. Gottman noemt dit 'herstelpogingen'.

Jean en Marijke hebben een heftige ruzie over het feit dat hij een geplande vakantie wil uitstellen in verband met zijn werk. Hij moet een zakenreis maken naar Saigon. Marijke is hier zo boos over omdat ze vindt dat alles altijd al moet wijken voor dat werk, en Jean vindt het oneerlijk en onterecht dat zij hem daar verantwoordelijk voor stelt. Hij heeft het idee dat hij tussen twee vuren zit en ziet geen enkele mogelijkheid om de reis die hij nu voor zijn werk moet maken anders te plannen. Hij verwijt Marijke dat ze zich niet eens verdiept in zijn problemen. Het loopt zo hoog op, dat Marijke uiteindelijk een koffer op het bed gooit en er lukraak kleren van Jean in begint te gooien. Deze scène zou zo in een soapserie kunnen en ze schept een zeker genoegen in het dramatische van haar actie. Wat haar betreft kan hij nu al vertrekken, zegt ze. Jean kijkt het even aan en zegt dan: 'Het is nogal warm op dit moment in Vietnam, kun je wat luchtiger dingen inpakken.' Marijke stopt en schiet in de lach, waarna de spanning verbroken is en ze er vervolgens maar eens voor gaan zitten om te kijken hoe ze misschien uit dit gedwongen uitstel wat extra vakantie kunnen slepen.

Paren die het goed met elkaar kunnen vinden, doen op tijd een herstelpoging en zorgen er zo voor dat de ruzie niet uit de hand loopt. Paren die ongelukkig zijn, zullen op een herstelpoging reageren door nog bozer te worden of door de poging te negeren.

Gelukkige paren hebben een gedeelde levensvisie

In een goede relatie gaan paren niet alleen lief en respectvol met elkaar om en zijn ze in staat om problemen op te lossen, ze zijn ook in staat om samen zin te geven aan het leven. Dat betekent dat ze een aantal waarden en verwachtingen delen.

Als een van beiden geld en status heel belangrijk vindt en de ander spiritualiteit, geeft dat problemen. Die gedeelde levensvisie komt tot uiting in de manier waarop partners hun leven inrichten, in de plannen die ze maken voor later, maar ook in de gewoonten en rituelen die ze samen ontwikkelen.

Henk en David wonen tien jaar samen. Ze hebben beiden een goedbetaalde baan. Reizen is een gedeelde passie. Ieder jaar maken ze een zes weken durende reis, liefst naar een gebied dat nog niet echt ontdekt is door het toerisme. Van tevoren zijn ze al een hele tijd bezig met zich te informeren over het land waar ze naar toe gaan en met name over de cultuur van dat land en de kunst. Hun huis staat vol met primitieve kunst uit alle mogelijke landen. Hun ideaal is om over een paar jaar een groot huis in de stad te kopen en een deel daarvan in te richten als galerie.

Gelukkige paren kunnen flexibel omgaan met veranderingen

Een relatie maakt fasen door. Als je elkaar net hebt leren kennen, ga je anders met elkaar om dan wanneer je jonge kinderen hebt. Wanneer partners niet kunnen wennen aan het feit dat er in een bepaalde fase minder aandacht of tijd voor elkaar is ten gevolge van drukte of problemen, zal de relatie daaronder lijden. Een van beiden zal zich verwaarloosd of onzeker gaan voelen.
Ook het ouder worden kan problemen geven, zoals duidelijk wordt uit het voorbeeld van Mia en Joop, dat ik van nabij meemaakte.

Joop heeft vanwege fusies op het bedrijf de mogelijkheid gekregen om vervroegd uit te treden. Mia had daar al zo haar zorgen over, maar Joop deed in ieder geval naar buiten toe alsof dit de kans van zijn leven was. Nu zouden ze meer tijd hebben ('Voor wat?' vroeg Mia zich af) en zouden ze meer samen kunnen doen. Tot dan toe was er een duidelijke taakverdeling geweest. Mia had gezorgd voor hun vier kinderen die inmiddels het huis uit waren en Joop voor het inkomen. Ze waren een echtpaar met een traditionele taakverdeling, maar daar hadden ze beiden nooit problemen mee gehad. In die tijd waren ze van mening dat ze een goed huwelijk hadden en een gelukkig gezin.

Wat nu volgt is een scène uit hun huwelijk, enige maanden nadat Joop de VUT in gegaan is.

'Wat moet er vanmorgen gebeuren?' vraagt Joop en Mia voelt de spanning die tot dan toe afwachtte in haar maag omhoog kruipen naar haar keel. Daardoor klinkt haar stem raar als ze antwoord geeft. Het vervelende is, dat ze aan het antwoord moet beginnen voor ze het weet. En als ze tegen hem praat, kan ze niet meer denken. 'Even denken,' probeert ze, 'het maakt me eigenlijk niet zo uit.'

'Maar hoe is de planning?' dringt hij aan. 'Eh, de planning,' zegt ze, 'die heb ik zo'n beetje in mijn hoofd, ongeveer.'

Ze is bang dat hij nu gaat doen wat ze weet dat hij gaat doen. Hij loopt naar de kast en pakt een stukje papier, de achterkant van oude kopievellen van zijn werk. Dozen vol heeft hij daarvan opgespaard en in vieren geknipt tot notitievelletjes. Want als er iets is waar hij een hekel aan heeft dan is het verspilling, zegt hij altijd en zij denkt dan altijd dat er behalve verspilling nog een heleboel is waar hij een hekel aan heeft. Aan een slechte planning bijvoorbeeld.

Hij haalt een pen uit zijn borstzakje en gaat weer op zijn plek aan de tafel zitten: 'Vertel het maar,' zegt hij.

'Ik wilde even door het huis gaan,' bedenkt ze. 'Stofzuigen, stof afnemen,' schrijft hij op. 'Alleen beneden?' vraagt hij. Ze denkt snel na. 'Ik dacht het wel,' aarzelt ze, niet zeker of hij ermee akkoord gaat dat ze de kraakheldere bovenverdieping vandaag overslaat. Tussen twee risico's moet ze door laveren. Hij kan vinden dat ze overdreven precies is, maar soms is hij ook van mening dat ze iets over het hoofd gezien heeft. 'Bedden opmaken,' schrijft hij. 'En de badkamer en de wc natuurlijk,' zegt hij, 'die moeten elke dag.' 'Ja, natuurlijk,' haast ze zich, 'dat is vanzelfsprekend, daar ga ik altijd even doorheen als ik de bedden opmaak.' Hij noteert het zonder opmerking. Opgelucht zegt ze: 'En dan wilde ik even naar het winkelcentrum.' Hij legt zijn pen neer en zet zijn leesbril af. 'Dat begrijp ik nou niet,' zegt hij, 'we hebben gisteren boodschappen gedaan voor de hele week. We hebben een lijst gemaakt, gekeken of de voorraad aangevuld moest worden en opgeschreven wat we de hele week eten.' 'De slager had een aanbieding,' zegt ze, 'kipfilet, ik dacht, dan kunnen we dat invriezen.' Hij pakt zijn pen weer op. Ze aarzelt, weet dat ze nu uitleg riskeert over de prijs van de benzine, die bij de kipfilet opgeteld moet worden wanneer ze speciaal voor die ene boodschap naar het winkelcentrum rijden. 'Het hoeft niet per se,' zegt ze, 'ik dacht alleen dan kan ik, kunnen we, ook even door de stad lopen.' 'Heb je iets nodig dan?' vraagt hij. Als ze nu zegt: 'Een trui,' zal hij systematisch een aantal winkels met haar doorlopen, prijzen vergelijken en haar dwingen tot een beslissing. Als ze iets nodig heeft, krijgt ze het van hem.

Sinds hij met vervroegd pensioen thuis is, gaat het elke dag zo. Hij neemt het huishouden, de was, de boodschappen ter hand alsof hij zijn afdeling moet runnen. Terwijl dat daarvoor haar afdeling was. Zij begrijpt nu, dat er weinig bezwaar was tegen zijn vervroegde pensionering. Zelf was hij de enige, die zich zorgen maakte over hoe het zonder hem moest. Maar, had hij gezegd, hij wilde nu wat tijd aan zijn gezin gaan besteden, dat had hij vanwege het werk lang genoeg verwaarloosd. Toen al had dat een vage onrust bij haar veroorzaakt. 'Misschien heb je dan eindelijk wat tijd voor je hobby's,' had ze gesuggereerd. 'Ik zal me heus niet vervelen,' zei hij tegen collega's en kennissen, als die dachten dat het wel even wennen zou zijn. Zij had zich proberen te herinneren of hij vroeger ooit hobby's had gehad.

'Ach, eigenlijk heb ik ook genoeg kleren,' zegt ze, 'wil je nog koffie?'

'Ja, hoe zit het nou?' vraagt hij en ze voelt hoe de irritatie zwaar om hem heen hangt: 'Heb je nou iets nodig of niet? Het probleem met jou is, dat je zo besluiteloos bent. Er zit geen systeem in de manier waarop jij je werk indeelt. Als je het gewoon wat beter zou plannen, zouden we veel eerder klaar zijn en veel meer tijd overhouden.' 'Ik heb een hekel aan die man,' denkt ze. 'Tijd waarvoor?' vraagt ze, maar terwijl hij zoekt naar een antwoord waarvan ze weet dat hij het niet kan vinden, slokt medelijden haar boosheid op. 'We zouden een eind kunnen gaan wandelen in het bos, vanmiddag,' zegt ze, 'als jij me even helpt met het huis aan kant krijgen.'

Joop en Mia komen er uiteindelijk uit, omdat ze van elkaar houden en zoeken naar een manier om iets van de veranderde situatie te maken. Mia krijgt een baantje aangeboden als receptioniste in het bedrijfje van haar dochter. En Joop begint een opleiding architectuur, eerst aan de Open Universiteit, daarna zelfs een reguliere studie tussen allerlei jonge studenten. Het is een oude droom. Natuurlijk moet hij die droom vervullen, vindt Mia opgelucht, geen enkel punt, ze zijn toch nog niet oud en ze hebben nog zo veel tijd over die ze samen door kunnen brengen. En natuurlijk vindt ze het heerlijk, als hij 's avonds gekookt heeft op de dagen dat zij moet werken.

Gelukkige paren besteden tijd aan elkaar

Eigenlijk is dit laatste verschil vanzelfsprekend. Intimiteit kost tijd. Aandacht voor elkaars leven, praten over verschillen, uiten van affectie en waardering impliceert dat je tijd besteedt aan elkaar.

Mijn man en ik hebben de donderdagavond ingesteld als onze vaste avond. Dan gaan we even de stad in (ik heb het geluk dat hij winkelen heerlijk vindt) en daarna naar de film of ergens wat eten. Het is een advies van onze middelste dochter. Op een avond toen ik uitgeblust in bed lag met het voornemen om iedere onbenullige film langs te zappen die ik kon vinden, kwam ze met een serieus gezicht op de rand van mijn bed zitten. Nee, hè, dacht ik, wetend dat dit tijd ging kosten, en 'Is er wat, schat?' vroeg ik. Met haar was er niets bijzonders. 'Ben je gelukkig, mam?' vroeg ze en ik zei zuchtend dat ik natuurlijk gelukkig was. Hartstikke gelukkig, bijna net zo gelukkig als ik nu moe was. Maar zo liet ze zich niet afschepen. 'Mam,' doceerde ze, 'almaar werken en geen leuke dingen doen, is niet goed voor je relatie.' In die tijd was ze zoals altijd hevig verliefd, maar dit keer al enige tijd op dezelfde jongen, dus beschouwde ze zichzelf een expert op het gebied van de liefde. 'Jullie moeten meer samen erop uit.'

Zelfs van de gedachte werd ik al dodelijk vermoeid, maar ze had het plan al uitgewerkt en ik beloofde mijn medewerking, dus de eerstvolgende donderdag vertrokken we om zes uur, goedkeurend uitgezwaaid door haar. Sindsdien is die donderdag heel kostbaar geworden.

Natuurlijk hoef je er niet per se uit, hoewel daar zeker iets voor te zeggen valt, maar het is wel belangrijk dat je tijd inbouwt met zijn tweeën. Ouders van jonge kinderen wennen aan een chaotische vorm van gesprekken voeren, maar daardoor blijven belangrijke dingen toch vaak onbesproken.

In een modern gezin dat overladen is met communicatiemiddelen wordt de communicatie met elkaar soms moeilijk, weet ik uit ervaring. De nu volgende poging tot een goed gesprek is uit mijn eigen leven gegrepen.

'Vroeger hadden we wel eens een gesprek,' zeg ik tegen mijn man.

'Moet je kijken,' zegt hij en reikt me een zojuist binnengekomen fax aan, 'dit kan toch helemaal niet.'

''t Is wat,' mok ik. Ik ben terneergeslagen en daar had ik het over willen hebben. Over dat ik nu al weken op weg ben in het nieuwe millennium en dat het net lijkt op de vorige eeuw, omdat van al mijn voornemens niets terechtkomt. Ik ben niet afgevallen, ik heb niet meer rust in mijn leven gebracht, ben niet dagelijks een uur met de hond gaan wandelen, ben er niet in geslaagd om elke dag op een vaste tijd te koken voor mijn gezin en van de afspraken die ik met mijn vriendinnen gemaakt had, heb ik er al een moeten afzeggen. Daar kan hij ook niets aan doen, maar je trouwt uiteindelijk om altijd iemand bij de hand te hebben om tegen te klagen. 'Ben zo terug,' belooft hij.

'Wat is er?' vraagt mijn dochter, die in de keuken eitjes staat te koken voor haar en haar vriendje.

'Precies weet ik het nog niet,' zeg ik, 'ik ben het nog aan het uitwerken. Eten jullie niet te veel, want we gaan straks eten.'

'Straks ben ik er niet, had ik gezegd mam, weet je nog wel, we zouden de stad in gaan.'

Ik weet van niks meer, maar aarzel om dat toe te geven, omdat ze me dan van vroege Alzheimer gaat verdenken. Weet ik het echt niet meer? Hoe kan ik dat nou vergeten zijn, ik stond daar en zij zat hier en ik was aan het werk dus misschien niet met mijn hoofd erbij. Ik eindig altijd met het gevoel dat ik het had moeten weten. 'Geeft niet hoor, mammie,' voegen ze er soms aan toe, terwijl ik me afvraag of dit geraffineerde bluf is van hun kant of de gevorderde leeftijd bij mij.

'Vroeger hadden we gesprekken aan tafel,' zeg ik.

'Je vindt het toch niet erg?' vraagt ze met volle mond, 'Had je op ons gerekend?' Het eigenaardige is dat ik nog steeds niet reken. Ik heb gewoon drie kinderen, dus we zijn met zijn vijven, dus ik heb nu al een paar jaar te veel eten. 'Daarom val ik niet af,' zeg ik somber en ze lacht omdat ze hoopt dat ik een grapje maak. 'Er is toch echt niets, hè mama,' zegt ze lief, 'kom er gezellig even bij zitten.'

De telefoon gaat. 'Wacht even,' gebaart ze en ik blijf vijf minuten gehoorzaam zitten, terwijl ze probeert haar ei verder op te eten, telefonisch bij te praten met Jappe uit haar oude klas die nu in Amsterdam studeert en intussen haar echte vriendje bij het telefoongesprek te betrekken, zodat hij zich niet verwaarloosd voelt. De hond wil uit. Als ik daarvan terugkom zegt ze met een blik op mij: 'Ik moet nu ophangen. Wat moet je nog vertellen? Echt waar? Heb je dat echt gedaan? Vertel. Wacht even, even mijn boterham pakken.' Tegen ons: 'Hij is gewoon een feest binnen gelopen waar allemaal bekende Nederlanders waren. Was het lekker, mam, even eruit? Wil jij nog een broodje, Daniel? Ja, ik ben er Jappe.'

Daniel wil geen broodje en ik wilde de hond niet uitlaten.

Voor dit afgelopen is, heb ik mooi tijd om mijn zoon van acht op te gaan voeden. 'Heb je huiswerk?' vraag ik, 'dan kan ik je nu helpen.' 'Straks,' belooft hij, zijn ogen op de computer. 'O, shit, nou ben ik af.'

'Agenda nu!' zeg ik, maar voor hij kan protesteren gaat de bel en staat zijn buurjongen Tom voor de deur met zijn vierjarige broer. 'Ik kom Christopher vragen om buiten te spelen,' zegt hij, 'maar ik kom eerst binnen. Wil jij mijn broer bij jullie op de tafel zetten, want hij is allergisch voor jullie hond.'

'Vindt hij dat niet vervelend?' vraag ik, maar ik krijg geen antwoord, want de grote jongens hebben zich al voor de Nintendo geïnstalleerd. 'Je moet een beetje opzij gaan,' zegt het broertje vanaf de tafel langs mij heen kijkend, 'want anders zie ik niets.'

'Hadden jullie geen huiswerk en zouden jullie niet leuk buiten spelen, want daar kwam Tom toch voor? Je mag geen shit zeggen, ook niet als je af bent.' Er volgt geen teken dat ik gehoord word.

'Waar hadden we het ook alweer over?' vraagt mijn man, 'hé, hallo Tom en broer van Tom.'

'Over dat we vroeger wel eens een gesprek hadden,' zeg ik, 'hele gesprekken hadden we over van alles, soms zelfs meer dan een half uur achter elkaar. Ver terug in de vorige eeuw was dat, maar ik herinner het me als de dag van gisteren.'

'Sorry, liefje, even de telefoon,' zegt mijn man.

'We hebben te veel communicatiemiddelen en te weinig gesprekken,' zeg ik als hij weer heeft opgelegd. 'Toen hadden we soms geen telefoon en geen kind dat er tussenkwam, die legden we gewoon in bed.' Voor hij antwoord kan geven, sta ik alweer, omdat ik mij herinner dat de broer van Tom nog steeds op tafel zit.

Jonge kinderen die een beker omgooien als je midden in je verhaal zit, oudere kinderen die nooit meer naar bed gaan 's avonds en de kamer bezetten, werk dat oprukt in je leven en de avonden in beslag neemt – te midden van dat alles moet je ruimte maken voor elkaar. Meestal werkt het het beste als je daar iets ritueels van maakt, zoals onze donderdag, of samen koffiedrinken na het eten of even de dag doorpraten 's avonds met een glaasje wijn, of melk desnoods. Intimiteit kost tijd.

Hoe kun je ervoor zorgen dat je relatie gelukkiger wordt?

Uit het bovenstaande is duidelijk dat het geen toeval is dat sommige paren gelukkig zijn en andere niet. In liefde zit maar weinig magie. Paren die van elkaar houden, gaan anders met elkaar om en daarom hebben ze het leuker samen en daarom houden ze van elkaar.
Veel mensen die bij een psychotherapeut komen, voelen zich aanvankelijk bekocht. Bij sommigen gaat dat gevoel trouwens niet over. Ze komen namelijk in therapie om zich goed en gelukkig te gaan voelen en al snel blijkt dat de therapeut niet voor dat gevoel kan zorgen. Dat wil zeggen: hij raadt je aan om je anders te gaan gedragen, om anders te gaan denken en hij belooft je dat het gevoel dan wel komt. Met andere woorden: er is zelden een flitsend inzicht of een emotionele doorbraak waardoor alles anders wordt, maar vooral taai geploeter om de dingen te doen waar je nu juist helemaal geen zin in hebt.

Zo was er eens een man, die met een therapeut zijn huwelijksproblemen besprak. Hij legde uit dat zijn vrouw en hij ooit heel veel van elkaar gehouden hadden, maar dat ze nu weinig meer voor elkaar voelden. Gevoelsmatig bevonden ze zich in een woestijnlandschap. Ze praatten niet meer over wat ze dachten, raakten elkaar nauwelijks meer aan en voelden zich vaak verongelijkt en geërgerd. Ruzie maakten ze niet meer, want daar hielden ze niet van en het had naar hun idee ook geen zin. Ze hadden allebei wel eens overwogen of het leven niet leuker zou zijn met iemand anders, maar er was geen geschikte ander voorhanden en bovendien waren er de kinderen en de angst voor de eenzaamheid. Dus vroeg de man aan de therapeut wat hij moest doen.

'Uw probleem is dat u niet meer van uw vrouw houdt?' vroeg de therapeut, de beroemde Amerikaanse organisatiedeskundige Stephen Covey.

'Dat klopt,' zei de man, 'maar ik vind het zo vreselijk voor de kinderen en eigenlijk maak ik me ook zorgen om haar als ik bij haar weg zou gaan. Dus wat zou u mij aanraden?'

'Hou van haar,' zei de therapeut.

'Ja maar,' zei de man, 'ik geloof dat u mij niet goed begrijpt, want het probleem is nu juist dat het gevoel er niet meer is.'

'Hou dan van haar,' zei de therapeut. 'Als het gevoel er niet meer is, dan is dat een goede reden om van haar te houden.'

'Maar,' zei de man, 'hoe kan ik van haar houden als ik niet meer van haar houd?' Waarop de therapeut hem uitlegde dat liefhebben een werkwoord is en dat het gevoel, liefde, een gevolg is van liefhebben.

Van iemand houden is iets dat je doet. Het betekent dat je je liefdevol gedraagt, dat je naar je partner luistert, dat je met hem praat over wat je voelt en denkt, dat je hem aanraakt, dat je lieve dingen voor hem doet en hem zegt wat je leuk aan hem vindt.

Wij zijn gewend te denken dat liefde er moet zijn en dat als gevolg daarvan het liefhebben vanzelf gaat. Zo zie je het in de film en zo lees je het in romans. Liefde overvalt je, je wordt verliefd en als het gevoel weg is, dan is dat jammer en was de liefde niet echt of moet je verder zoeken.

De opvatting dat je gedrag voortkomt uit je gevoel is wijdverbreid maar onvolledig. Mensen gaan niet alleen schelden omdat ze zich boos voelen, maar worden ook al scheldend boos. En je bent niet enkel lief voor iemand omdat je van hem houdt, maar je gaat ook van hem houden omdat je lief voor hem bent. Door je te verdiepen in je partner, door hem uit te leggen wat er in je omgaat, door hem te strelen, door hem te verrassen, ga je meer van hem houden. En doordat je meer voor hem voelt wordt het vervolgens gemakkelijker om lief voor hem te zijn. De gedachte dat gevoel een gevolg is van gedrag is eigenlijk prettiger dan de gedachte dat je afhankelijk bent van je gevoelens. Je kunt namelijk wel kiezen om je anders te gedragen, maar niet om je ineens anders te gaan voelen. Het lastige is echter, dat je nu ineens ook verantwoordelijk wordt voor je gevoelens en je niet meer kunt verschuilen achter: 'Zo voel ik dat nou eenmaal.'

Overigens merkten verstandige mensen altijd al op dat je moet 'werken' aan je relatie, maar met 'je' wordt dan meestal de ander bedoeld. Als hij of zij verandert, zal bij jou de liefde weer terugkomen. Zolang hij zich zo blijft gedragen als hij nu doet, is het logisch dat je niet van hem houdt.

Dus moet ik mensen overhalen in therapieën om niet te wachten tot ze iets *voelen*, liefde of contact of zo, maar om alvast iets te *doen*. Zij wil niet vrijen omdat ze geen intimiteit voelt. Hij verlangt naar intimiteit en wil haar daarom aanraken, maar bij haar moet de volgorde anders: eerst praten, daardoor intimiteit, dan vrijen. Maar omdat ze zo boos is, weet hij niet wat hij moet zeggen om intimiteit voor elkaar te krijgen. Hij vindt de woorden niet, zij ontwijkt de aanraking en het gevoel wil maar niet vanzelf komen. Vandaar: hou van hem, of hou van haar, desnoods niet spontaan, raak hem aan, begin een gesprek, zeg iets liefs, maak een compliment; je gevoelens halen daarna je gedrag in.

Om je relatie te verbeteren moet je dus twee opvattingen laten varen:

1. de gedachte dat je gedrag slechts een gevolg is van je gevoel en dat je aan je gevoel niets kunt veranderen;
2. de gedachte dat de relatie alleen kan veranderen als de ander (eerst) verandert. Als jij (eerst) verandert, kan je partner onmogelijk hetzelfde blijven. Door lief voor hem te zijn, door waardering te tonen, zorg je dat hij anders gaat reageren op jou en ga jij je anders voelen.

Waardering als wondermiddel

Stel dat iemand mij zou vragen of ik na al die jaren dat ik relatietherapieën doe misschien niet een wondermiddel weet waar elke relatie van opfleurt. Ik moet eerlijk zeggen dat mij dat om wat voor reden dan ook nog nooit gevraagd is. Mogelijk omdat mensen denken dat ik het antwoord op die vraag niet zou weten en zou zeggen dat het niet zo eenvoudig is, omdat dat in ieder individueel geval weer anders bekeken zou moeten worden. Ik weet het antwoord echter wel en er is geen individueel geval waarin het niet werkt. Het wondermiddel is *waardering*. Als ik zou moeten samenvatten wat de grootste grief is, die mensen ten opzichte van elkaar in mijn aanwezigheid uiten, dan is dat niet haar humeurigheid, zijn onbegrip of gebrek aan aandacht, de rondslingerende vuile sokken of het tekort aan enthousiasme in bed. Ja, dat is het allemaal ook wel, maar daarachter zit de gekrenktheid omdat de inspanningen, de goede bedoelingen en het geleverde werk niet gewaardeerd worden door degene waar je het uiteindelijk allemaal voor doet. Uit onderzoek, onder andere uit de enquêtes die ik voor *Margriet* deed naar de babyboomvrouwen en naar werkende vrouwen (2000), kwam naar voren dat er een duidelijke relatie is tussen de tevredenheid over de relatie en de waardering die je krijgt van je partner en die je zelf voor je partner hebt. Ook bleek dat mensen vaak het gevoel hebben dat ze wel wat meer gewaardeerd zouden kunnen worden. Ze vinden zelf meestal dat ze meer waardering geven dan ze krijgen. Opmerkelijk vond ik verder het gegeven (uit het onderzoek naar werkende vrouwen) dat vrouwen denken dat ze van hun mannen vooral waardering krijgen voor de traditioneel vrouwelijke activiteiten, dus voor de zorg voor het gezin. Overigens blijkt uit datzelfde onderzoek ook, dat vrouwen aanzienlijk meer waardering hebben voor hun partners en dat ze ook gelukkiger zijn in hun relatie wanneer ze de taken buitenshuis en binnenshuis eerlijker delen. Dus de mannen die echt hun deel van de zorg voor het gezin en de kinderen op zich nemen, worden daarvoor beloond. Ze hebben een betere relatie met hun partner.

Het feit dat mannen en vrouwen meer op elkaars terrein komen mag dan een positief effect hebben op de onderlinge waardering en op de relatie wanneer ze er eenmaal in geslaagd zijn de taken eerlijk te delen; voor het zover is, geeft die taakverdeling een hoop gedoe. Niet zelden leiden deze discussies tot aanmelding bij mijn praktijk. Daar leggen paren mij uit hoe ze hun best doen, in de hoop dat hun partner het nu eindelijk ook eens tot zich door laat dringen. Maar wat hun gesloof ook oplevert, geen waardering. Wel relativering, een geringschattende blik, een opsommen van de eigen veel zwaardere taken, maar geen compliment.

Bram en Ingrid zijn acht jaar getrouwd en hebben twee jonge kinderen. Ingrid werkt als intercedente voor een uitzendbureau, werk dat ze gekozen heeft omdat ze het van huis uit kan doen. Bram werkt als verkoper van medische apparatuur en is voor zijn werk veel op reis. Beiden hebben een druk leven en beiden hebben het idee dat de ander het gemakkelijker heeft. Ingrid benijdt Bram omdat hij 's ochtends de deur achter zich dicht kan trekken en dan de hele dag 'alleen maar' met zijn werk bezig hoeft te zijn. Bram zou willen dat hij net als Ingrid lekker zijn eigen tijd kon indelen.

In het gesprek dat ik van hen optekende, benadrukken ze alle twee voortdurend hoe zwaar ze het hebben in vergelijking met de ander. Op die manier hopen ze erkenning te krijgen van hun partner voor het feit dat ze zoveel doen.

> Ingrid: Jij trekt de deur achter je dicht, maar voor ik aan het werk kan, moet ik eerst de kinderen wassen en aankleden, Tim naar school brengen en twee dagen per week Sofietje naar de speelzaal.
>
> Bram: Maar op de dagen dat ze allebei weg zijn heb jij toch de hele dag de tijd aan jezelf.
>
> Inngrid: Hoe bedoel je 'tijd aan mezelf?' De ochtend heb ik hard nodig om het huis enigszins toonbaar te maken, de was te doen en de boodschappen. Dan moet ik me alweer haasten om op tijd te zijn om de kinderen op te halen. 's Middags kan ik soms wat doen, als ik geluk heb en niet de hele tijd de telefoon gaat. Jij weet echt niet wat het betekent om je werk overal tussendoor te moeten doen. Jij kunt gewoon rustig een gesprek met iemand voeren, maar als ik iemand aan de telefoon heb, moet ik met één oog Sofietje in de gaten houden of Bram en haar uit elkaar halen omdat ze net dan ruzie krijgen.
>
> Bram: Denk je nou echt dat ik rustig een gesprek voer met in mijn achterhoofd dat ik nog minstens zes klanten moet bezoeken op die dag en dat ik hoogstwaarschijnlijk ergens in een file terechtkom, waardoor mijn volgende klant al kwaad is of geen tijd meer heeft? Voortdurend gezeur over apparatuur waar iets mee is of die niet op tijd geleverd is, en intussen weet ik dat ik aan het eind van de week afgerekend word op de omzet die ik heb gemaakt. Nee, ik heb echt geen luizenleven.
>
> Ingrid: Maar als jij klaar bent, dan ben je ook echt klaar. Ik moet 's avonds als de kinderen eindelijk in bed zijn nog beginnen met de administratie, terwijl ik mijn ogen bijna niet open kan houden. Dan kun jij lekker voor de tv hangen.
>
> Bram: Nadat ik de kinderen in bad heb gezet en een verhaal-

tje heb verteld, bedoel je. Dat doe ik toch ook na mijn werk, om jou te helpen, zodat jij snel kunt beginnen.

Ingrid: O, is dat je ook nog te veel. 'Om mij te helpen,' hoor je eigenlijk wel wat je zegt? Alsof die kinderen alleen maar mijn verantwoordelijkheid zijn. Ik doe al de hele dag alles met ze.

Bram: Ik dacht dat ik misschien een kleine bijdrage lever door me kapot te werken en zo te zorgen dat jij in een mooi huis kunt wonen en dat je een eigen auto hebt.

Ingrid: Pardon? Die eigen auto verdien ik zelf. Weliswaar levert mijn baan niet zoveel op als die van jou, maar het is ook niet zo dat ik jou dankbaar moet zijn, omdat jij de kostwinner bent. En het werk in huis en met de kinderen dan? Dat wordt niet betaald, maar dat betekent niet dat het minder is dan jouw werk. Je mag met alle plezier met me ruilen.

Bram: Prima, als jij zorgt dat je aan eenzelfde inkomen komt, dan neem ik jouw werk graag van je over. Eens kijken hoe het je bevalt.

Beiden proberen de ander waardering te ontfutselen, door te benadrukken hoe zwaar ze het zelf hebben in vergelijking met hun partner. Die ziet echter vooral het bagatelliseren van zijn eigen taak en denkt dus dat niet begrepen wordt hoe moeilijk en druk hij het heeft. Dus legt hij dat nog maar eens uit, en nog eens en nog eens. Het effect is dat beiden zich miskend voelen en allerminst bereid zijn om tegen de ander te zeggen: 'Ik bewonder jou, dat je dat kunt, kinderen en huishouden combineren.' Of: 'Ik waardeer het heel erg dat je zo hard werkt en ik vind het een grote luxe dat we ons daardoor allerlei dingen kunnen veroorloven.'

Een bijeffect van die nadruk op de zwaarte van het bestaan is dat je er zelf zo van onder de indruk raakt. Door almaar te zeggen dat het allemaal niet meevalt, overtuig je jezelf ervan dat het leven slechts uit lasten bestaat en dat er weinig van de lusten te genieten valt. Zeggen dat je een leuke dag hebt gehad, is binnen die verwrongen manier van denken toegeven dat je het minder zwaar hebt en dat je dus minder recht hebt op erkenning.

Op een later moment in de gesprekken tussen Ingrid en Bram doet zich het volgende voor.

Hij gaat weer eens uitleggen dat hij een loodzware baan heeft en doodmoe thuiskomt. Hij hoeft daar echt geen waardering voor, maar enig begrip zou misschien denkbaar zijn. Zij somt opnieuw op wat er allemaal komt kijken bij een huishouden met twee jonge kinderen en dat doet zij dus allemaal, vrijwel allemaal, want laten we eerlijk zijn, de hulp waar hij zo over snoeft mag natuurlijk toch geen naam hebben.

Om de omvang van zijn lijden te demonstreren, zucht hij diep en deelt somber mee dat hij ook nog volgend weekend een tennistoernooi heeft waar hij heen moet.

'Wat leuk voor je,' zeg ik.

Hij kijkt me verbijsterd aan. Het woord 'leuk' is met een klap ingeslagen. De atmosfeer trilt nog na. Wat nou, leuk? Hij is al zo moe, hij heeft het al zo druk en hij weet nu al dat hij weer eindeloos verwijten naar zijn hoofd krijgt vanwege dat tennissen waar hij immers niet onderuit kan.

Toegeven dat hij gaat tennissen omdat hij het leuk vindt, betekent meters achterstand in de wedstrijd om wie het het zwaarste heeft. Deze competitie in lijden heeft twee verliezers. Beiden zijn ze zo bezig te bewijzen dat hun leven het zwaarste is en voor de ander te verbergen dat ze het wel eens leuk hebben, dat ze ook zelf geen plezier meer kunnen voelen.

Treurig allemaal, natuurlijk, en de beste manier om dit patroon te doorbreken is om te beginnen met zelf je waardering voor de ander uit te spreken in plaats van die van de ander door klagen af te dwingen. Dat betekent niet dat je moet liegen, zoals mijn cliënten vaak veronderstellen: 'Ik kan toch geen compliment maken als ik het niet meen.'

Nee, dat kan niet, hoewel je je af kunt vragen waarom

dat zo erg is, omdat wij allemaal bij voortduring tegen betrekkelijk vreemden complimenten maken die we op zijn hoogst half menen. 'Wat zit je haar leuk, mooi staat die kleur bij je huid. Naar welke kapper ga jij? Goed dat ik dat weet.' (Dan moet ik daar in ieder geval nooit heen, denk je erachteraan terwijl je innemend glimlacht.)

En we zien er ook geen probleem in om de meest vreselijke dingen tegen onze partner te zeggen zonder dat we die zo letterlijk menen. 'Jij kunt ook alleen maar aan jezelf denken,' komt ons moeiteloos over de lippen terwijl het op de keper beschouwd niet echt waar is en we best weten dat hij vaak genoeg wel rekening met ons houdt. Wanneer we complimenten gaan uitdelen aan degene die ons het meest nabij is, worden we echter plotseling krenterig en scrupuleus. Er mag geen woord over onze lippen komen dat we niet menen. Maar zelfs als je je daar heel strikt aan houdt, is dat geen probleem. Je hoeft geen waardering te liegen. Je hoeft alleen maar je aandacht wat anders te richten. Niet op wat hij verkeerd doet, maar op wat je ook alweer leuk aan hem vond en op dingen die hij voor je doet en die je inmiddels als vanzelfsprekend bent gaan beschouwen.

'Wat een goede oplossing om dat zo te doen.'

'Wat een stuk ben je toch in dat pak.'

'Wat lief van je dat je daaraan gedacht hebt.'

'Wat een luxe dat jij kookt vanavond. Ik voel me helemaal verwend.'

'Wat kan jij toch lekker zoenen.'

'Ik vind het zo goed dat jij het geduld kan opbrengen om Jeroen die deelsommen uit te leggen.'

Met name vrouwen die met hun man bij mij in echtpaartherapie komen, hebben er meestal geen enkele moeite mee te vertellen wat er mis is met hem. Vaak hebben ze hun ergernissen van jaren opgespaard en onthouden. (Mannen verbazen zich altijd over het perfecte geheugen van vrouwen wat dit betreft.) Wanneer ik daarna vraag: 'Wat vind je nog leuk aan hem?' valt er een gespannen stilte. Soms volgt na lang nadenken iets vaags, wat dan ook nog bij nader inzien wordt gerelativeerd: 'Hij is best een leuke vader voor de kinderen, maar dan wel als het hem uitkomt.'

Vaak wordt de goede eigenschap hem in de verleden tijd toegekend: 'Ik vond het altijd leuk dat hij zo vrolijk was, maar het is me langzamerhand steeds meer duidelijk geworden dat ik nooit met dingen bij hem terecht kan. Hij heeft gewoon geen zin in problemen, dat vindt hij maar gezeur.'

Soms lukt het me om door verder vragen toch te achterhalen waarom ze ooit ook alweer op hem vielen. In het ergste geval is zelfs dat niet meer duidelijk.

Nu is het natuurlijk logisch dat vrouwen die met hun partner in therapie komen, ontevreden zijn over de relatie, maar hoe zit het met andere vrouwen, met uzelf bijvoorbeeld en met uw partner? Hoeveel tijd heeft u nodig om op te schrijven wat u allemaal leuk vindt aan hem of haar? En hoeveel tijd om te noteren wat u niet bevalt? En welk lijstje is het langst? En welk lijstje mag de ander zien? Waarschijnlijk hangt het antwoord op deze vragen samen met de duur van de relatie.

De aardige dingen worden vooral in het begin van de relatie meegedeeld over en aan elkaar en misschien in de laatste fase, als de kinderen de deur uit zijn.

Hoewel mannen ook weinig complimenten maken, zijn ze vaak veel minder ontevreden over relaties. Dat is niet alleen in therapieën zo, dat komt ook steeds naar voren uit wetenschappelijk onderzoek. Een recent onderzoek van de wereldgezondheidsorganisatie wees uit, dat getrouwde mannen veel minder lichamelijke en geestelijke klachten hebben dan ongetrouwde mannen, terwijl het omgekeerde geldt voor vrouwen. Alleenstaande vrouwen zonder kinderen zijn gezonder dan getrouwde vrouwen. Dit alles leidt tot de wrange conclusie dat het huwelijk beter is voor de man dan voor de vrouw.

Onthullend vond ik *Margriets* relatiethermometer waarin eind 1996 iedere week een man en een vrouw elkaar en de relatie beoordeelden. Vrijwel zonder uitzondering beoordeelden de vrouwen de relatie uiterst lauw. Zelden kwamen ze boven het midden van het schaaltje waarop ze tussen goed en slecht konden scoren. De mannen zaten altijd hoger in hun beoordeling en praatten ook vriendelijker over hun vrouw.

Vrouwen willen meer veranderen aan hun man dan mannen aan hun vrouw. Sommige vrouwen lijken hun huwelijk zelfs als een soort ontwikkelingsproject te zien. Ze nemen aan, dat ze met zachte doch dwingende hand en veel geduld hun partner uiteindelijk daar krijgen waar ze hem hebben willen. En eigenlijk wordt dat altijd een teleurstelling. Met veel moeite kun je gedrag van mannen (en vrouwen) veranderen; hun persoonlijkheid verander je nauwelijks. Toch lijkt het meeste ontwikkelingswerk juist daarop gericht. Vrouwen zijn er vaak niet gelukkig mee als hun man dingen voor hen doet wanneer en omdat zij dat van hem vragen, ze willen dat hij ze uit zich zelf doet. Juist het feit dat hij het doet omdat zij dat wil, maakt het op geheimzinnige wijze minder waardevol. In dit soort wensen zit de teleurstelling al ingebakken. Op het uiten van die teleurstelling volgt onvermijdelijk de reactie van mannen 'dat ze het ook nooit goed kunnen doen'. Voor veel mannen is dat op den duur een reden om het dan ook maar niet meer te proberen.

'Ze heeft immers toch altijd wat te zeuren.'

Gekrenkt houden vrouwen vervolgens op erover te praten. 'Hij luistert toch niet en begrijpen doet hij het al helemaal niet.'

Ze houden niet op het te onthouden, dus eens in de zoveel tijd wordt de rekening gepresenteerd. Die rekening loopt vaak zo hoog op, dat er al in veel tijdschriften zielige artikelen zijn verschenen over mannen die niet meer weten wat vrouwen nu eigenlijk van hen willen. Ze moeten helpen in het huishouden, maar mogen geen watjes worden, want ietsje macho wordt toch ook wel gewaardeerd. Ze moeten leuk met de kinderen zijn, maar ook weer niet zo leuk dat ze de moeder-kindrelatie oneerlijke concurrentie aandoen. Ze moeten een tedere minnaar zijn, maar wel af en toe ook een beetje opschieten met vrijen en een orgasme is voor een vrouw ook niet altijd nodig. Kortom de mannen van nu lijken steeds minder te weten hoe ze het vrouwen naar de zin kunnen maken. Ze voelen zich onbegrepen en niet gewaardeerd.

Vrouwen voelen zich ook onbegrepen door hun mannen, maar die hadden altijd al elkaar. Je vriendin begrijpt immers precies wat je bedoelt als je haar vertelt wat je in je partner mist. Want precies dat mist ze ook in die van haar. Praten, vaak in de vorm van klagen over mannen, is iets wat vrouwen graag doen en waarbij ze een grote mate van intimiteit ervaren.

Ik herinner me hoe ik als klein meisje mijn oma en mijn moeder het roerend eens hoorde zijn over het feit dat mannen net kinderen waren. De toon was in mijn herinnering niet boosaardig. Een soort liefdevolle, superieure berusting sprak eruit. Ze moesten een beetje lachen om mannen, die immers niet beter wisten, omdat de wezenlijke dingen ook niet met hen besproken werden. Ze waren erg krenkbaar, mannen, en hun ego moest gespaard worden, dus via omtrekkende bewegingen moest je als vrouw zien te ritselen wat je wilde. De strategieën besprak je met elkaar.

Sinds mijn oma is er veel veranderd. In haar tijd hadden mannen en vrouwen elk hun eigen terrein. De mannen regelden de zaken buitenshuis en zorgden voor het inkomen, de vrouwen waren de baas binnenshuis, zeker zolang hun man niet thuis was.

De toon is grimmiger geworden. Nu de taken tussen mannen en vrouwen gelijker verdeeld worden, komen we meer op elkaars terrein en struikelen we meer over onderlinge verschillen.

Bovendien zijn we meer van relaties gaan verwachten. De bedoeling van een relatie is dat je er gelukkig van wordt. Als dat niet lukt, is er de mogelijkheid om uit elkaar te gaan. Dat blijft altijd een groot persoonlijk drama, maar het kan wel. Vrouwen kunnen een uitkering krijgen als er geen eigen inkomen is, en kerk en maatschappij veroordelen het niet langer als twee mensen het niet samen volhouden.

Terwijl ons aan de ene kant wordt voorgehouden dat mannen en vrouwen gelijkwaardig zijn, verschijnen er aan de andere kant allerlei (populair-wetenschappelijke) boeken, die ons uitleggen dat we de gelijkheid niet moeten overdrijven. Mannen en vrouwen verschillen echt van elkaar, verzekeren geleerden ons. Niet alleen in gedrag en opvoeding, maar zelfs tot in hun hersencellen toe. Vrouwen komen van Venus en mannen van Mars, bedacht John Gray en miljoenen vrouwen kochten zijn boek, herkenden er van alles in en probeerden hun mannen zover te krijgen dat ze het ook lazen. Meestal kwamen die niet verder dan een bladzijde of tien, hoorden ze de rest van hun vrouw en vergaten ze het vervolgens.

Het gevaar van dit wijzen op verschillen is dat de afstand tussen mannen en vrouwen opnieuw vergroot wordt, terwijl er toch nog altijd meer overeenkomsten dan verschillen zijn.

Zowel mannen als vrouwen voelen zich lekker in een relatie als de ander lief voor hen is en als ze regelmatig waardering van elkaar krijgen.

Eigenlijk kan ik alle klachten die mensen in therapieën over elkaar hebben tot deze twee hoofdpunten terugbrengen.

We willen ontzettend graag erkenning voor alles wat we voor elkaar en voor het gezin doen en we willen letterlijk en figuurlijk een aai over onze bol of over een ander lichaamsdeel. We weten dat we dat zelf nodig hebben, we voelen ook wel aan dat hij dat graag wil, maar we geven het hem niet. Waarom niet? Omdat hij eerst maar zelf eens over de brug moet komen. Wij sloven ons uit, offeren ons op, passen ons aan en voelen hem aan, al eeuwen lang en nou is het mooi geweest. Nou moet hij maar eens eerst.

Met de gelijkwaardigheid is de strijd in relaties toegenomen. Vrouwen maken zich in deze strijd bozer dan mannen. Dat is logisch, want zij hadden en hebben een achterstand. Niet voor niets was (en is) het huwelijk beter voor mannen. Zij brachten het geld in en bepaalden op allerlei gebied in veel sterkere mate wat er gebeurde. In *De macht van de vanzelfsprekendheid*, een onderzoek naar wie het voor het zeggen heeft in huwelijksrelaties, toont Aafke Komter overtuigend aan dat mannen meer invloed hebben. Slechts als vrouwen luid, duidelijk en voortdurend zeggen wat ze willen, lukt het om te komen tot een echt gelijke verdeling van invloed, taken en verantwoordelijkheden. Natuurlijk kun je besluiten dat je al dat gedoe er niet voor overhebt en dat je het dan liever en vooral sneller zelf doet. Sommige vrouwen kunnen dat. Anderen worden daar op den duur toch verschrikkelijk verongelijkt van.

Zo erg, dat ze ook nauwelijks meer iets aardigs voor hun man kunnen voelen, laat staan dat ze iets vriendelijks tegen hem kunnen zeggen.

Hoopgevend vond ik het onderzoek van Vincent Duindam onder echtparen die zorg voor kinderen, huishouden en inkomen eerlijk deelden. Die werden daar ook in hun relatie gelukkiger van. Strijd leidt dus wel ergens toe, maar het nadeel van al dat vechten is dat de waardering en het lieve dreigen te verdwijnen uit relaties.

Er bestaat namelijk een merkwaardig maar heel algemeen misverstand: als je lief bent, verzwak je je positie. Als je tegen hem zegt dat je hem lief vindt, als je hem enthousiast aanhaalt, als je erkent dat hij het zwaar heeft op zijn werk en het waardeert dat hij desondanks in het weekend klust, dan gelooft hij het wel en verlies je terrein. Dan zal hij veel minder bereid zijn om jou tegemoet te komen. Integendeel, hij zal van jou eisen dat je er iets tegenover stelt.

Veel echtparen in mijn therapieën zijn vanwege dat misverstand in een patstelling terechtgekomen. Ze blijven eisen dat de ander de eerste stap zet: 'Ik wil hem best tegemoetkomen, maar dan moet hij eerst...'

Degene die wel de moed heeft een eerste stap te zetten, zal merken dat hij daar meer in plaats van minder voor terugkrijgt. Iemand die waardering of respect krijgt, verzacht en is onmiddellijk bereid meer voor jou te doen en zelf ook meer waardering te geven. En liefde is al helemaal niet af te dwingen. Die krijg je slechts door zelf lief te zijn.

Natuurlijk is dit geen pleidooi om eindeloos door het stof te gaan en ook niet om almaar lief te blijven terwijl iemand je als een hork behandelt. Maar het blijft een feit dat je meer vliegen vangt met stroop dan met azijn. Mijn oma had ten dele gelijk. Mannen zijn net kinderen. Vrouwen echter ook. We houden allemaal iets kinderlijks: we zijn bereid heel veel voor iemand te doen als we daar maar een compliment voor krijgen. Bij onze kinderen passen we dat moeiteloos toe, die prijzen we de hemel in. Onze partners niet.

En dat terwijl het in de psychologie (in de leertheorie) een ijzeren wet is, dat je gedrag veel sneller verandert door gewenst gedrag te belonen dan door te straffen voor verkeerd gedrag. Dat principe werkt altijd, maar gaat kennelijk tegen onze natuur in. Het is eenvoudiger om te vitten op wat ons irriteert, zeker als iemand ons zo na staat dat we niet meer beleefd tegen hem hoeven te zijn.

Gek genoeg blijken de meeste vrouwen en mannen, als ik ze daarnaar vraag, de tederste gedachten over hun partner te hebben als hij niet in de buurt is. Op die momenten bedenken we regelmatig dat hij toch wel lief is en is er ook het meeste verlangen naar hem. De ergernis lopen we op in zijn aanwezigheid en die heeft alles te maken met die strijd om de erkenning en wie daarin de eerste stap zet.

Onthoud eens een week lang de aardige dingen die u over uw partner bedenkt als hij of zij er niet bij is. Wanneer hij zelden lang genoeg uit de buurt is om tot een mooie gedachte te komen, stel u dan voor wat u vooral zou missen als hij er niet meer was, of wat u vroeger ook alweer zo leuk vond. Zeg dat vervolgens tegen hem. Combineer dat met welgemeende complimenten over leuke dingen die u zo door de dag heen opvallen. Voor deze ene week laat u de helft van de dingen die u niet bevallen, zitten. Door ze wel te zeggen is het u tenslotte tot nu toe ook maar zeer beperkt gelukt om ze te veranderen. Wanneer hij spontaan niet zo veel aardige dingen doet, kunt u hem helpen door er vaker om te vragen, zonder veel omhaal van woorden. Dus gewoon: 'Wil jij koffie zetten?' zonder de toevoeging dat u zo moe bent of zo'n zware dag gehad heeft of al de hele keuken heeft opgeruimd. Dat kunt u allemaal weglaten als u bij het aannemen van de koffie zegt: 'Lief van je.' Als u het niet te dol vindt worden, kunt u deze tekst zelfs completeren met of vervangen door een kus.
Ik voorspel dat er met deze aanpak wonderlijke dingen gaan gebeuren in de relatie en dat u geen terrein verliest.

Het omzetten van verwijten in wensen

Even eenvoudig en tegelijk moeilijk als het uiten van waardering ten opzichte van je partner is het formuleren van wensen.
Zonder enig probleem zijn de meeste mensen in staat

Hoe kunnen we het leven samen weer leuker maken? • 123

onder woorden te brengen wat hun in anderen stoort. Een kleine bloemlezing uit klachten over de partner die ik in mijn praktijk hoor:

- 'Je hebt altijd iets aan te merken op wat ik doe.'
- 'Jij hebt nooit ergens zin in, je hangt alleen maar voor de tv.'
- 'Je laat altijd alles achter je slingeren.'
- 'Je zit de kinderen veel te veel op hun huid.'
- 'Je bent een egoïst.'
- 'Je interesseert je gewoon niet voor de dingen die ik doe.'
- 'Tegen anderen kun je wel hele verhalen vertellen en thuis doe je geen kop open.'
- 'Je haalt me nooit eens uit jezelf aan.'

De meeste van deze verwijten leiden niet tot een goed gesprek, zeker niet als ze zo geformuleerd zijn. Dat betekent niet dat je je niet af en toe op deze weinig subtiele manier zou mogen uiten, het betekent slechts dat je partner er over het algemeen geen aanleiding in zal zien om zijn gedrag te veranderen. Hij zal je eerder gaan uitleggen dat je ongelijk hebt, het verkeerd ziet en bovendien zelf ook niet perfect bent. Geen van bovenstaande verwijten is in de GSG-formule verwoord.

Zoals we reeds zagen in hoofdstuk 1, wil GSG, ofwel Gedrag-Situatie-Gevoel, zeggen dat je kritiek zo onder woorden brengt dat de ander er ook iets mee kan. Je doet geen aanval op zijn persoon, je generaliseert niet, je praat niet in vage termen: je geeft precies aan welk gedrag van de ander jou stoort. Deze vorm van kritiek geven wordt ook wel een ik-boodschap genoemd, omdat je erbij vertelt wat dat gedrag jou doet. De vorm waarin je je kritiek giet is dus als volgt: 'als jij ... *gedrag* vertoont in ... *situatie* dan geeft mij dat ... *gevoel.*' Ofwel: '*ik voel* me ... als jij in ... *situatie* ... *doet.*'

Laten we eens proberen om bovenstaande verwijten om te zetten volgens deze formule.

- 'Je hebt altijd iets aan te merken op wat ik doe,' wordt: 'Ik voelde me net een klein kind, toen jij zei dat je zelf die saus wel even zou maken, omdat ik er te veel room in deed.'
- 'Je hebt nooit ergens zin in, je hangt alleen maar voor de tv,' wordt: 'Het irriteert me dat je geen zin had om vanavond even de stad in te gaan, want je moest nog werken en nu zit je de hele avond voor de tv.'
- 'Je laat altijd alles achter je slingeren,' wordt: 'Het geeft mij het idee dat je totaal geen respect hebt voor mijn werk, als je je kleren zo op de grond laat vallen terwijl ik net de slaapkamer heb opgeruimd, en dat maakt mij woedend.'
- 'Je zit de kinderen veel te veel op hun huid,' wordt: 'Ik vind het naar als je zo tekeergaat tegen Job vanwege zijn onvoldoende. Hij zat er zelf al zo over in.'
- 'Je bent een egoïst,' wordt: 'Het kwetst me dat je niet even belt om te zeggen dat je zoveel later komt. Het geeft mij het idee dat je onze afspraak om samen te eten niet belangrijk vindt.'

Toegegeven: het kost wat meer woorden en absoluut meer inspanning om precies aan te geven wat voor betekenis het gedrag van je partner voor jou heeft, maar de kans dat de opmerking effect sorteert, wordt veel groter. Wanneer kritiek volgens de GSG-formule wordt geuit, is het accepteren ervan voor degene die die kritiek krijgt gemakkelijker. De kritiek gaat dan namelijk over iets wat hij vlak tevoren deed. Hij wordt niet als persoon veroordeeld. Het gaat ook niet over oud zeer uit een verleden waar nu toch niets meer aan te veranderen valt. Bovendien maak je duidelijk wat zijn gedrag jou doet. Mensen willen elkaar vaak niet kwetsen, maar doen iets omdat het hun 'normaal' voorkomt, of omdat ze zich niet realiseren wat de betekenis van dat gedrag voor de ander is. Als hun dat wel wordt uitgelegd, willen ze het voortaan best anders doen. Mensen kunnen zich bot of onaangenaam gedragen maar hun bedoelingen zijn over het algemeen niet zo slecht.

Hoe goede bedoelingen echter totaal verkeerd kunnen uitpakken, wordt duidelijk uit het voorbeeld van Jessie en Albert. Het is een wat sneu voorbeeld van een man die zijn vrouw wilde verrassen en dacht dat hij precies wist hoe hij dat moest doen.

Jessie had al een paar keer gezegd dat ze graag stenen paadjes wilde hebben langs de bloemperken in de tuin. Dat was niet zo eenvoudig, had Albert uitgelegd, en bovendien een hoop werk: er moest worden geëgaliseerd en er moest eerst scherp zand worden besteld en er moesten stenen worden uitgezocht. Ze kende de strategie. Als hij ergens geen zin in had, ging hij alle mogelijke barrières opwerpen. Ze had al gekeken naar stenen, ze kon ze zo bestellen en als het hem te veel was, dan moest hij het zeggen en dan vroeg ze wel iemand anders. Maar dat vond hij ook weer niet nodig en bovendien te duur en ze kon toch wel even geduld hebben. Ze zuchtte vanwege het geduld, want dat had ze veel, dacht ze, met hem. En hij dacht dat het beter was niet op die zucht in te gaan, dus hadden ze het er niet meer over.

Toen zij een paar weken later besloot een dag te gaan winkelen met haar zus, zei hij dat hij haar dat van harte gunde en dat hij op de kinderen zou passen. Wat zij niets bijzonders vond, dat moest hij niet denken want zij paste meestal op de kinderen. En omdat het mooi weer was en de kinderen buiten speelden, bedacht hij dat hij haar net zo goed kon verrassen. Hij reed naar het tuincentrum, kocht stenen, die sprekend leken op de stenen die zij had uitgezocht en liet zand komen. Toen belde hij zijn zwager, ook alleen thuis vanwege het winkelen van zijn vrouw, en samen werkten ze de hele dag aan de paadjes, terwijl de kinderen om hen heen speelden in het zand. 's Avonds was een pad klaar en het andere zouden ze één van de komende weekends doen. Ze zaten net aan een verdiend pilsje toen hun vrouwen terugkwamen uit de stad.

Minstens een week overwoog ze echtscheiding. Achteraf begrijpt hij het wel, zegt hij en bekent gedeeltelijk schuld, want hij had moeten overleggen, maar hij had het zo goed bedoeld.

Omdat ze er niet zeker van is dat hij het echt begrepen heeft, vertelt ze het liever zelf tegen mij en wordt weer boos. Het was haar eerste vrije dag in tijden en ze was eraan toe. Het was trouwens maar een betrekkelijk vrije dag, want ze had een hele lijst met boodschappen, vooral voor de kinderen en voor hem. Ze hadden ontzettend gesjouwd en ze verheugde zich erop dat ze een rustige avond met zijn tweeën zouden hebben. Wat ze zag toen ze thuiskwam, was onbeschrijfelijk. Haar man en de man van haar zus zaten licht aangeschoten te midden van een ongelooflijke puinhoop. De kinderen waren door en door smerig en hadden al hun speelgoed van binnen naar buiten gesleept en weer terug. Het gevolg was dat het hele huis en de tuin overdekt waren met een laag zand. Het aanrecht stond vol afwas, er lagen overal stapeltjes omgevallen stenen in de tuin, omdat de kinderen meegebouwd hadden en verder was het pad anders gelegd dan zij het had gewild en met andere stenen dan zij had uitgezocht. Half af was het, met geen zicht op voltooiing van het karwei, zodat het ernaar uitzag dat ze de rest van de zomer op een bouwterrein zou zitten.

Hij bekent opnieuw schuld. Hij zegt dat hij haar wilde verrassen, dat hij daarna toch geholpen had het huis op te ruimen, dat de tuin inmiddels toch af was, omdat hij met hulp van een vakman het pad alsnog verlegd had. De woede wordt er niet minder om, omdat het daar volgens haar niet om gaat. Waar het om gaat is dat hij niet naar haar luistert, dat hij nooit iets overlegt, dat hij zich niet in haar kan verplaatsen, dat hij voor haar denkt en dat hij dan ook nog vindt dat ze zijn goede bedoelingen moet prijzen.

Dit voorbeeld maakt pijnlijk duidelijk dat verwijten alleen niet leiden tot onderling begrip en gedragsverandering. Om de ander, die immers verschillend is van jou, te laten weten wat je graag wilt, is er meestal nog een volgende stap nodig.

Stel, je krijgt van je partner het verwijt: 'Je ligt de hele avond voor pampus op de bank, omdat je zogenaamd zo moe bent, en dan belt je zusje en dan kun je ineens een half uur lachen en praten.'

Als hij dat zegt, is het duidelijk dat hij zich stoort aan de omslag in jouw stemming, maar is het nog niet duidelijk wat zijn bedoeling is:

- Wil hij dat je niet zo aardig doet tegen anderen, omdat hij dan jaloers is?
- Wil hij zelf thuis meer met je praten?
- Heeft hij een hekel aan je zusje en wil hij niet dat je haar zo veel vertelt?
- Wilde hij met jou over persoonlijke dingen praten?
- Had hij vroeg naar bed willen gaan en met je willen vrijen?

Met andere woorden: wat is de wens achter het verwijt? Vaak is het helemaal niet zo gemakkelijk om die wens te verwoorden. Je moet als het ware je aandacht verleggen van je partner naar jezelf en je afvragen wat je nu eigenlijk van hem wilt. Met name voor vrouwen is het moeilijk om dat rechtstreeks te zeggen. Misschien komt dat omdat ze nog niet zo gek lang als gelijkwaardige partner met mannen omgaan. Vrijwel alle vrouwen komen uit een gezin met aan het 'hoofd' een man. Vrouwen proberen, volgens onderzoekster Aafke Komter, eerder hun zin te krijgen via omtrekkende bewegingen dan door iets rechtstreeks te vragen, te eisen desnoods. Mannen zeggen over het algemeen duidelijker wat ze willen en krijgen dus ook vaker hun zin.

Op den duur kan de relatie daar behoorlijk van uit balans raken. Want vrouwen vinden het weliswaar moeilijk om duidelijk te vragen wat ze willen, maar ze worden er wel boos of verdrietig van als er te weinig gebeurt wat ze willen.

Bovendien speelt soms nog een andere factor mee.

Vrouwen vinden het moeilijk om zich afhankelijk op te stellen. Met name geëmancipeerde vrouwen hebben soms wonderlijke gedachten over onafhankelijkheid.

Marte bijvoorbeeld heeft het heel druk en is heel moe. Ze is bovendien heel boos, op haar man, omdat die niet méér van haar overneemt. Zelf noemt ze het echter geen boosheid, die ze voelt, ze noemt het verdriet of hoofdpijn.

Nadat ze uitvoerig heeft uitgelegd wat ze allemaal wel niet moet, komt het gesprek op haar man Willem. Tja, Willem, wat heeft ze nou aan Willem. Wel zogenaamd bezorgd zeggen dat ze wat meer rust moet nemen, en vervolgens op zijn gemak met de krant voor de tv zitten wachten tot zij thuiskomt en dan kan ze nog eens voor het eten gaan zorgen. En om de tafels en stoelen heen zuigen als hij al eens een stofzuiger door het huis haalt, zodat ze het toch weer opnieuw kan doen. Hij is niet moe, nee, daar zorgt hij wel voor. Hij gaat rustig een paar keer per week tennissen en kan een hele avond achter de computer zitten hobbyen. Hij wel, zij heeft daar geen tijd voor.

Wat ze dan van hem wil? Ja, dat vroeg hij ook steeds: 'Zeg maar wat ik moet doen.' Was dat nou zo moeilijk te raden? Bijna twintig jaar waren ze samen, dan kon hij inmiddels toch wel een beetje een idee hebben hoe ze in elkaar zat? En ook wat ze graag wilde dat hij zou doen. Dat hoefde ze toch niet allemaal te vragen?

Mijn vraag wat er mis was met vragen, vond ze een rare vraag. Als zij haar man zou vragen om voor haar de badkamer schoon te maken of een begroting te controleren of een zaterdag niet te gaan tennissen, dan betekende dat toch dat ze afhankelijk van hem was? Als ze hem iets vroeg, dan gaf ze aan dat ze het niet alleen kon en daar kwam nog eens bij, dat hij het ook nog kon weigeren. Dat soort afhankelijkheid van mannen, daar had ze zich nu juist aan ontworsteld, net als ik mocht ze toch hopen. Ze had dat gezien bij haar moeder. Een intelligente vrouw, zonder opleiding, die zich haar hele leven had weggecijferd voor haar gezin.

'Je moeder was dus ook al boos,' concludeer ik... te snel. 'Niet boos,' corrigeert ze, doodongelukkig was haar moeder, met een man die geen waardering voor haar had. Haar taak was het om te zorgen voor hem, voor het huishouden en voor de kinderen. En om het geld dat ze daarvoor nodig had, moest ze altijd vragen, netjes en beleefd, zodat het voor iedereen, maar vooral voor haar, duidelijk was dat ze dat geld kréég.

Het blijkt niet eenvoudig om uit te leggen dat afhankelijkheid niet betekent, dat je nooit iets aan iemand vraagt. Vragen wat je wilt betekent in een gelijkwaardige relatie juist onafhankelijkheid. Je wacht niet in lijdzaamheid af, maar zorgt actief dat je krijgt wat je wilt, omdat je vindt dat je daar recht op hebt. Niets vragen en hopen dat de ander ongevraagd doet wat jij wilt en boos maar stil zijn als dat niet gebeurt, dat is afhankelijkheid. Ik heb er een aantal zittingen over gedaan, voor ze dat echt begreep. En nog een aantal zittingen voor ze haar man durfde te vragen om iets voor haar te doen. 'Wil je het bad voor me aanzetten, wil je koffie voor me zetten, wil je die nota voor me nakijken, wil je mijn rug masseren?' Vreselijk moeilijk vond ze dat. Hij niet, hij vond het wel leuk dat hij nu af en toe voor haar kon zorgen en hij genoot van haar waardering daarvoor. Zo lang was ze al niet blij geweest met iets dat hij deed. Een gelijkwaardige relatie hebben, betekent dat je behalve zelfstandig ook van elkaar afhankelijk bent, en emancipatie betekent dat die afhankelijkheid wisselt: soms zorg ik voor jou en soms zorg jij voor mij.

Opdracht
1. Noteer iets waaraan u zich regelmatig ergert bij uw partner.
2. Probeer dat verwijt op te schrijven in de GSG-vorm.
3. Zet het verwijt om in een wens (liefst ook in GSG-vorm). Ga bij uzelf na wat u graag van uw partner zou willen. Het woord *niet* mag dus niet voorkomen in deze wens.

Voorbeeld

Verwijt: Jij hebt altijd iets aan te merken op alles wat ik doe.

GSG: Het irriteert mij, als ik kook, dat jij dan rondscharrelt in de keuken, je overal mee bemoeit, alles voorproeft en dan liefst nog even iets toevoegt aan mijn sausje bijvoorbeeld. Het geeft me een gevoel alsof ik een klein kind ben, dat je niets kunt toevertrouwen.

Wens: Als ik voor het eten zorg, wil ik dat op mijn manier doen en ik wil dat jij dan uit de keuken blijft en andere dingen doet. Uiteindelijk koken we om de beurt om elkaar het gevoel te geven dat we ook om de beurt vrij zijn. Eigenlijk vind ik dat ook het leukste: dat jij dan lekker even onderuitzakt, een boekje leest of wat dan ook, zodat ik echt het gevoel heb dat ik je lekker verwen.

Wanneer ik lezingen houd voor vrouwengroepen (mannen vragen me helaas nooit om over relatieproblemen te praten, dat vinden ze kennelijk toch meer een vrouwenonderwerp) doe ik bovenstaande oefening altijd met ze. Het begin loopt altijd heel vlot. Niemand heeft er moeite mee om een ergernis binnen de relatie op te schrijven. Stap twee is al wat lastiger. Want wat voel je er zelf precies bij, waarom vind je dat gedrag van hem zo vervelend?

De grote moeilijkheid ontstaat echter bij de derde stap. Het opschrijven van de wens is al lastig, maar het straks thuis stellen van de vraag is bijna onmogelijk.

Het meest gehoorde argument is: 'Als ik dat moet vragen, dan hoeft het al niet meer.'

Als je moet vragen of hij je wat vaker aanhaalt, je een compliment maakt, bloemen voor je meebrengt, wat stelt het dan nog voor? Dan is het niet meer spontaan en dus waardeloos. Al eerder heb ik geprobeerd om dit dwaze argument te ontzenuwen. Iets waar hij zijn best voor moet doen, omdat het niet spontaan in hem opkomt, is immers niet minder waardevol dan iets waar hij uit zichzelf op komt. Integendeel.

Een andere veel gehoorde opmerking is: 'Ik heb het al zo vaak gevraagd, dat weet hij nu toch inmiddels wel.'

Nee, dus. Bovendien komt het nogal eens voor, dat vrouwen eigen initiatieven minder op prijs stellen dan ze zelf denken. Wanneer hun partner ongevraagd iets doet, wordt dat hem niet altijd in dank afgenomen. De timing is slecht of de uitvoering had anders gekund. Wel aardig dat hij de kinderen al in bad heeft gezet, maar hun haren hadden vandaag ook gewassen moeten worden. En de kleren die hij ze aangetrokken heeft, had je willen bewaren voor het feestje zondag.

Ten slotte, en dat zit heel diep in onze calvinistische zielen, vinden veel mensen het niet eenvoudig om een ander iets te vragen wat ze ook zelf zouden kunnen doen. Ook hier lijken vrouwen weer wat in het nadeel. Ik ken meer mannen dan vrouwen die lekker in de tuin kunnen zitten, terwijl hun partner op hun verzoek stofzuigt. Waarschijnlijk duurt dit nog een generatie. Onze moeders stonden nog automatisch op als onze vaders vroegen: 'Is er nog koffie?' Onze dochters zeggen relaxed: 'Nee, zet jij even nieuwe, ik heb ook wel zin in koffie,' maar wij hebben er moeite mee. Wij vragen wel of hij misschien zelf even koffie kan zetten, maar het klinkt al gauw wat zuur of krampachtig. Onze rust is dan toch voorbij, want die koffie zit in ons hoofd. Een half uur later, als hij nog niet in beweging gekomen is, staan wij onder heftig maar onhoorbaar protest op en ontdekken als we met de koffie binnenkomen dat hij net even lekker de tuin in gelopen is. Zo dringend was die koffie niet en hij bedoelde niet dat hij meteen gezet had moeten worden. Zo'n autoritair type man hebben wij helemaal niet. Hij had het zelf ook wel willen doen – hadden we het maar gewoon gevraagd. Weet hij veel dat we dat ingewikkeld vinden. En als we het hem vragen dan betekent dat niet dat hij het meteen doet. Hij hoeft toch niet meteen in de houding te springen? Hij doet het heus wel, alleen niet op stel en sprong. Dus wij hoeven het echt niet over te nemen als het vijf minuten later niet gebeurd is.

Om te vragen of hij wil koken en om vervolgens niet op te staan als hij vraagt wat er in huis is en waar het dan staat, is lastig. Om je vervolgens niet verantwoordelijk te voelen als hij op een drukke zaterdag mopperend boodschappen gaat doen omdat van alles niet in huis is dat hij nu net nodig heeft, is bijna onmogelijk. Niet zeggen dat je zelf wel even wat maakt, omdat jij van wat er wel is snel iets in elkaar kunt improviseren: dat gaat allemaal niet vanzelf. Dus zou je het kunnen nalaten en niets kunnen vragen, maar dat levert op den duur weer het verongelijkte gevoel op dat het ongelijk verdeeld is in de relatie, en dat is geen prettig gevoel. We zullen daar in het volgende hoofdstuk nog op terugkomen.

We doen nooit meer iets leuks

Veel paren vertellen dat na de eerste periode van hun relatie, de romantiek, het plezier en de spontaniteit ten opzichte van elkaar verdwenen zijn.

> Marieke, 42 jaar en twintig jaar samen met Ko, heeft zich aangemeld bij mijn praktijk omdat ze problemen heeft op haar werk. Ze voelt zich overspannen en uitgeput, heeft het idee dat ze het allemaal niet meer georganiseerd krijgt, kan zich slecht concentreren, voelt zich somber. Over haar relatie met Ko zegt ze: 'Ik kan niet zeggen dat wij een slechte relatie hebben, zeker niet. Ko is echt heel lief. Hij zal alles doen voor de kinderen en voor mij. Ik zou me eigenlijk moeten schamen dat ik nog wat te klagen heb, maar toch voel ik me vaak niet gelukkig. Het is allemaal zo voorspelbaar en zo saai. En druk natuurlijk. We worden allebei opgeslokt door werk en door alles wat er moet in huis en met de kinderen. Ik weet dat het belachelijk klinkt, maar het komt er gewoon vaak niet van om iets met elkaar te bespreken. We hebben hier (in de therapie) de opdracht gekregen om twee keer per week

met elkaar te praten en naar elkaar te luisteren, maar het is gewoon niet gelukt. Er kwam steeds iets tussen. En je had het erover om af en toe eens samen zonder de kinderen een avond weg te gaan, maar ik moet je eerlijk zeggen dat ik daar gewoon tegenop zie. Het is weer zo'n hoop geregel en we zijn vaak allebei te moe. Zelfs op visite gaan of mensen ontvangen vind ik tegenwoordig al een hele klus. En tegelijk klaag ik dus dat er zo weinig leuke dingen zijn en verwijt ik Ko eigenlijk dat hij nooit eens iets onderneemt en altijd maar voor de tv hangt.'

Door drukte en routine ontstaat er soms een soort van verveling in de relatie. Er is weinig contact, er wordt weinig gepraat, nog minder gelachen en vrijen komt er ook niet meer zo van. De tv is spannender dan je eigen leven. Wanneer u dat gevoel herkent, kan de volgende opdracht helpen om uw leven met uw partner leuker te maken.

OPDRACHT: wensbriefjes
Probeer voor uzelf zoveel mogelijk dingen te bedenken die u leuk zou vinden om te doen en die uw leven en uw relatie aangenamer zouden maken. Het kunnen dingen zijn waarvan u het leuk zou vinden als uw partner die voor u zou doen, of dingen die u graag samen zou doen. Als het zo treurig met u gesteld is, dat u eigenlijk zelfs niet meer kunt bedenken wat u leuk zou vinden, ga dan in gedachten terug naar dingen die u vroeger leuk vond. Tien van die dingen schrijft u apart op een briefje, dat u dichtvouwt, in een doos of enveloppe stopt en aan uw partner geeft. In ruil daarvoor geeft hij u zijn tien wensbriefjes. De bedoeling is dat u twee keer per week een briefje pakt en doet wat er op dat briefje staat. Bent u niet in de stemming voor een wens van uw partner of is die voor u op dat moment moeilijk uitvoerbaar, dan stopt u het briefje terug en pakt u een ander, net zolang tot u iets vindt wat u op die dag kunt uitvoeren.

Voorbeelden van wensbriefjes:

- Een avond samen uit eten en jij moet de babysit regelen.
- Met mij op bezoek gaan bij vrienden.
- Een avond spelletjes doen.
- Een eind samen door het bos lopen.
- Lasagne voor me maken.
- Samen naar het tuincentrum gaan om plantjes uit te zoeken.
- Vakantiefolders halen en die vanavond samen bekijken.
- Elkaar een massage geven.
- Een middag naar de stad gaan om een nieuwe stoel uit te zoeken.
- Een plankje naast de spiegel ophangen.
- Samen foto's inplakken.
- Een stukje tuin omspitten voor een nieuw bloembed.
- Vijftig witte tulpen voor me kopen.
- Zondag bij je moeder op bezoek gaan, alleen, zonder dat ik mee hoef.
- De kalkaanslag op de tegeltjes van de douche eraf schrobben.

Het kan zijn dat u met bovenstaande opdrachten om wensen te bedenken en te uiten moeite hebt en dat u het nog lastiger vindt om in te gaan op de verzoeken van uw partner. Vaak komt dat doordat u verzeild bent geraakt in een machtsstrijd. Dat betekent dat iedere mening of ieder voorstel van u automatisch stuit op verzet van hem en omgekeerd. Als hij iets wil, vindt u dat geen goed idee en uw voorstellen vindt hij ronduit belachelijk. Geen van beiden kan het opbrengen om zonder meer te doen wat de ander vraagt en allebei ga je er van tevoren al van uit, dat de ander toch niets zal voelen voor uw idee, dus houdt u daar alvast rekening mee en brengt u uw voorstellen heel indirect of met veel omhaal van woorden. Het kan ook zijn, dat de rolverdeling tussen u beiden heel rigide is. De een bepaalt vrijwel altijd wat er gebeurt en de ander voegt zich daar in het algemeen wel naar. Dat lijkt aardig, maar op den duur leidt het vaak tot problemen, omdat een van beiden zich tekortgedaan voelt en de ander het idee heeft dat hij altijd de kar moet trekken.

Onderstaande opdracht is een manier om dit patroon te doorbreken en om te oefenen met gedrag waar je niet zo goed in bent. Voor de een kan dit zijn: duidelijk vragen wat je graag wilt, voor de ander: zonder commentaar voldoen aan de vraag van je partner. Bovendien kunt u via deze opdracht beiden een heleboel leren over wat de ander belangrijk vindt en wat zijn wensen zijn.

Opdracht: Mijn dag en jouw dag

Kies elk met de agenda erbij een avond of een dag in het weekend. Op *uw* dag mag u precies bepalen wat u beiden doet. Het moet iets zijn dat u voor uzelf heel graag wilt zonder rekening te houden met hem. Dus als u graag samen een video wilt kijken en u houdt van romantische films, huurt u *Titanic* en niet James Bond, ook al weet u dat hij dat veel leuker vindt. Geen compromissen op uw avond!

Wat u kiest mag een gezamenlijke activiteit zijn, het mag ook iets zijn wat u allebei apart doet. U mag bijvoorbeeld van uw partner vragen of hij de keuken schoonmaakt terwijl u gaat winkelen, maar u mag ook samen naar een door u uitgekozen film gaan. Uw partner hoeft de opdracht niet leuk te vinden, maar hij moet het wel zonder morren en zonder commentaar doen. Op de dag van uw partner mag hij volledig de dienst uitmaken en gaat u, zonder er iets aan toe te voegen of aan af te doen, in op zijn wensen.

Let op: U kunt alleen vragen om *gedrag*, niet om *gevoelens*. U kunt dus niet van iemand vragen dat hij of zij een avond 'gezellig' is.

Het is verstandig om wensen op het gebied van de seksuele relatie buiten deze afspraak te houden. Op dit gebied is het namelijk vaak moeilijk om op wensen van de ander in te gaan, terwijl je daar zelf niet voor voelt. Van uitstel komt geen afstel: de seksuele relatie komt uitvoerig aan de orde in hoofdstuk 6.

4

Het verschil overbruggen

In dit hoofdstuk besteden we aandacht aan het omgaan met verschillen tussen partners in een vaste, langer durende relatie. Eerder bespraken we al dat tijdens de eerste fase van de relatie, als je nog verliefd bent, die verschillen nauwelijks lijken te bestaan of je uiterst aantrekkelijk voorkomen. In het dagelijks leven verliezen ze echter vaak hun charme en zie je partners een heftige strijd voeren om het verschil, dat ze ooit zo innemend vonden, weg te werken. De ander moet meer gaan denken en handelen als de een en daarbij liefst ook hetzelfde voelen, want dat is toch 'normaal' of 'logisch' als je van elkaar houdt.
Bij paren die moeite hebben met het accepteren van verschillen en die zichzelf liefst als een twee-eenheid blijven ervaren, zie je verschillende manieren om het verschil te ontkennen of weg te werken.

Vermijden

De Belgische relatietherapeut Vansteenwegen beschrijft in zijn boek *Liefde na verschil* paren die zo bang zijn om te ontdekken dat hun geliefde anders is dan zijzelf, dat ze ieder onderwerp waarbij dit verschil duidelijk zou kunnen worden vermijden. Een gesprek waarin ze beiden een verschillende mening hebben, wordt gestopt: ach, het doet er niet toe, laten we er maar over ophouden. Vrienden die de een wél aardig vindt en de ander niet, worden niet meer gezien. Activiteiten waar ze niet allebei van houden, vinden niet meer plaats. Vansteenwegen noemt deze mensen 'verschilfobici'.

Een van beiden of beide partners zullen zich in deze relatie sterk aanpassen. Wanneer de een iets graag wil, maar de ander vindt dat niet leuk, zal het waarschijnlijk niet doorgaan: 'Als jij er geen lol in hebt, dan vind ik er ook niets aan.'

Een andere mogelijkheid is dat een van beiden overtuigend acteert dat hij het wel leuk vindt. Echt waar? Ja echt.

De ander als ontwikkelingsproject

Er zijn ook paren die een groot deel van hun leven besteden aan het wegwerken van de verschillen. Vaak gaat het daarbij om verschillen die in het begin van de relatie juist zo fascinerend werden gevonden.

> Meike en Tjeerd zijn twaalf jaar samen. Meike is open, spontaan en emotioneel. Haar stemming kan van het ene moment op het andere omslaan van stralend naar diep ongelukkig. Tjeerd is een verlegen, serieuze man. Door het contact met Meike bloeide hij op. Met haar kon hij over dingen praten waarvan hij daarvoor nauwelijks wist dat hij ze dacht of voelde. Hij was altijd een eenling geweest, maar ging nu deel uitmaken van een vriendengroep en zijn leven werd spannender en intenser dan hij ooit gedroomd had.
>
> Voor Meike was hij door zijn rust en rationaliteit haar rots in de branding. Als zij overstuur was, kon hij haar problemen tot de juiste omvang terugbrengen. Zij vond het heerlijk dat ze al haar emoties bij Tjeerd kwijt kon en dat hij onder alle

omstandigheden zichzelf bleef. Ze had het gevoel dat ze blind op hem kon vertrouwen.

Nu, twaalf jaar later, vindt ze hem vooral saai. Ze kan gewoon geen hoogte van hem krijgen. Nooit toont hij enige emotie, hoe ze hem ook uitdaagt, provoceert of smeekt om iets van zichzelf te laten zien.

Tjeerd ziet haar emotionaliteit tegenwoordig eerder als hysterie. Het stoort hem dat ze overal zo'n drama van maakt. Om conflicten te voorkomen probeert hij altijd zo rustig mogelijk te blijven en haar de redelijkheid van zijn standpunt te laten inzien. Vroeger kon hij haar op die manier kalmeren, tegenwoordig lijkt het haar juist nog meer tot razernij of wanhoop te brengen.

Door krampachtig vast te houden aan zijn eigen gedrag probeert ieder de ander te veranderen. Tjeerd probeert Meike rationeler te maken en Meike wil Tjeerd juist graag emotioneler. Zij probeert dat door steeds meer heftigheid in de strijd te gooien: 'Als ik zo hard huil of schreeuw dan moet hem dat toch ook raken.' Tjeerd is wel geraakt, maar weet niets beters te verzinnen dan Meike nog een keer uit te leggen dat ze het misschien, om de volgende redenen, toch wat anders moet bekijken, waarna Meike nog wanhopiger probeert om bij hem een gevoelsmatige reactie los te wrikken. Beiden bereiken het omgekeerde van wat ze willen: hoe meer zij van streek raakt, hoe bedaarder hij wordt.

De weg van de redelijkheid

Een variant op de poging van Meike en Tjeerd om de ander te veranderen door zelf meer van hetzelfde te doen, is het redelijke gesprek. Dit is een poging om het verschil weg te praten door de ander ervan te overtuigen dat het niet zou moeten bestaan, dat het slechts berust op een kleine, gemakkelijk te corrigeren denkfout, van de ander uiteraard.

Deze techniek om verschillen weg te praten wordt vooral gebruikt als partners verschillende gedachten of gevoelens hebben rondom een bepaalde kwestie.

Guy en Paula hebben een ernstige crisis in hun huwelijk omdat Guy een relatie heeft met een meisje op zijn werk. Paula is totaal verslagen, niet alleen vanwege die affaire, maar ook omdat hij in staat is gebleken om dit een half jaar lang voor haar verborgen te houden. Dat betekent dat hij heel vaak tegen haar gelogen heeft over waar hij was en dingen heeft verzwegen, terwijl ze elkaar hadden beloofd dat ze altijd eerlijk tegen elkaar zouden zijn, wat er ook zou gebeuren. Eigenlijk wil ze Guy voor de keuze stellen: of hij verbreekt radicaal ieder contact met deze vrouw of zij gaat bij hem weg. Guy voelt weinig voor beide alternatieven. Hij wil niet weg bij Paula, maar hij is er ook nog niet aan toe om het contact met zijn vriendin volledig te verbreken.

Hij begint op Paula in te praten en probeert haar in alle redelijkheid duidelijk te maken dat ze het toch wat anders moet zien. Het is immers helemaal niet nodig dat ze zich deze relatie zo aantrekt. Met haar, Paula, wil hij zijn leven delen, met dat meisje was het enkel een verliefdheid die vanzelf weer overgaat, eigenlijk al min of meer over is. Hij heeft voor Paula gekozen en dat zal hij ook altijd blijven doen, maar je kunt elkaar niet dwingen om nooit gevoelens voor een ander te hebben. Je bent niet elkaars bezit, uiteindelijk. Door hem af en toe contact te laten hebben met zijn vriendin, sterft zijn verliefdheid een zachte dood en anders gaat hij dat meisje misschien idealiseren. Dat moet zij toch ook zien. Hij kent haar uiteindelijk als een nuchtere, realistische vrouw. Kortom: die vriendin is totaal geen bedreiging voor Paula en als zij het nu ook eens vanuit zijn standpunt kan bekijken, dan hoeft ze zich nergens druk over te maken.

En wat dat liegen betreft, dat moet ze in feite ook wat genuanceerder zien. Kijk, als hij niet van haar gehouden had, dan had hij niet de moeite genomen om al die uitvluchten en leugentjes om bestwil te verzinnen. Hij heeft dat alleen voor haar gedaan, om haar te sparen en haar geen verdriet te doen.

Paula heeft moeite met deze redenering, al kan ze er niet precies de vinger op leggen waar deze niet klopt. Ze voelt dat het voor haar anders ligt. Guys verhaal klinkt redelijk en soms twijfelt ze ook wel of zij het goed ziet, maar hoe ze het ook probeert, ze blijft zich even jaloers en gekwetst voelen.

Bij Arjan en Lilian gaat dit wegpraten van verschillen nog wat subtieler, of agressiever zo je wilt. Lilian overtuigt Arjan er namelijk niet alleen van dat hij haar mening moet delen, ze beweert zelfs dat hij zich alleen maar verbeeldt een andere mening te hebben. Ze zijn het eigenlijk allang met elkaar eens. Dat wil zeggen, Arjan is het zonder zich dat te realiseren met haar eens.

Arjan en Lilian verschillen onder andere in de manier waarop ze graag hun vakanties willen doorbrengen. Arjan houdt van actieve vakanties. Hij is een verwoed zeiler, is dol op bergwandelingen en op skiën. Kortom: hij houdt van lijfelijke inspanning en uitdaging. Lilian is een zonaanbidster. Ze leest heel graag en haar ideale vakantie bestaat uit een verblijf in een lekker hotel aan een zonnig strand. Met een stapel boeken naast haar stretcher voelt ze zich volmaakt gelukkig. In de eerste jaren van hun relatie is ze daar niet zo duidelijk over geweest. Ze vond het toen wel romantisch om met zijn tweeën in een bootje over meren en zeeën te zwalken, vooral als het mooi weer was. En Arjan vond haar onhandigheid met zeilen ook wel schattig. Dus lag zij met een boekje op het voordek en genoten ze allebei.

Inmiddels hebben ze twee jonge kinderen en vindt Lilian het een ramp om de onwillige kleuters voortdurend in zwemvestjes te hijsen en bezig te houden op een paar vierkante meter. Bovendien heeft ze het inmiddels veel drukker door de combinatie van werk buitenshuis en kinderen, en ziet ze een vakantie echt als een gelegenheid om weer wat bij te tanken.

Ze probeert Arjan ervan te overtuigen dat hij 'in wezen' helemaal niet zo'n actieveling is. Hij wil daar alleen maar aan vasthouden, omdat hij moeite heeft met zijn rol als gesettelde huisvader. Zij kent hem immers en ze ziet aan hem dat hij doodop is en even helemaal niets meer wil. Net als zij. Ze hebben een zwaar jaar gehad en wat ze nodig hebben is lekker relaxen op een plek waar de kinderen het ook naar hun zin hebben. Ze weet precies wat er gaat gebeuren als hij van alles wil ondernemen met twee kinderen die daar geen zin in hebben. Dan raakt hij alleen maar gestrest. En dat allemaal omdat hij geen afscheid kan nemen van het romantische beeld dat hij altijd van zichzelf gehad heeft: Arjan de avonturier. Ze moet daar een beetje om glimlachen. Ergens vindt ze het wel vertederend dat hij zo vasthoudt aan dat romantische beeld. Eigenlijk zit hij zo toch helemaal niet in elkaar. Als iemand behoefte heeft aan veiligheid en comfort dan is hij het wel. Hij raakt al van slag als de tv het niet doet. Hij moet gewoon toegeven dat hij het net als zij inmiddels hartstikke lekker vindt om zich gewoon een beetje luxueus te laten verwennen.

Leven met verschil

Om de overgang van verliefdheid naar liefde te maken, is het noodzakelijk dat je de droom van de twee-eenheid opgeeft en als twee verschillende individuen een relatie aangaat. Een gelijkwaardige relatie, waarin je je eigen individualiteit niet op hoeft te geven en waarin je ook van de ander accepteert dat hij zichzelf blijft.

Dat betekent dat je een manier moet vinden om te leven met dat verschil en om het te overbruggen. Dat kan op twee manieren.

Het overbruggen van het verschil kan door samen te praten over je gevoelens, zonder dat je de ander dwingt om de zaken net zo te zien als jij. Je vraagt alleen van hem dat hij echt naar je luistert en probeert in te voelen hoe jij denkt en voelt.

De tweede manier om het verschil te overbruggen is door je gedrag te veranderen. Dat betekent dat je de ander vraagt om iets voor jou te doen of te laten. En natuurlijk stel je daar tegenover dat jij ook iets wilt doen voor hem. Je vraagt niet aan elkaar om iemand anders te zijn, om anders te denken of te voelen, maar om iets anders te doen.

Met deze laatste manier om verschillen te overbruggen gaan we ons in dit hoofdstuk speciaal bezighouden. Het praten over gevoelens is in de vorige hoofdstukken al uitvoerig aan de orde geweest en is bovendien voorwaarde om je gedrag te veranderen. Dat laatste doe je namelijk pas als je weet waarom de ander wat wil, met andere woorden, als hij verteld heeft wat hij denkt en voelt.

Voor wat hoort wat

Een goede relatie ziet er ongeveer hetzelfde uit als een gezonde betalingsbalans. Kosten en baten moeten in evenwicht zijn: je moet ongeveer evenveel investeren in de relatie als je eruit haalt. Veel mensen stuit een dergelijke zakelijke opstelling in een verhouding die toch op liefde gebaseerd zou moeten zijn tegen de borst. Voor wat hoort wat zou juist in de liefde niet moeten gelden. Als een vriend iets moois aan je geeft, ren je toch ook niet onmiddellijk naar de winkel om voor ongeveer hetzelfde bedrag iets voor hem te kopen.

Inderdaad gaan we in liefdesrelaties iets anders om met het 'Voor wat hoort wat'-principe dan in zakelijke relaties: je hebt meer krediet en je krijgt langer de kans om terug te betalen. Het feit dat een van beiden een tijd lang weinig te bieden heeft, omdat hij bijvoorbeeld problemen heeft op zijn werk, wordt door de ander begrepen en geaccepteerd. Die zal dan ook best bereid zijn om tijdelijk meer in de relatie te investeren.

Bovendien is er in een intieme relatie meer dan in een

zakelijke relatie een gezamenlijk belang: als iets voor een van de partners goed is, zal de ander daar vaak ook blij mee zijn. Tenslotte is er tussen intieme partners meer begrip voor elkaars wensen en behoeften en voor verschillen in aard en capaciteiten. Wanneer je weet dat je partner minder energie heeft dan jij, wil je best wat meer taken op je nemen, zeker wanneer je daar waardering of erkenning voor terugkrijgt. Een investering op één gebied (huishoudelijk werk) kan teruggegeven worden op een totaal ander gebied (aandacht).

Het lastige hierbij is wel, dat mensen kunnen verschillen in wat ze zien als een belangrijke investering: voor de een kan ongelijk bekennen bijvoorbeeld vreselijk zijn, terwijl de ander dat heel gemakkelijk doet. Het feit dat er geen objectief vast te stellen 'waarde' bestaat voor dit soort investeringen kan voor veel problemen zorgen. Bijvoorbeeld wanneer je de ander probeert duidelijk te maken dat je tekort komt, terwijl hij het idee heeft dat hij toch 'alles' voor je doet. 'Ik werk me kapot voor mijn gezin, ze mag van mij doen wat ze wil en nog is ze niet tevreden.'

Hoewel er voor een intieme relatie dus andere regels gelden dan voor een zakelijke, is het toch wel degelijk zo dat mensen wederkerigheid verwachten. Wanneer een van tweeën lange tijd meer geeft dan krijgt, leidt dat op den duur tot verkilling van het gevoel voor elkaar. Interessant daarbij is dat mensen zich in een relatie het prettigste voelen wanneer geven en nemen evenwichtig verdeeld is. Uit een onderzoek van de psycholoog Buunk blijkt dat mensen die het gevoel hebben dat ze beiden ongeveer evenveel uit de relatie halen, de 'gelijkberechtigden', zich het prettigste voelen in die relatie. Mensen die het gevoel hebben dat ze in vergelijking met hun partner tekortkomen, voelen zich het minst tevreden, dat is logisch. Maar degenen die zich ten opzichte van hun partner bevoordeeld voelen, zijn ook minder tevreden dan de gelijkberechtigden. Het gaat ons er kennelijk niet om zo veel mogelijk uit de relatie te halen, maar zo veel als redelijk is in vergelijking met wat de partner krijgt. Hoewel het op korte termijn wel eens aardig kan zijn om je zin te krijgen, hebben beide partners op lange termijn belang bij evenwicht. Psycholoog en relatietherapeut Vansteenwegen zegt daarover: 'Als een van beiden wint, verliest de relatie.'

Conflicten

Wanneer het niet lukt om de verschillen die er zijn tussen jou en je partner op een soepele manier op te lossen, ontstaan er conflicten. Laten we er in eerste instantie eens van uitgaan dat beide partners die conflicten graag willen oplossen, maar dat ze niet beschikken over de goede techniek om dat aan te pakken.

Deze paren hoeven alleen maar een betere onderhandelingsmethode te leren. Er zijn ook paren bij wie meer fundamenteel iets mis is en dan helpt uitleg over conflicthantering niet, maar daarover later, in hoofdstuk 5. Eerst de paren die in principe van elkaar houden en hun meningsverschillen graag eerlijk en soepel willen oplossen. Wat is dan de beste strategie?

Er zijn verschillende soorten conflicten, die allemaal om een wat andere aanpak vragen.

Conflicttype 1: Het conflict over een beslissing die meteen genomen moet worden

Ineens word je geconfronteerd met een keuze en je wilt allebei iets anders. Allebei heb je daar uiteraard goede redenen voor en er is sprake van tijdsdruk: er moet een besluit vallen.

- Zij wil naar een film over een ingewikkelde relatie, hij naar een spannende actiefilm.
- Zij wil een moderne designbank, hij een gemakkelijke wegzakbank.

- Zij wil naar een Frans restaurant, hij naar de Chinees.

Conflicttype 2: Het conflict over regelingen en afspraken

Een van beiden of beiden vinden dat een aantal zaken in de relatie niet goed geregeld is, hetgeen regelmatig leidt tot problemen of ergernis. Het kan gaan om:
- de planning van de weekenden;
- de verdeling van het huishoudelijk werk;
- de besteding van de financiën;
- het tv-kijken van de kinderen.

Conflicttype 3: Het conflict over het gedrag van de een, waar de ander zich aan ergert
- Hij laat overal kranten slingeren.
- Zij is altijd te laat als ze een afspraak hebben.
- Zij valt 's avonds in slaap voor de tv.
- Hij valt uit tegen de kinderen.

Kenmerkend voor al deze conflicten is dat elk van beiden iets anders wil en dat daar een oplossing voor gevonden moet worden. Hoewel elk conflict een wat andere aanpak vraagt – je kunt nu eenmaal niet anderhalf uur delibereren over waar je gaat eten – zijn de basisvaardigheden die nodig zijn dezelfde. Je moet gebruikmaken van de twee formules, die we in hoofdstuk 1 al behandeld hebben:

LSI: Luisteren-Samenvatten-Invoelen. Als je partner aan het woord is, probeer dan heel goed in je op te nemen wat hij zegt en vat dat samen, waarbij je probeert je in te leven in wat hij voelt en denkt.

GSG: Wanneer je je stoort aan het gedrag van je partner, geef dat dan op de volgende manier aan: Als jij ... *gedrag* vertoont in ... *situatie*, dan geeft mij dat ... *gevoel*.

Elk verwijt moet gevolgd worden door een wens.

De meest voorkomende fouten bij het oplossen van conflicten zijn:

- niet duidelijk zeggen wat je wilt (omdat je denkt dat de ander dat toch niet goed vindt, of omdat je vindt dat hij dat uit zichzelf maar moet aanvoelen);
- er te veel bijhalen: het verleden, de mening van andere mensen, soortgelijke voorbeelden, et cetera;
- te veel uitleggen, bijvoorbeeld tien redenen geven waarom je iets graag wilt in plaats van één belangrijke;
- alleen zeggen wat je niet wilt: 'Ik wou dat je *niet* altijd zo snauwde.';
- alle voorstellen van je partner afschieten zonder met eigen voorstellen te komen;
- aannemen dat je wel weet wat je partner wil, zonder het hem te vragen en zonder naar hem te luisteren;
- de gevoelens van je partner gaan bestrijden: 'Ik vind het belachelijk dat je daar kwaad over wordt, want het is toch heel normaal dat ik daar met mijn ouders over praat';
- je zin doordrijven;
- te snel toegeven zonder dat je erachter staat.

Wat is een goede manier om conflicten op te lossen?

Conflicttype 1: De beslissing die meteen genomen moet worden

Daniel en Margreet hebben een eigen zaak waar ze het de hele dag razend druk mee hebben gehad. Als ze thuiskomen, hebben ze beiden honger en geen zin om te koken. Daniel wil graag snel iets eten bij de Chinees op de hoek. Hij weet dat hij daarna nog zijn administratie moet bijwerken. Margreet heeft er behoefte aan om na die dag hard werken even iets gezelligs te doen en houdt bovendien niet echt van Chinees eten.

Het is geen wereldschokkend probleem, maar je moet er wel een oplossing voor vinden waar je allebei vrede mee hebt.

Bij echtparen die dit moeiteloos oplossen zijn de volgende drie stappen te onderscheiden (soms heel snel en in elkaar overlopend).

Stap 1: Zeg allebei wat u het liefste zou willen als u het helemaal voor het zeggen zou hebben en geen rekening zou hoeven te houden met de ander.

Stap 2: Geef allebei (kort) aan waarom u dat graag wilt.

Stap 3: Maak een keuze. Dat kan zijn:
- Een van tweeën krijgt zijn zin en u spreekt af dat de ander de volgende keer mag kiezen.
- U zoekt een compromis: een mogelijkheid die er tussenin ligt.
- U zoekt een derde mogelijkheid die u allebei prima vinden.

Bij Margreet en Daniel zou het ongeveer als volgt kunnen verlopen.

> Daniel: Ik heb geen zin om te koken, zullen we naar de Chinees gaan?
> Margreet: Laten we dan naar Le Bistro gaan. Voor die ene keer dat we samen uit eten gaan, vind ik dat veel gezelliger.
> Daniel: Maar het duurt daar zo lang, en ik moet nog werken.
> Margreet: Oké, snap ik, dan zit je toch de hele tijd daaraan te denken. Laten we dan nu naar de Chinees gaan en een van de komende weekenden een keer lekker uitgebreid uit gaan eten.

Maar zelfs dit onschuldige verschil van mening kan wrevel veroorzaken als de stappen niet goed worden doorlopen.

> Daniel: Zullen we naar de Chinees gaan?

Margreet: Daar heb ik nou helemaal geen zin in, dat vind ik zo'n ongezellige tent.

Daniel: Hoezo, ongezellig? Wat maakt dat nou uit? En trouwens het gaat mij niet om de gezelligheid, ik heb gewoon honger en ik wil snel iets eten.

Margreet: Dan bak ik wel een paar eieren.

Daniel: Ik heb helemaal geen trek in eieren, en bovendien moet ik aan mijn cholesterol denken.

Margreet: Alsof de Chinees zo gezond is.

Daniel: Oké, jij je zin, dan blijven we thuis, ik neem wel een boterham.

Dit soort snelle beslissingen die je tientallen keren in een week neemt, zijn lastiger naarmate het belangrijker zaken betreft met een grotere lading.

Zo kunnen ouders ineens voor het blok gezet worden door hun vijftienjarige dochter, die vraagt of ze die avond bij haar vriendje mag blijven slapen. De moeder weet dat haar dochter niets zal doen wat ze niet wil. Ze heeft zelf ook een goed contact met het vriendje en vertrouwt hem. Bovendien weet ze dat haar dochter een voorbehoedmiddel zal gebruiken, als ze eventueel zou besluiten dat ze toch al aan gemeenschap toe is. Dus vindt ze het goed.

De vader denkt er heel anders over. Zijn dochter overvalt hem met deze vraag. Hij had niet door dat de relatie al zo ver ging. En zijn vrouw is naïef. Leer hem mannen kennen. Als die twee samen slapen, dan gebeurt er ook iets en daar is ze nog veel te jong voor. Dus wat hem betreft is er geen sprake van.

In het meningsverschil dat de ouders hierover krijgen, spelen ook nog andere gedachten en gevoelens mee. De moeder weet dat haar dochter zich gekwetst zal voelen door het gebrek aan vertrouwen van haar vader. Ze zal bovendien niet weten hoe ze ineens aan haar vriend moet uitleggen dat ze niet mag komen, terwijl het de vorige keer toen ze het alleen aan haar moeder had gevraagd wel mocht. Bovendien neemt ze het haar man kwalijk, dat hij normaal gesproken de opvoeding van de kinderen aan haar overlaat en er zich nu ineens mee gaat bemoeien. De vader voelt zich al enige tijd een soort buitenstaander in zijn eigen gezin en wil graag dat dat verandert. Hij vindt het vervelend dat zijn vrouw allerlei dingen buiten hem om regelt.

Met een dergelijke beladen kwestie krijgen Eva en haar vriendin Manon ook te maken.

Eva's ouders hebben aanvankelijk veel moeite gehad met het feit dat hun dochter gescheiden is en nu met een vrouw samenwoont. Langzamerhand hebben ze hun verzet laten varen, vooral ook omdat ze zien dat hun dochter en haar vriendin samen gelukkig zijn.

Als zij dan ook als verrassing aan Eva en Manon aanbieden om een weekje op hun kosten mee naar Spanje te gaan, is Eva geroerd en wil ze meteen 'ja' zeggen.

Manon slaat echter de schrik om het hart. Ze is niet erg gesteld op de ouders van Eva en heeft hun nog niet vergeven dat ze aanvankelijk zo moeilijk deden over hun relatie, terwijl toch duidelijk was dat hun dochter doodongelukkig was bij haar man. Een week met haar schoonouders samen in een vakantiehuis lijkt haar een ramp. Bovendien hebben Eva en zij helemaal niet zo veel vakantie en de paar weken die ze hebben, wil ze graag samen doorbrengen. De vakantie is al geboekt en wanneer ze niet meegaan, moet er meteen geannuleerd worden.

Wanneer dit soort beslissingen steeds uitvallen in het voordeel van een van beiden, omdat die het beste zijn belangen kan verdedigen, het minst soepel is of de grootste mond heeft, kan dat op den duur een gevoel van ongelijkwaardigheid veroorzaken.

Conflicttype 2: Het maken van afspraken en regelingen op een bepaald gebied

Bij veel paren zijn er terugkerende problemen over hetzelfde thema. Wanneer je op een bepaald gebied geen goede afspraken hebt gemaakt, bijvoorbeeld over de besteding van de vrije tijd, dan blijf je daar regelmatig ruzie over krijgen.

Dat is bijvoorbeeld het geval bij Corrie en Geert, een ouder echtpaar. Ze zijn veertig jaar getrouwd en hebben volwassen kinderen. Sinds Geert gepensioneerd is, hebben ze vaak ruzie over welke activiteiten ze apart doen en welke samen. Zo'n ruzie verloopt met kleine variaties op hetzelfde thema ongeveer als volgt:

Corrie: Ik ga zo weg, naar die opening met Ankie.

Geert: O, daar wist ik niks van dat jij weg ging vanmiddag, hoe laat ben je terug?

Corrie: Dat wist je wel. Ik heb het je vorige week al gezegd dat vanmiddag de opening was van de tentoonstelling van Ankies schilderclub.

Geert: Daar herinner ik me niks van.

Corrie: Nee, dat zal wel, jij hoort wel vaker dingen niet die ik tegen je zeg. Ik heb nog gevraagd of je meeging, maar daar had je geen zin in.

Geert: Logisch dat ik daar geen zin in heb. Om daar een beetje interessant te gaan doen over de geaquarelleerde hortensia's van een stel ouwe wijven dat niets beters te doen heeft.

Corrie: Wat kun jij toch altijd denigrerend doen! Als iemand daar plezier in heeft, dan is dat toch fantastisch? Ankie maakt heel mooie dingen, ik wou dat ik dat kon.

Geert: Als je je maar niks laat aansmeren.

Corrie: Nou, waarom niet? Als ik het toch mooi vind, voor op die muur bij de eetkamer.

Geert: Omdat ik daar zelf nog wel enige zeggenschap over wil hebben, over wat er bij mij thuis aan de muur komt te hangen. Daarom niet!

Corrie: Het is ook mijn huis. En als je mee was gegaan, zoals ik je gevraagd had, dan hadden we samen kunnen kijken of er iets leuks bij was.

Geert: Je wilt helemaal niet dat ik meega. Doe nou maar niet zo schijnheilig. Je wilt eigenlijk het liefste dat ik zoveel mogelijk uit je buurt blijf. Als ik voorstel om een keer samen te gaan wandelen of in de tuin te gaan werken heb je daar toch ook nooit zin in.

Corrie: Omdat jij alleen maar dingen voorstelt die jij leuk vindt en je weet dat ik niet zo lang kan lopen als jij. Nou, ik ga, want anders ben ik te laat.

Geert: Doe vooral wat je niet laten kunt en trek je van mij niets aan.

Corrie is eigenlijk al jaren boos op Geert. Ze heeft het gevoel dat zij zich altijd heeft moeten aanpassen aan zijn werk. Ze is verschillende keren vanwege dat werk verhuisd en heeft hem zo goed mogelijk gesteund. Hij heeft altijd gezegd dat ze na zijn pensioen konden gaan reizen en leuke dingen konden doen. Nu ze echter de hele dag samen zijn, blijkt dat ze totaal verschillende interesses hebben. Corrie vindt het leuk om mensen te zien en is geïnteresseerd in kunst. Geert is het liefste thuis bezig achter zijn computer of in de natuur. Bovendien hebben ze andere ideeën over hoe je in een relatie met elkaar om hoort te gaan. Corrie stoort zich ontzettend aan de wat grove, directe manier van praten van Geert. Die geeft haar het idee dat hij op haar neerkijkt. Ze verwacht van een man dat hij hoffelijk is en attent en ze vindt dat zij na al haar opofferingen van de afgelopen jaren wel eens wat verwend mag worden. Geert vindt dat zij veel te veel haar eigen gang gaat en geen aandacht heeft voor hem, terwijl hij zich toch ook voor haar altijd uit de naad gewerkt heeft. Hij denkt dat ze eigenlijk niets meer om hem geeft en voelt zich daardoor heel eenzaam.

Corrie en Geert zouden erbij gebaat zijn om afspraken te maken over hun gezamenlijke en afzonderlijke activi-

teiten. Door die te regelen weten ze wat ze van elkaar kunnen verwachten en voelen ze zich niet steeds weer opnieuw teleurgesteld en gekwetst.
De beste manier om dit te doen is als volgt.

Stap 1: Kies een gebied, waarop de dingen niet goed afgesproken zijn en waar u regelmatig ruzie over hebt. Over het algemeen kun u beter eerst zaken regelen op praktisch gebied, bijvoorbeeld huishouden, geld, sociale contacten of opvoeding. Conflicten op gevoelsmatig of intiem gebied, bijvoorbeeld seks, jaloezie of lief zijn voor elkaar, zijn veel lastiger, dus die kunt u beter later aanpakken.

Stap 2: Schrijf eerst ieder apart op wat u, als u het helemaal voor het zeggen zou hebben, graag zou willen op dit gebied. Spreek af dat u zich daarbij aan de volgende regels houdt:
- Elke kritische of verwijtende opmerking moet omgezet worden in een wens.
- De wensen mogen alleen maar betrekking hebben op iets wat de ander kan *doen*, niet op hoe hij zich moet *voelen*.
- In de wens mag het woordje *niet* niet voorkomen.

Stap 3: Zet een cijfer achter uw wensen in volgorde van belangrijkheid: dus een 1 voor uw belangrijkste wens, een 2 voor de wens die daarna komt, enzovoorts. Dit om duidelijk te maken aan welke wensen u de meeste waarde hecht.

Stap 4: Leg de lijstjes aan elkaar voor. Bespreek bij elk punt waarom het voor u belangrijk is en vraag aan uw partner of hij bereid is dat punt in te willigen, ervan uitgaande dat u ook aan een aantal van zijn punten tegemoetkomt. Als hij dat niet kan of wil, ga dan na of hij met een ander voorstel kan komen. Houd u daarbij aan de volgende regels:

- Bekritiseer de voorstellen van uw partner niet. Hij mag alles vragen (mits het om gedrag gaat).
- Als u niet aan een voorstel kunt voldoen, probeer dan een ander voorstel te doen.

Stap 5: Schrijf de afspraken op en bekijk ze nog eens goed om te zien of het echt wel te doen is. Dit lijkt wat formeel, maar het voorkomt misverstanden en teleurstellingen. Nieuwe regels worden gemakkelijk vergeten of verkeerd begrepen.

Spreek af dat u er later, na een week of zo, op terugkomt en samen kijkt of er nog iets aan de afspraken veranderd moet worden.

Voor Corrie en Geert was stap 2 heel belangrijk. Het duurde ook een hele tijd voor ze daar uit kwamen. Ik zat bij dit gesprek en ik denk dat ze er zonder een tussenpersoon ook niet uitgekomen waren. Ze hadden met name moeite met het in GSG-formule uiten van de verwijten. Corrie zat met te veel oud zeer. Naar haar idee was de balans volledig verstoord. Zij had zich altijd voor Geert weggecijferd als zijn carrière dat vroeg. Haar doel was geweest om de kinderen een fijne jeugd te geven en hen door al die wisselende scholen heen te helpen. Hoewel ze het 'normaal' vond dat ze haar eigen belang tijdelijk opzijzette, had ze van haar opofferingen in gedachten wel een zorgvuldige boekhouding bijgehouden en daar klopte inmiddels niets meer van. Geert stond diep in het rood. Gouden bergen had hij haar beloofd als hij gepensioneerd zou zijn, en wat gebeurde er? Hij ging gewoon door met te eisen dat zij zich aanpaste aan zijn leven. Voor Geert kwamen al die opofferingen als een grote verrassing. Ze waren hem eerlijk gezegd niet zo opgevallen. Hij had hun huwelijk heel anders ervaren en had het idee dat hij de kinderen en Corrie juist door zijn baan een heel interessant leven geboden had met een ruim inkomen en de mogelijkheid om allerlei landen en culturen te leren kennen.
De moraal van Corrie's verhaal is dat je aanpassen en lijden

in stilte zelden loont en zelfs vaak niet opvalt. Ik probeerde haar over te halen om vanaf vandaag dus maar te vragen wat ze wilde, maar dat kon pas nadat ze eerst nog een laatste keer had kunnen uiten wat haar door de jaren heen allemaal dwars had gezeten. Geert mocht tijdens dat gesprek alleen maar luisteren, zich niet proberen te verdedigen, niet zeggen dat het voor hem allemaal zo niet gehoeven had en niet vragen waarom ze niets gezegd had. Hij moest proberen zich in te leven in haar positie en echt te begrijpen hoe ze zich gevoeld had. Pas daarna was ze in staat om te proberen het verschil tussen hen op het gebied van de vrijetijdsbesteding te overbruggen.

De communicatieregel om liever geen oude koeien uit de sloot te halen kon in dit geval niet gehandhaafd blijven, want deze koeien waren nog springlevend. Veranderen kon Geert het verleden niet meer, maar hij kon het wel erkennen en Corrie realiseerde zich dat zijn verleden er anders uitzag, omdat hij nu eenmaal een ander mens was.

Het afspreken hoe ze hun leven verder zouden regelen was toen eigenlijk niet meer zo moeilijk. Ze besloten aan het begin van elke week voortaan een planning te maken. In die planning stonden gezamenlijke activiteiten én hobby's die ze alleen bleven doen. Maar ook spraken ze af om zich een dag per week door de ander te laten leiden. Op die dag zouden ze iets gezamenlijks doen, dat om beurten door een van beiden bepaald werd. Op Geerts dag kon dat een mooie wandeling zijn, op Corrie's dag een bezoekje aan een tentoonstelling. Het grappige was dat ze tijdens het follow-up gesprek, een half jaar later, zeiden dat ze niet meer zo strikt aan die afspraken vasthielden. Het ging nu allemaal meer vanzelf. Soms leidde de wandeling die Geert voorstelde naar de galerie die Corrie graag wilde bezoeken.

Een bezwaar dat veel mensen hebben tegen het op deze manier met pen en papier regelen van de omgang is dat het zo zakelijk is. Stiekem koesteren wij toch altijd nog de illusie dat in de liefde dit soort dingen vanzelf zouden

moeten gaan. Soms is dat ook zo en in de meeste relaties is er in ieder geval een aantal gebieden waarop het
vrijwel vanzelf gaat. Waarbij 'vanzelf' dan betekent dat
je het wel regelt, maar bijna ongemerkt, bijvoorbeeld
omdat je ongeveer dezelfde ideeën hebt over een bepaald gebied.

De Amerikaanse gezinstherapeut Jay Haley, die zich
onder andere heeft beziggehouden met regels in de relatie, legt uit dat mensen aan een relatie beginnen met
hun eigen regels. Dat wil zeggen: met hun eigen ideeën,
opgedaan in hun gezin van herkomst, over hoe de dingen horen te gaan in een relatie. Wanneer ze gaan samenwonen, moeten ze die regels aan elkaar aanpassen
en nieuwe regels voor hun nieuwe gezin maken. Dat is
moeilijker naarmate de gezinnen waar ze uit kwamen
meer van elkaar verschilden. En natuurlijk hangt het
ook af van de soepelheid van beide partners. Sommige
mensen kunnen veel beter verdragen dat de dingen niet
precies op hun manier gebeuren dan anderen.

De hierboven geschreven stap-voor-stap-methode om
afspraken te maken is alleen nodig, als je merkt dat er
op een bepaald gebied terugkerende ruzies zijn, en is alleen mogelijk als je de bereidheid hebt om elkaar (gedeeltelijk) tegemoet te komen. Wanneer je meningsverschillen over regels niet op deze 'zakelijke' manier op-
lost, gaat de ergernis woekeren.

Dat is gebeurd bij Marja en Eric. Hun problemen zijn begonnen omdat de afspraken over de taakverdeling niet
goed geregeld waren. Er was een soort globale afspraak
voor hun huwelijk dat ze 'alles' samen zouden doen. De
eerste jaren ging dat goed, maar sinds er kinderen zijn,
loopt het regelmatig mis. Soortgelijke problemen tussen
jonge ouders kom ik heel vaak tegen in mijn praktijk en
ze gaan altijd over ongeveer hetzelfde: een van beiden
vindt dat hij of meestal zij veel te veel doet. De ander is
van mening dat hij het nooit goed doet.

Marja en Eric wonen vijf jaar samen en hebben een zoon van drie jaar, Joris. Ze hebben zich aangemeld voor relatietherapie omdat ze vaak ruzies hebben waar ze niet uit komen. De ruzies gaan over alles en niets, maar vooral vaak over de taakverdeling. Marja werkt drie dagen per week als secretaresse op een advocatenkantoor. Eric is marketingmanager. Hoewel Marja minder werkt en dus meer thuis doet, heeft Eric een dag per week de zorg voor hun kind en het huishouden. De nu volgende ruzie is er een van de vele rond het onderwerp huishouden.

Marja komt thuis van haar werk en treft Eric buiten voetballend met Joris aan. Wanneer het tweetal vrolijk, smerig en luidruchtig binnenkomt, is Marja druk en verongelijkt aan het opruimen.

Marja: Schoenen uit en meteen naar boven jij, in bad.

Joris protesteert: Ja, maar papa heeft gezegd dat ik eerst naar Sesamstraat mocht kijken.

Marja: Ik weet dat van papa alles mag, maar ik kan de rotzooi van papa en jou opruimen als jullie klaar zijn met spelen, televisie kijken en in bad gaan.

Eric: Ik zet hem straks wel in bad, na het eten.

Marja: Je bedoelt... dat je nu nog moet koken?

Eric: Ja, hoezo?

Marja: Als je nu nog moet koken en Joris moet daarna nog in bad, dan is het weer over achten voordat hij uiteindelijk in bed ligt. En dan kan ik daarna nog de keuken op gaan ruimen. Bovendien is Joris hartstikke smerig, ik wil hem zo niet op de bank hebben en al zijn speelgoed slingert nog over de grond.

Eric: Dat speelgoed ruimen we zo wel op en morgen komt de hulp, dus het is geen punt als de keuken niet helemaal spic en span is.

Marja: De hulp is er niet om jouw troep op te ruimen en ik ook niet trouwens. De bedoeling is dat zij eens in de week alles een goede beurt geeft. Maar als jij de dag tevoren thuis bent geweest dan komt ze daar absoluut niet aan toe.

Eric: Wat heb jij, zeg? Het was hartstikke mooi weer, dus ik heb lekker buiten gevoetbald met Joris en nu ga ik koken. Doe alsjeblieft niet zo opgefokt. Ga gewoon even zitten en neem een glas wijn. Dan kalmeer je misschien een beetje.

Marja: Gezellig tussen de troep, bedoel je? Ik heb het hartstikke druk gehad. En als ik dan thuiskom, dan tref ik een ongelofelijke puinhoop aan en jij gaat op je dooie gemak nog even koken, waarna de keuken ongetwijfeld ook een slagveld is. Vind je het gek dat ik opgefokt reageer als ik meteen moet gaan opruimen?

Eric: Van mij hoef je helemaal niet op te ruimen, jij wilt zelf opruimen. Ik vond het toevallig vandaag belangrijker om iets leuks met Joris te doen dan om een keurig opgeruimd huis te hebben.

Marja: Lekker makkelijk ben jij. Als jij een dag met Joris doorbrengt, doe je leuke dingen en speel je de gezellige vader. En als ik thuis ben kan ik wassen, strijken, stofzuigen, terwijl ik dan ook op Joris moet letten.

Joris: Waarom hebben jullie ruzie?

Eric: Omdat mama niet kan uitstaan dat wij samen een leuke dag gehad hebben.

Marja: Wat een misselijke opmerking!

Het is duidelijk dat Marja en Eric geen goede afspraken hebben over de taakverdeling en dat ze verschillende prioriteiten stellen. Marja verwijt Eric achteraf dat hij te weinig in huis heeft gedaan, maar ze zegt niet duidelijk hoe ze het dan wel graag zou willen. Kennelijk vindt ze dat hij dat had moeten aanvoelen. Als ze 's ochtends had gevraagd of hij Joris voor het eten in bad wilde zetten en zijn speelgoed wilde laten opruimen, was ze waarschijnlijk veel prettiger thuisgekomen en had ze zelf ook even rustig bij Joris kunnen zitten terwijl Eric kookte.

Je kunt afspreken dat je het dagprogramma elke avond van tevoren maakt. Je kunt ook voor een hele periode samen afspreken welke huishoudelijke taken elk van beiden doet en hoe je graag wilt dat het naar bed gaan van de kinderen geregeld wordt. Overigens is het duidelijk dat Marja alles kan vragen, maar dat dat niet betekent dat ze ook alles krijgt wat ze wil. Eric kan er zijn eigen wensen tegenover stellen en de regeling hoeft ook niet zo rigide te worden, dat er geen uitzondering op mogelijk is. Wanneer Eric echter accepteert dat de afspraak in principe is dat het huis 's avonds opgeruimd is, maar aangeeft dat hij nu het potje voetballen belangrijker vond, zou hij anders reageren op Marja's kritiek. 'Sorry, ik weet dat het nog een puinhoop is en ik zal het zo opruimen, maar ik vond het belangrijk om met dat mooie weer even buiten te spelen met Joris.'

Doordat ze hun afspraken niet regelen en elk van hun eigen regels uitgaan, loopt het mis. En inmiddels is het al zo vaak misgegaan, dat er in hun ruzies iets anders sluipt. Het gaat niet meer alleen over de afspraken, het gaat ook over de relatie: over het recht dat Eric denkt te hebben om de dag naar zijn goeddunken in te delen en over het feit dat Marja denkt zijn dag te mogen bepalen. Het begint dus over macht te gaan en als er eenmaal een machtsstrijd is ontstaan is het regelen van zaken veel moeilijker, maar daarover later.

Conflicttype 3: Het oplossen van ergernissen

Ook wanneer in principe de afspraken in de relatie duidelijk zijn, blijven het afspraken tussen twee verschillende mensen, die elk de dingen op hun eigen manier doen en daar hun eigen ideeën over hebben. Dus blijft er nog genoeg over om je aan te storen bij elkaar. Denk maar aan:

- het feit dat hij van het ene programma naar het andere zapt op de tv in plaats van in de gids te kijken;
- haar gewoonte om alles met vriendinnen te bespreken, ook zijn gedrag;
- zijn onhebbelijkheid om zijn sokken en onderbroeken van een afstand in de wasmand te gooien en dan te

missen, zodat ze op de grond liggen;
* haar onvermogen om zich precies aan de tijd te houden;
enzovoorts enzovoorts.

Een punt waar Léon zich aan ergert bij zijn vrouw Lisette is haar gewoonte om zich ermee te bemoeien als hij iets met de kinderen doet. Het is zijn taak om de kinderen 's avonds naar bed te brengen als hij er is, en negen van de tien keer roept Lisette dan instructies van beneden.

Het goede gesprek over een dergelijke ergernis van de een over het gedrag van de ander verloopt als volgt.

Stap 1: Degene die zich ergert, vertelt dat hij last heeft van iets dat zijn partner regelmatig doet. Hij maakt hierbij gebruik van de GSG-formule, dus hij zegt heel precies om welk *gedrag* van zijn partner het gaat in welke *situatie* en wat zijn eigen *gevoel* is bij dit gedrag.

In het geval van Léon zou hij dit ongeveer zo kunnen zeggen.
Léon: Als ik 's avonds de kinderen naar bed breng en nog even met ze stoei (Situatie) en jij komt dan naar boven en begint je ermee te bemoeien en zegt dat ze rustig moeten zijn en moeten gaan slapen (Gedrag), dan irriteert me dat vreselijk (Gevoel). Ik heb het idee dat je me als een klein kind behandelt en ik voel me voor gek gezet tegenover de kinderen.

De ander, over wiens gedrag het gaat, past de LSI-formule toe. Dat betekent dat hij heel goed naar de kritiek luistert, die samenvat en probeert in te voelen wat er precies mee bedoeld wordt.

Dus Lisette, Léons vrouw, kan zeggen: Jij voelt je door mij betutteld, alsof ik ook jouw moeder ben en hetzelfde met jou omga als met de kinderen en dat irriteert je en je voelt je dan ook afgaan tegenover de kinderen.

Bij dit samenvatten mag ze nog geen standpunt innemen en niet met Léon in discussie gaan.

Dus niet: 'Ja maar, als ik jou je gang laat gaan, slapen ze om tien uur nog niet.'

Wanneer je meteen in de verdediging of in de tegenaanval gaat als je kritiek krijgt, verspeel je de kans om een oplossing voor dit punt te vinden. Er ontstaat een ruzie waarbij je elkaar over en weer blijft beschuldigen en de volgende keer dat iets dergelijks zich voordoet, zul je niet bereid zijn om je gedrag te veranderen. Of je houdt wel je mond, maar blijft zitten met het verongelijkte gevoel dat je dit alleen maar doet om niet weer ruzie te krijgen, dat jij de wijste wel weer zult zijn, dat hij zal zien dat jij gelijk hebt – en als hij dat niet ziet, dat je hem dan een volgende keer op iets anders wel zult pakken. Wat denkt hij wel. Jij behandelt hem als een kind? Hij is verdomme net een kind en jij kunt voortdurend zijn troep opruimen...

Stap 2: Pas na het LSI van Lisette, als zij tegenover Léon bevestigd heeft dat ze zijn kritiek inderdaad goed gehoord en begrepen heeft, mag zij onder woorden brengen wat haar gedachten en gevoelens zijn rond ditzelfde punt. Ze moet dit eveneens in de GSG-formule doen.

Lisette: Als jij 's avonds stoeit met de kinderen (Gedrag en Situatie), dan zit ik me beneden op te vreten (Gevoel) omdat ik weet dat ze dan moeilijk in slaap komen en de volgende ochtend, als jij naar je werk bent, zit ik met twee chagrijnige kinderen die ik naar school moet zien te krijgen (Situatie). Ik voel me dan kwaad, omdat je zo weinig rekening houdt met wat ik moet doen (Gevoel).

Stap 3: Léon herhaalt in LSI-formule wat Lisette gezegd heeft, zonder commentaar.

Stap 4: Daarna proberen beiden hun verwijt om te zetten in een wens. Dus ze zeggen wat zij graag van de ander zouden willen met betrekking tot dit punt.

In principe wensen ze wat ze zouden willen dat de ander deed als zij dat helemaal voor het zeggen zouden hebben. Ze mogen al wel wat rekening houden met datgene wat ze gehoord hebben van de ander in de vorige stappen, maar alleen als ze dat echt willen.
De wens moet:
1. betrekking hebben op iets dat de ander kan *doen*, dus op gedrag dat iemand ook echt kan veranderen als hij dat wil. Je mag niet vragen om andere *gevoelens* of een andere *mening* of persoonlijkheid;
2. positief geformuleerd zijn, dus zonder het woordje *niet*;
3. volgens de GSG-formule geformuleerd zijn en liefst beginnen met het woordje *ik*.

De wensen van Léon en Lisette zien er zo uit:

> Léon: Ik wil graag 's avonds een tijdje stoeien met de kinderen. Voor mij is dat een heel kostbaar ritueel, want ik zie ze de hele dag niet.
> Lisette: Ik wil graag dat jij de kinderen naar bed brengt, maar dat je dan iets rustigs met ze doet, zodat ze niet zo wild worden dat ze niet meer in slaap komen.

Stap 5: De volgende stap is het eigenlijke onderhandelen over dit punt. Het komt maar zelden voor, dat beide partners al meteen met de wens van de ander akkoord gaan. Wat niet mag, is de voorstellen hoonlachend van tafel vegen of afbranden. Ieder heeft namelijk het recht om te vragen wat hij wil. Als je niet kunt leven met het voorstel van de ander, moet je met een ander voorstel komen. Tot het voorstel valt waarin beiden zich kunnen vinden, doen ze beurtelings nieuwe voorstellen, waarin ze elkaar tegemoet proberen te komen, maar niet zoveel dat ze het niet meer met hun eigen voorstel eens zijn. Dus op elke afwijzing van een voorstel van de ander moet een nieuw eigen voorstel volgen.

Tussen Léon en Lisette verloopt dit uitwisselen van voorstellen zo:

> Léon: Ik denk dat de kinderen dat stoeien juist zo leuk vinden. Wat ik kan proberen, is om beneden even met ze te stoeien en dan boven een verhaaltje voor te lezen.
> Lisette: Ik ben bang dat het dan zo laat wordt. Ik zou het fijn vinden als je probeert iets eerder thuis te komen, zodat we wat vroeger kunnen eten.
> Léon: Vroeger thuiskomen zal me niet lukken. Ik kan wel de post laten liggen en die 's avonds pas doornemen. Als ik dan voor het eten nog even met ze speel, dan lees ik boven een verhaaltje voor.
> Lisette: Ja, dat zou ik hartstikke fijn vinden en de kinderen ook. Ik weet dat ze dat stoeien heerlijk vinden, maar een verhaaltje vinden ze ook fantastisch en dan vallen ze daarna veel makkelijker in slaap.

Stap 6: Als de afspraak gemaakt is, kunt u hem het beste nog een keer herhalen om zeker te weten of u het beiden goed begrepen hebt. Ga nog eens na of u het er allebei zo mee eens bent.

De belangrijkste *valkuilen* bij deze procedure zijn:

1. Niet goed luisteren naar het standpunt van de ander.

2. Niet met een eigen wens komen, maar onmiddellijk afwijzend reageren op de wens van de ander en daarover in discussie gaan.

3. Niet bij het onderwerp blijven, maar er allerlei andere dingen bijhalen.

4. Niet ingaan op de voorstellen, maar in discussie gaan over de gevoelens of het karakter van de ander.

   Lisette: Het kan jou niks schelen, dat ik 's ochtends met twee lastige kinderen zit.
   Léon: Natuurlijk wel, maar is het punt niet veel meer dat jij 's ochtends zelf last hebt van een ochtendhumeur?

5. Te snel toegeven om ervan af te zijn, terwijl je weet dat je dat niet waar kunt of wilt maken.

   Léon: Oké, dan kom ik wel eerder naar huis.

6. Dingen bespreken op een moment dat je er al geïrriteerd door bent. Het is beter om voor een dergelijke terugkerende ergernis de tijd te nemen en even bij elkaar te gaan zitten: tv uit, krant weg.

7. Niet vragen om gedrag dat je kunt veranderen, maar om spontaan gedrag, dus om inzicht of gevoelens die je immers niet op verzoek kunt veranderen.

   Lisette: Ik wil dat je inziet dat die drukte niet goed is voor de kinderen.
   Léon: Jij zou er eens voor moeten zorgen dat je 's morgens niet zo'n pesthumeur hebt.

Léon en Lisette slagen er redelijk gemakkelijk in om een oplossing te vinden voor dit verschil van mening. Dat komt, doordat het voor beiden mogelijk is om zich in het standpunt van de ander in te leven en om hun gedrag een stukje te veranderen. Lisette is bereid om het chaotische gegil en geschreeuw van de stoeipartij aan het eind van een drukke dag te tolereren en Léon om zich eerder met de kinderen bezig te gaan houden.

Soms is het veel moeilijker om dit soort ergernissen op te lossen, namelijk als die betrekking hebben op eigenschappen die iemand niet zo gemakkelijk kan veranderen. Het gaat dan om trekken die bij zijn persoonlijkheid horen. Soms is het gevoel voor elkaar ook al zo ver weg, dat beiden geen zin meer hebben om te doen wat de ander van hen vraagt.

Dat is het geval bij Geesje en Berend. Bij hen zijn de ergernissen zo hoog opgelopen dat ze denken aan echtscheiding. Ze hopen die te voorkomen door in therapie te gaan. Een van de eerste gesprekken wordt door Geesje geopend met de mededeling dat het hopeloos is en dat ze maar beter uit elkaar kunnen gaan.

Het was eigenlijk begonnen om het boodschappenlijstje. Geesje is een mooie levendige vrouw, die altijd vol plannen zit en die met iedereen goed kan opschieten. Behalve met Berend, tegenwoordig. Hij is zorgzaam en bereid om de zorg voor huishouden en twee jonge kinderen zoveel mogelijk met haar te delen, maar hij is ook behoorlijk dwingend. Met zijn tweeën hebben ze anderhalve baan: zij de halve, hij de drukste. Ze hadden er tevoren goed over nagedacht en haar keuze meer thuis te zijn leek traditioneel, maar was bewust gemaakt. De moeilijkheid was niet dat hij te weinig in het huishouden deed. Hij vond dat zij het beter en efficiënter, kortom meer zoals hij, moest doen. Ze moest lijstjes maken en een agenda bijhouden. Als je een lijstje bijhield van wat er in huis dreigde op te raken, dan was boodschappen doen een fluitje van een cent. Je werkte gewoon je lijstje af en greep nooit meer mis. Dat scheelde ook tijd, want je hoefde niet halverwege het koken naar de winkel omdat je iets miste. Wanneer je afspraken in de agenda schreef en ook wat er gedaan of geregeld moest worden, dan wist iedereen waar hij aan toe was. Gewoon een kwestie van goed organiseren, een keer in de week de agenda bespreken en er was overzicht. En overzicht zou helpen tegen haar stressen, daar was hij van overtuigd. In feite zei hij dit allemaal voor haar bestwil, want ze was nu voortdurend moe. De agenda en een bloknootje voor de lijstjes had hij al voor haar gekocht. Ze had het cadeau naar zijn hoofd gegooid en gezegd dat ze bij hem weg wilde. Maar je ging toch niet scheiden als je twee jonge kinderen had vanwege een boodschappenlijstje.

Ik reik haar een bundeltje tissues aan – vrouwen huilen vaker van woede dan van verdriet.

'Die lijstjes,' snikt ze, 'dat typeert hem nou helemaal. Alles moet efficiënt en volgens plan.' Zij en de kinderen worden in dat plan geperst. Het is hem niet uit te leggen dat zoiets onmogelijk is met twee jonge kinderen. Je kunt best op je zogenaamd efficiënte lijstje zetten: cadeautje voor verjaardagsfeestje kopen. Maar dan blijkt in de winkel dat je zoon er drie kwartier over doet om te beslissen tussen een raceauto of toch maar een Powerranger, omdat Tommie zijn vriend is, maar hij wil toch ook weer niet geven wat hij zelf had willen hebben. Zij vindt het de moeite waard om de tijd te nemen voor dat soort dingen, ook al gooit het je schema in de war. Dan eten ze maar een keer pizza, ook al was er al gehakt uit de diepvries gehaald. En wat dan nog als hij daardoor zijn plan moet wijzigen om de dag daarna een visschotel te maken. Dan maakt hij toch iets met gehakt. En als hij daarvoor niet alles in huis heeft, dan haalt ze het toch even of hij volgt het recept niet op de letter. Als ik eens zou kunnen zien hoe hij kookt! Alles wordt afgemeten en het recept staat, in een plastic hoesje uiteraard, voor hem. Het duurt twee keer zolang als wanneer zij kookt, maar de keuken is daarna keurig, dat moet gezegd, en het is lekker. Maar waarom mag zij het niet op haar manier doen? De hele dag moet ze zijn kritiek in adviesverpakking aanhoren. Dan staat hij weer haar kruidenpotjes te sorteren en moet hij haar er weer op wijzen dat ze drie potjes tijm heeft en vier kaneel. Nou en? Als zij appeltaart wil bakken, neemt ze voor alle zekerheid kaneel mee. Wat maakt het uit? Ja, ze weet dat dat met een lijstje niet zou gebeuren, maar wat is daarvan het belang? Zij is niet iemand voor lijstjes. Zij wil niet meer passen in zijn schema's, zij is zoals zij is en als hij dat niet accepteert, dan moeten ze maar uit elkaar.

Liever echtscheiding dan een boodschappenlijstje, vat ik samen en hoewel ze dat tamelijk bot geformuleerd vinden, komt het daar eigenlijk wel op neer, ja. Niet vanwege het boodschappenlijstje maar vanwege wat daarachter zit. Als zij een lijstje maakt, heeft ze het gevoel dat ze haar eigen persoonlijkheid inlevert en in alles naar zijn pijpen danst. Als hij zich overgeeft aan haar impulsiviteit, denkt hij onder te gaan in de chaos. Overdreven, vinden ze allebei van de ander. Die moet nu maar eens toegeven, zij hebben dat zelf al veel te vaak gedaan.

Aan mij de taak om dit echtpaar te tonen dat er winst zit in luisteren naar de ander, in je verplaatsen in zijn gevoelens en in toegeven, niet uit onderdanigheid, maar uit begrip.

Bij Geesje en Berend is dat niet gelukt, ze zijn uit elkaar gegaan. Er waren te veel onopgeloste ergernissen opgespaard. Het verschil tussen zijn ordelijke manier van het leven organiseren en haar impulsieve, chaotische aard was misschien ook wel te groot. Zij vond iemand anders, bovendien. De laatste keer dat ik haar zag, accepteerde die haar nog zoals ze was, helemaal. Van hem hoefde ze niet te veranderen en hij ergerde zich nergens aan. Ze kende hem toen drie maanden, maar vermoedde dat hij de liefde van haar leven was.

Het oplossen van problemen waar je van buitenaf mee geconfronteerd wordt

Naast conflicten met elkaar, kunnen er natuurlijk ook andere problemen zijn waarmee een of beide partners geconfronteerd worden en waar ze een oplossing voor moeten vinden. Dat kunnen problemen zijn die helemaal niet in de omgang met elkaar ontstaan zijn, maar daarbuiten.

Bijvoorbeeld:

Michelle en Martijn maken zich zorgen om hun zeventienjarige zoon, die niets uitvoert op school en voor de tweede keer dreigt te blijven zitten.

Karin en Steven hebben een probleem met hun buren, die klagen over het feit dat de kinderen te veel lawaai maken.

Antonio heeft een probleem met zijn chef. Het houdt hem zo bezig, dat hij zijn werk ook thuis niet van zich af kan zetten.

Omdat Ilse haar baan kwijtraakt, moet het gezin ineens met een lager budget rondkomen.

Inekes moeder begint te dementeren en eist veel zorg.

Uit deze voorbeelden wordt al duidelijk dat een probleem waarmee een van beide partners te maken krijgt, de ander ook aangaat. Ook kunnen beide partners heel verschillende ideeën hebben over hoe dat probleem aangepakt moet worden, waardoor ook zo'n probleem van buitenaf al heel snel kan ontaarden in een machtsconflict waarbij het niet meer gaat om de oplossing maar om wie die oplossing bepaalt.

Carmen moet een groot internationaal congres organiseren, waarbij een aantal buitenlandse ministers aanwezig zal zijn. Ze is hier al weken mee bezig en heeft alles tot in de puntjes geregeld. De dag van tevoren besluit ze nog even te controleren of de opstelling in de grote zaal waarin de ministers met elkaar en met het publiek zullen discussiëren helemaal in orde is. Eenmaal daar aangekomen ziet ze dat ze een probleem heeft. De opdrachtgever had gezegd dat hij geen opstelling wilde hebben waarbij het panel tegenover de zaal zou zitten. Er moest namelijk een levendige interactie mogelijk zijn. Ze ziet nu echter dat de tafels voor het panel toch recht voor het publiek zijn opgesteld. Dus dat moet anders.

Voor deze laatste inspectie heeft ze haar man meegenomen, die niets met de hele organisatie te maken heeft en zich ergert aan de preoccupatie van zijn vrouw met allerlei details. Omdat ze de laatste tijd toch al zo weinig vrij is geweest, dacht ze dat het misschien aardig was om deze laatste controle te combineren met een uitstapje met hem. Ze heeft dus haast, want ze weet dat de omweg langs het congrescentrum hem al irriteerde. Hij vindt dat ze meer moet delegeren. Dus begint ze energiek met tafels en stoelen te schuiven om de opstelling wat minder formeel te maken, terwijl ze hem uitlegt wat ze aan het doen is. Hij neemt daarop de leiding over en zegt: 'Wanneer je echt een levendige discussie wilt, moet je de tafels van het panel in het midden zetten en de stoelen van het publiek in twee halve cirkels eromheen.' Hij voegt de daad bij het woord en begint de door haar verplaatste tafels weer anders neer te zetten.

Hierop zegt zij: 'Ik ben bang dat dat niet kan, want er zijn ook een paar Oosterse ministers bij en die vinden het beledigend om met hun rug naar de gesprekspartners te zitten.'

'Dan draaien ze zich toch om, als iemand achter hen het woord tot hen richt,' vindt haar man. 'Je wou toch een levendige discussie? Op die manier krijg je er beweging in.'

Carmen vindt dit te veel beweging en zegt dat ook. Haar man werpt tegen, dat de Oosterse ministers waarschijnlijk wel vaker in het buitenland zijn en zich bovendien moeten aanpassen aan de cultuur van het land waar ze te gast zijn. Carmen vindt dit onhoffelijk – en haar man ook, omdat zij zich in aanwezigheid van de manager van het congrescentrum zo korzelig tegenover hem gedraagt. Terwijl beiden her en der stoelen en tafels verplaatsen en terugplaatsen, wordt de toon van het gesprek ijziger. Uiteindelijk verlaat Carmens man het pand ('Doe het dan maar op je eigen manier, als je niet wil luisteren naar advies') Carmen achterlatend in een totaal chaotisch decor van tafels en stoelen.

Hoe moet het niet?

Je vastbijten in een machtsconflict om wie de beste oplossing heeft bedacht, zoals Carmen en haar man doen, staat het vinden van een oplossing in de weg. Een andere fout die mensen dikwijls maken als ze proberen om een probleem op te lossen, is dat ze daar te snel mee beginnen, vaak voordat ze helder hebben wat het probleem precies is.

In het volgende geval komt Wouter zelfs met een oplossing voor duidelijk is of er wel een oplossing van hem gevraagd wordt of misschien heel iets anders.

Carla: Morgenavond is de bestuursvergadering al en ik heb nog geen kans gezien om de notulen uit te werken.
Wouter: Dan doe je dat toch morgenochtend.
Carla: Dat kan niet, want dan ben ik leesmoeder. Bovendien moet ik ze dan al inleveren, want anders heeft Mieke geen tijd meer om ze te typen.
Wouter: Ik begrijp ook niet dat je ze niet zelf meteen op de pc uitwerkt, dat is toch veel handiger en dan kun je ze naar Mieke e-mailen.
Carla: Ik kan niet met dat ding omgaan, ik ben als de dood om eraan te komen en iets verkeerd te doen.
Wouter: Ik heb je al honderd keer aangeboden om het je een keer goed uit te leggen.
Carla: Ja, dat uitleggen van jou ken ik, dan hebben we meteen ruzie.
Wouter: Ja, omdat jij altijd zo eigenwijs bent.
Carla: En jij niet zeker, alleen al de toon waarop je dat zegt. Ik ben niet een van je kantoorjuffen.
Wouter: Nee, zeg dat wel, die kunnen allemaal uitstekend met de pc omgaan.

Carla: Ach, barst.

Wouter: Dacht ik het niet, jij neemt te veel werk op je, ik probeer alleen maar te helpen en uiteindelijk heb ik het gedaan.

Voordat Wouter weet waar Carla precies mee zit, begint hij al de ene oplossing na de andere aan te dragen. Naar zijn idee heeft Carla een aantal problemen: ze neemt te veel werk op zich, ze organiseert dat niet goed en ze neemt niet de moeite om zich te verdiepen in de zegeningen van de pc. Maar Carla's probleem ligt ergens anders. Ze heeft een hekel aan het notuleren van de bestuursvergaderingen en vindt eigenlijk dat ze dat nu lang genoeg gedaan heeft. Ze durft dat alleen niet goed ter sprake te brengen tijdens de vergadering. En van Wouter wil ze op dit moment eigenlijk vooral wat begrip, omdat het allemaal zo heeft tegengezeten.

Een goede oplossing is dus pas mogelijk als degene die het probleem inbrengt, duidelijk heeft kunnen uitleggen waar hij mee zit en een oplossing wil. De rol van de ander is daarbij uitsluitend die van de actieve luisteraar (denk aan de LSI-formule). Hij luistert, vat samen en probeert in te voelen. Het hardop verwoorden waar je mee zit tegenover een attente luisteraar, helpt om het zelf ook beter te begrijpen. Vaak vind je daardoor zelf de oplossing of wordt het je duidelijk dat je naast zelfmedelijden ook behoefte hebt aan wat medeleven van de andere kant.

Mies, bijvoorbeeld, komt thuis na een heel drukke dag op haar werk en brandt onmiddellijk los over het feit dat haar collega weer eens vroeger is weggegaan. Wanneer Toine doorvraagt wat haar dwarszit, komt ze erachter dat zij allerlei taken van deze collega overneemt en de fouten van die collega verdoezelt. Ze realiseert zich dat op deze manier nooit duidelijk wordt dat haar collega het werk niet aankan. Ze aarzelt echter om dit ter sprake te brengen, omdat ze ook medelijden heeft met de bewuste collega, een alleenstaande moeder. Wanneer Toine zegt dat hij het rot voor haar vindt, omdat hij zich dat dilemma heel goed kan voorstellen, krijgt ze een huilbui, waarna ze besluit om eerst met haar collega te gaan praten en als dat niet helpt met haar chef.

Ook wanneer het probleem niet door een van beiden wordt ingebracht, maar iets is waarmee je je samen geconfronteerd ziet, kan de visie erop sterk verschillen.
Als je allebei je eigen ideeën hebt over wat het probleem is en die niet uitwisselt, zodat je dus eigenlijk over twee verschillende problemen praat, kun je het onmogelijk eens worden over de oplossing.

Michelle en Martijn hebben een brief van school gekregen waarin staat dat hun zoon de laatste maanden slecht presteert en regelmatig spijbelt. Martijn gaat ervan uit dat zijn zoon lui is, Michelle is ervan overtuigd dat hij onzeker en faalangstig is. Beiden willen de oplossing dus in een andere richting zoeken, maar zover komen ze helemaal niet, omdat ze verzanden in een ruzie over wat er mis is met hun zoon en wiens zijn schuld dat is.

Hoe moet het wel?
De stap-voor-stap-methode voor het oplossen van problemen

Stap 1: Beide partners leggen aan elkaar uit hoe zij het probleem zien, wat hun mening is en wat hun gevoelens zijn. (N.B. Als het een probleem is dat met name een van beide partners betreft, dan begint hij het probleem te vertellen en komt de ander alleen met zijn visie op het probleem als daar nog behoefte aan is.) De spreker probeert daarbij om zo concreet mogelijk te zijn.
De luisteraar luistert, vat samen en probeert zich in te leven in de visie en de gevoelens van de ander. Wanneer het probleem beide partners aangaat of wanneer beiden een idee hebben over wat het probleem precies inhoudt,

worden de rollen van spreker en luisteraar afgewisseld tot beiden vinden dat duidelijk is waar het probleem precies om gaat.

Het is raadzaam om te controleren of je het nu inderdaad eens bent over wat het probleem is, want mensen kijken altijd naar een probleem vanuit verschillende achtergronden, dus zien ze ook niet hetzelfde.

Heel mooi wordt dit geïllustreerd in een gedicht dat Willem Wilmink in 1990 schreef over een echtpaar dat in de trein zit en uit het raam kijkt. Het is een gedicht dat al vaker door collega's (onder andere door Vansteenwegen) gebruikt werd om de verschillende manieren te demonstreren waarop paren tegen allerlei zaken uit het leven aankijken, terwijl ze denken dat ze het over hetzelfde hebben.

Echtpaar in de trein

Voor het reisdoel kant en klaar
zit ik dus tegenover haar.
De trein maakt zijn vertrouwd geluid
en zij rijdt voor-, ik achteruit.

We zien dezelfde dingen wel,
maar ik heel traag en zij heel snel.
Zij kijkt tegen de toekomst aan,
Ik zie wat is voorbijgegaan.

Zo is de huwelijkse staat:
de vrouw ziet wat gebeuren gaat,
terwijl de man die naast haar leeft,
slechts merkt wat zijn beslag al heeft.

Van nieuw begin naar nieuw begin,
rijdt zij de wijde toekomst in,
en ik rij het verleden uit.
En beiden aan dezelfde ruit.

Vanuit verschillend perspectief kijken Michelle en Martijn naar hun zoon. Martijn hecht grote waarde aan prestaties. Hij heeft zelf moeten knokken voor zijn carrière. Zijn ouders vonden het niet nodig dat hij een universitaire opleiding volgde, in hun opinie was een HBO-opleiding al heel mooi. Naast zijn werk heeft Martijn verder gestudeerd en hij heeft nu een fantastische baan.

Michelle vindt school ook wel belangrijk, maar vindt de emotionele ontwikkeling van haar kinderen minstens zo waardevol. Ze heeft het idee dat Bas, hun zoon, niet gelukkig is en ze denkt ook te weten hoe dat komt. Bas is namelijk, net als zij, veel gevoeliger dan Martijn. Hij voelt aan dat hij niet aan de verwachtingen van zijn vader kan voldoen en denkt dat zijn vader daarom ook minder om hem geeft dan om zijn pientere zusje, dat het zo goed doet op school. En dat terwijl Bas wel heel erg behoefte heeft aan de aandacht van zijn vader. (Zoals gezegd, Michelle herkent zichzelf in de problemen van haar zoon.)

Haar visie is dat Bas zijn vader mist en het idee heeft dat hij in de ogen van zijn vader een mislukkeling is. En over Martijn heeft ze ook zo haar eigen gedachten: hij hecht veel te veel aan succes en cijfers en verspeelt zo de liefde van zijn gezin.

Martijn vindt dat Michelle een watje maakt van Bas. Ze smoort hem in begrip, terwijl de jongen moet leren om tegen frustraties te kunnen. Hij zal de rest van zijn leven ook niet altijd door iemand uit de wind gereden worden. En Michelles gebrek aan waardering voor wat hij bereikt heeft, irriteert hem ook. Hij voelt best haar onuitgesproken kritiek op zijn harde werken, zo ongevoelig is hij nu ook weer niet. Intussen profiteert zij wel van het comfortabele inkomen dat hij binnenbrengt, al doet ze altijd alsof dat haar niet uitmaakt. Wat hem bovendien zorgen baart, is dat Bas zonder fatsoenlijke opleiding straks financieel heel wat stappen terug zal moeten doen, terwijl hij nu aan een gemakkelijk, luxe leventje gewend is. Hij is kortom bezorgd dat zijn zoon door zijn moeder te veel verwend wordt en dat hij daar later problemen mee zal krijgen.

Al pratend over het probleem worden Martijn en Michelle het erover eens dat het niet zo zinvol is om in dit stadium ruzie te maken over de achtergronden ervan of vooruit te lopen op mogelijke oplossingen. Voor het eerst kunnen ze zich samen vinden in de volgende formulering van het probleem: 'Hoe krijgen we Bas zover dat hij een of andere opleiding afmaakt?'

Wanneer ze vervolgens aan het brainstormen zijn over mogelijke oplossingen (stap 2), komen ze tot de conclusie dat ze eerst toch weer een stap terug moeten (naar stap 1).

Bij het helder krijgen van het probleem hoort namelijk ook dat je je buigt over de gevolgen als je er niet in slaagt om een oplossing te vinden. Bovendien is het zinvol om na te gaan wat de moeilijkheden zijn die je bij het oplossen tegen kunt komen. Door zich dit af te vragen komen Michelle en Martijn uiteindelijk tot een andere omschrijving van het probleem: 'Hoe komen we erachter wat de reden van de plotselinge onverschilligheid van Bas is?'

Stap 2: Als het probleem duidelijk is, begint het brainstormen over mogelijke oplossingen. De bedoeling is dat er zo veel mogelijk oplossingen bedacht worden. Het gaat in deze fase om creativiteit, om het opperen van ideeën, nog niet om de keuze van de meest ideale oplossing. Je mag dus nu nog geen kritiek uiten op de invallen van de ander. Daarmee rem je zijn inventiviteit en blijf je te veel denken binnen de gebaande paden. Als de oplossing zo voor de hand zou liggen, dan had een van beiden hem allang bedacht en zat je nu niet met dit probleem. Het beoordelen van de ideeën komt later.

Wanneer je beiden in deze fase nauwelijks iets kunt bedenken, is het ook heel goed mogelijk dat je anderen vraagt naar hun ideeën. Michelle en Martijn bijvoorbeeld zouden kunnen vragen hoe de ouders van vriendjes dit probleem aanpakken of wat het advies van de klassenleraar is.

Martijn en Michelle komen tot de volgende alternatieven:
- Michelle gaat met Bas praten, omdat zij hem beter aanvoelt.
- Martijn gaat een 'van man tot man'-gesprek aan met Bas.
- Martijn gaat Bas' huiswerk begeleiden.
- Er wordt een psychologisch onderzoek aangevraagd.
- Bas krijgt te horen dat hij rustig mag gaan werken als hij geen zin meer heeft in school. Voor zijn ouders hoeft hij zijn opleiding niet af te maken.
- Als Bas zijn eindexamen haalt, mag hij rijlessen nemen.
- Michelle zal Jan-Willem, de beste vriend van Bas, peilen of die iets afweet van problemen.
- Michelle en Martijn zullen samen met Bas overleggen wat hij wil. Hij mag kiezen, maar zij zullen hem wel aan zijn keuze houden.

Stap 3: Wanneer zo veel mogelijk alternatieven zijn gevonden volgt het bespreken van de voor- en nadelen van de verschillende oplossingen. Sommige oplossingen hebben in de ogen van Martijn meer voordelen dan in de visie van Michelle, en voor andere oplossingen geldt het omgekeerde. Het is belangrijk dat je respect toont voor de bezwaren van de ander en dat je hier niet toch weer in de valkuil van de machtsstrijd trapt. Het is niet belangrijk wie de oplossing heeft bedacht of heeft doorgedrukt, het is belangrijk dat je samen de beste oplossing voor het probleem vindt.

Stap 4: Na het bespreken van voor- en nadelen volgt het kiezen van een oplossing. Soms gaat dit heel snel, omdat een oplossing in beider ogen voor de hand ligt. Soms leidt deze stap ook tot boosheid of frustratie omdat je nog steeds allebei een totaal verschillende oplossing voor ogen hebt. In dat geval is het bijna altijd nodig om terug te gaan naar stap 3, het bespreken van de voor- en nadelen, of zelfs naar stap 1. Doe dit bijvoorbeeld nadat u allebei nog eens een dag hebt nagedacht over wat het probleem precies is.

Michelle en Martijn kiezen zonder veel problemen voor het laatste alternatief. Dat komt hun beiden als het meest logische voor.

Stap 5: Wanneer de oplossing gekozen is, moeten er nog concrete afspraken gemaakt worden over de uitvoering ervan.

Wie gaat de noodzaak van een gesprek aankaarten bij Bas en wanneer?

Dat ook deze laatste stap belangrijk is, blijkt uit het voorbeeld van Aafke en Pierre.

Aafke en Pierre zijn allebei van mening dat er een probleem is ontstaan na de dood van Pierres vader. Zijn moeder leunt sinds die tijd heel sterk op Pierre. Hij wordt voortdurend opgetrommeld voor allerlei klusjes en iedere zondag zit oma de hele dag bij hen. Voor iedereen wordt dit beklemmend, vooral omdat oma nergens zin in heeft en vaak de hele dag somber zit te kijken of zit te huilen. Aafke en Pierre zijn er na rijp beraad op uitgekomen dat Pierre hierover een gesprek zal hebben met zijn moeder, waarin afgesproken wordt dat zij om de andere week een zondag in haar eigen huis doorbrengt.

Na een maand heeft Pierre nog niet met zijn moeder gepraat en valt Aafke woedend uit tegen Pierre, omdat hij zich 'nooit' aan afspraken houdt. Pierre ontkent dit en zegt dat hij zich wel degelijk aan afspraken houdt, maar dat hij het goede moment nog afwacht. In de afgelopen weken was zijn moeder zo verdrietig dat hij het niet over zijn hart kon verkrijgen om haar te zeggen dat ze niet meer elk weekend kon komen.

Soms blijven partners van mening verschillen over wat de beste oplossing is. Ze zijn niet in staat om een keuze te maken tussen twee alternatieven. Uit deze impasse kun je soms een uitweg vinden door achtereenvolgens beide oplossingen uit te proberen.

Danny en Ria hebben een probleem met hun budget. Nadat Danny minder is gaan werken is hun inkomen achteruit gegaan. Ze geven herhaaldelijk te veel uit en hebben nu een flinke schuld. Nadat ze de mogelijke oplossingen hebben geïnventariseerd blijven er twee over. Danny is meer voor de ene en Ria prefereert de andere. Danny vindt dat ze alles moeten opschrijven wat ze uitgeven en dan, als hun uitgavenpatroon duidelijk is, een lening moeten afsluiten die ze met een klein bedrag per maand afbetalen. Ria denkt dat het afbetalen dan eindeloos gaat duren en zij is ervoor om gewoon een vast bedrag per week van de bank te halen en hier onder geen voorwaarde overheen te gaan: op is op.
Volgens Danny is dit niet haalbaar, omdat er aan het eind van de week uitgaven kunnen zijn, die je niet voorzien hebt maar die wel noodzakelijk zijn. Dat is dan jammer, volgens Ria.
Ze besluiten om een maand lang Ria's oplossing uit te proberen en als die inderdaad niet werkt te besluiten voor die van Danny.

Samenvatting

Bij alle soorten conflicten en problemen is het belangrijk dat beide partners de gelegenheid krijgen om hun standpunt en gevoelens duidelijk te maken aan de ander. Daarnaast moeten beiden kunnen zeggen hoe ze het het liefste zouden willen. De uitkomst kán zijn dat een van beiden zijn idee doordrukt, maar meestal moet daar nu of in de toekomst iets tegenover staan. Over het algemeen is een compromis, waarbij beiden iets toegeven, het meest haalbaar en bevredigend. Sommige heel fundamentele zaken kunnen echter niet via het zoeken van een compromis worden opgelost: bijvoorbeeld de beslissing of je wel of niet een buitenechtelijke relatie kunt hebben of de beslissing of je wel of geen kinderen wilt. Een compromis zou daar onzinnig zijn.

Ten slotte dit: niet over alle problemen hoeft gepraat of geknokt te worden. Sommige dingen zijn misschien niet de moeite waard om een probleem van te maken en soms kun je je voorstellen dat de ander iets zo graag wil dat je zonder meer toegeeft.

OPDRACHT
Maak een afspraak met elkaar om te oefenen met onderhandelen over een punt van irritatie of met afspraken maken over een gebied waarop regelmatig problemen zijn.

OPDRACHT
Wanneer u geconfronteerd wordt met een probleem van buitenaf begin dan niet meteen met u vast te bijten in 'uw' oplossing, maar oefen met het 'stap voor stap oplossen' van het probleem.

5

Als redelijkheid te veel gevraagd lijkt

In het vorige hoofdstuk hebben we besproken hoe u de verschillen tussen u en uw partner kunt overbruggen.
Wanneer die verschillen niet te essentieel zijn, wanneer je om elkaar geeft en respect hebt voor elkaar, wanneer de relatie redelijk gelijkwaardig is en wanneer de spanning niet al te hoog oploopt, lukt dat met behulp van de beschreven vaardigheden en de stappen voor het aanpakken van de verschillende conflicten.
Soms lukt dit rustig en redelijk overleg niet om allerlei redenen. Dat hoeft niet te betekenen dat de mensen die vastlopen in hun relatie zulke slechte communicatieve vaardigheden hebben. De meeste van hen kunnen best, op hun werk bijvoorbeeld, een meningsverschil uitpraten en een oplossing vinden voor een probleem. Paren die samen niet uit een ruzie kunnen komen, kunnen vaak goed onderhandelen met anderen buiten de relatie. Het vastlopen van het gesprek met degene die hun het meest nabij is, heeft dus niets te maken met een gebrek aan capaciteiten, maar met de emotionele betrokkenheid op elkaar en met de patronen die door de jaren heen in de omgang met elkaar zijn geslopen.
Bovendien doen we in aanwezigheid van onze partner

minder moeite om frustratie en spanning te beheersen dan tegenover vreemden. Hoffelijkheid, zelfbeheersing en tact bewaren we voor buitenshuis. Thuis trekken we ons joggingpak aan en worden we 'onszelf'.

Wanneer Piet thuiskomt van zijn werk is Désirée, die thuis heeft gewerkt die dag, geïrriteerd en kortaf. Op zijn vraag of ze een leuke dag heeft gehad, barst ze los. Ze had die dag van alles willen doen, maar is nergens aan toegekomen omdat de kinderen heel druk waren. Bovendien had ze in een onge-concentreerd moment alles wat ze die dag op de pc gepro-duceerd had uitgeveegd. Er volgt een litanie van verwijten aan het adres van Piet, over al 'zijn' troep in de werkkamer waardoor ze het instructieboek niet kon vinden, en in een moeite door spuit ze ook haar grieven over klussen die nooit gedaan worden en over het feit dat zij nooit eens tijd voor zichzelf heeft.

Piet, die ook een drukke dag op zijn werk achter de rug heeft, voelt zich onterecht beschuldigd en wordt boos. Hij legt haar 'voor de duizendste keer' uit dat ze tussendoor regel-matig haar tekst moet opslaan en haalt de handleiding 'ge-woon' tussen een stapel papieren uit. Overigens zou ze die handleiding helemaal niet nodig hebben gehad als ze hem even gebeld had op zijn werk. Dat heeft Désirée gedaan, maar ze kreeg hem niet te pakken. Ze krijgt hem nooit te pakken als ze hem nodig heeft en zijn goede raad achteraf hoeft ze ook niet, daar schiet ze nu niets meer mee op. Heeft hij wel eens geprobeerd te werken met twee kinderen om zich heen? Duidelijk niet, want anders zou hij zich misschien kunnen voorstellen dat je wel eens vergeet op te slaan als ie-mand staat te krijsen dat hij moet plassen, heel nodig, en dat hij zijn broek niet loskrijgt. Ongetwijfeld zijn het man-nen die voor jongetjes broeken met een rits en een niet los te wringen knoop ontwerpen.

De rest van de avond brengen ze in een geladen stilte door... tot Annemiek belt, Désirées beste vriendin. Aan de telefoon vertelt Désirée met veel humor over haar getob met de pc en haar baaldag. Vervolgens verdiept ze zich uitvoerig in een probleem dat Annemiek op haar werk had. Als ze na drie kwartier de telefoon neerlegt met de belofte om morgen even bij haar vriendin binnen te lopen, trekt ze haar gezicht op slag weer van vrolijk in een verongelijkte plooi. Piet, die dit alles met groeiende ergernis heeft aangehoord en nog piekert over zijn eigen aanvaring met de chef op zijn werk, waar Désirée naar weigerde te luisteren, voelt zich gekwetst. Wanneer zijn vrouw met de mededeling: 'Zo, ik heb het wel gehad voor vandaag' naar bed verdwijnt, zonder hem ook nog maar een blik of een kop koffie waardig te keuren, voelt hij zich behalve gekwetst ook boos en afgewezen.

Wanneer Piet en Désirée hierover gepraat zouden hebben, zou Désirée waarschijnlijk gezegd hebben dat ze moeilijk rot kan doen tegen haar vriendin, die immers niets aan haar humeur kan doen. In zekere zin zou je het feit dat ze zich wel laat gaan tegenover Piet zelfs als een bedenkelijk compliment kunnen opvatten: bij hem kan ze helemaal zichzelf zijn.

Soms is iets minder jezelf zijn en iets meer hoffelijkheid aangenamer dan de eerlijkheid waarmee we onze vaste partner benaderen. Bovendien zal Piet eerder gedacht hebben 'Ze interesseert zich niet voor mij,' dan 'Ze voelt zich op haar gemak bij mij,' ook al is de tweede gedachte mogelijk meer waar dan de eerste.

Stress

Behalve de emotionele betrokkenheid bij elkaar speelt stress een rol bij het zojuist geschetste conflict.

De spanningen en frustraties die de avond van Piet en Désirée bederven, ontstonden door oorzaken buiten de relatie. Het werk, de kinderen, problemen met de pc. Ze werden echter aangewakkerd door de onhandige manier van met elkaars spanning omgaan, door verkeerde interpretaties van elkaars gedrag en door opgespaarde oude irritaties: Désirée ergert zich aan Piets slordigheid en laksheid in huis en vindt dat zij het veel zwaarder heeft dan hij. Piet voelt zich soms buitengesloten door Désirées band met haar vriendinnen en vindt dat ze weinig aandacht heeft voor hem.

Stress tast je probleemoplossend vermogen aan

Spanning en negatieve emoties als boosheid, frustratie, ergernis, verdriet en angst, of die nu buiten of binnen de relatie ontstaan, zorgen ervoor dat mensen niet op hun best functioneren. Ze kunnen minder goed denken. Gesprekken die worden gevoerd als een van beide of beide partners ergens boos of verdrietig over zijn, lopen dus vaker mis.

Vroeger werd (ook door therapeuten) vaak geredeneerd volgens de stoomketeltheorie: ruzie was goed voor de relatie, want dan konden opgekropte spanningen eruit en daar knapte iedereen van op. De stoom moest zo af en toe van de ketel.

Als mensen in staat zijn om het achteraf weer ruimhartig goed te maken kan een ruzie mogelijk wel eens een positief effect hebben, maar vaker worden tijdens een ruzie dingen gezegd die kwetsen en je bijblijven.

Als Piet naar bed gaat, heeft Désirée al een paar uur liggen broeien op alles wat ze hem verwijt. Aanvankelijk houdt ze zich slapend, maar als Piet het licht aandoet en nog even wil gaan lezen, barst ze los. Hij doet maar, vraagt zich niet af of zij al slaapt en misschien wakker wordt als hij het licht aandoet. Hij is een egoïst die nooit rekening houdt met een ander en zij kan nooit eens bij hem terecht, terwijl hij wel altijd uitvoerig aandacht vraagt voor ieder incident op zijn werk. Kortom, de wereld draait om hem. Piet verwijt haar dat ze gefrustreerd is, altijd wat te zeuren heeft en nooit tevreden is, maar wel mooi weer speelt voor die vriendinnen van haar,

die eens moesten weten hoe ze echt is – enzovoorts enzovoorts...

'Gefrustreerd' en 'egoïstisch' treffen doel en blijven hangen, nog dagen na het opklaren van dit conflict. Deze
termen zullen in de jaren daarna regelmatig als thema
terugkomen in beschuldigingen en in de verdediging.

Spanningssignalen

Omdat iedereen in het dagelijks leven stress oploopt en
omdat we door die spanningen extra risico lopen om op
een destructieve manier in aanvaring te komen met elkaar, is het belangrijk om signalen die wijzen op spanning bij jezelf en bij elkaar waar te nemen.

Als Piet had opgelet, had hij kunnen zien dat Désirée gestrest was aan de manier waarop ze heel druk door het huis
liep en steeds haar haar uit haar gezicht veegde. Ook het feit
dat ze nauwelijks reageerde op zijn binnenkomst, had hem
kunnen waarschuwen. Désirée zelf voelde de spanning ergens ter hoogte van haar borstbeen. Een zenuwachtig, on-
gedurig gevoel.
Bij Piet was de spanning van de dag merkbaar in zijn hoofd.
Hij voelde een vage hoofdpijn opkomen. Bovendien was hij
doodmoe, bij hem ook een teken van spanning.
Als Désirée niet zo in beslag genomen was geweest door
haar eigen frustraties, zou ze zeker gemerkt hebben dat hij
zijn tas nogal krachtig in een hoek smeet en zich daarna met
een glas whisky zuchtend in een stoel liet zakken. Whisky
betekende spanning, als hij zich lekker voelde kwam hij met
een pilsje bij haar in de keuken zitten. Ook de frons op zijn
gezicht bij de stormachtige begroeting van de kinderen zou
haar gewaarschuwd moeten hebben.

Iedereen heeft een soort interne spanningsthermometer, die oploopt als je gespannen of geëmotioneerd

raakt. Met enige oefening kun je bij jezelf heel goed waarnemen, op elk moment van de dag, hoe hoog je spanning is op een schaal van 0 tot 100.

Wanneer je lekker in een warm bad ligt met een rustig weekend voor de boeg en niets bijzonders aan je hoofd, zal de spanningsthermometer onder de 10 zakken; vlak voor de presentatie van een verhaal voor een zaal kritische toehoorders schiet hij richting 100.

OPDRACHT: signaleren van spanning bij uzelf
Om u bewust te worden van uw eigen spanningssignalen kunt u de volgende oefening doen:
- Ga na hoe gespannen of ontspannen u zich nu voelt op de schaal van o tot 100.
- Probeer u een situatie te herinneren, waarin uw spanning opliep tot tegen de 100 en een situatie waarin u zich zo ontspannen voelde dat uw spanning zakte tot beneden de 20.
- Ga na wat u in uw lijf voelt als de spanning oploopt tot 50, tot 70, tot 90, zodat u leert om spanning te signaleren, liefst in een vroeg stadium (vóór de spanning heel hoog is opgelopen).
- Peil de komende dagen regelmatig uw spanning. Bijvoorbeeld aan het eind van de ochtend, de middag en de avond. Probeer zo te ontdekken welke momenten of situaties voor u stress opleveren.

OPDRACHT: signaleren van spanning bij elkaar
- Ga na aan welke signalen u denkt te zien dat uw partner gespannen is en probeer dat ook voor hem aan te geven in een waarde op de spanningsthermometer. Spanningssignalen kunnen bijvoorbeeld zijn:
  - hard praten

- friemelen
- nagelbijten
- op en neer lopen
- aan het haar zitten
- roken
- op de lip bijten
- fronsen
- gooien met spullen of ze hard neerzetten
- een bepaalde uitdrukking op het gezicht
• Wissel met uw partner uit wat uw eigen spannings-thermometer aangeeft en wat u over elkaars spanning hebt genoteerd.
• Let erop of uw idee over stress bij uw partner overeenkomt met wat hij zelf waarneemt. Met andere woorden: heb je het van elkaar door als je gespannen bent of zie je spanning die er niet is?

Het is belangrijk om spanning bij jezelf en bij elkaar te signaleren en daar rekening mee te houden. Op het moment dat je voelt dat het spanningsniveau hoog is, kun je beter geen ingewikkeld gesprek beginnen om zaken te regelen of op te lossen. Voel je de spanning tijdens het gesprek oplopen, dan kun je beter stoppen. Maar dat betekent niet dat het onderwerp nooit meer besproken wordt. Het blijft noodzakelijk om er later op terug te komen als het spanningsniveau lager is. Verderop zullen we bespreken hoe je dit het beste kunt doen.

Rekening houden met spanningssignalen betekent zeker niet dat stress slecht is en dus altijd vermeden of weggewerkt moet worden. Spanningssignalen geven aan dat er iets aan de hand is, waarover je (eventueel later) moet praten. Als er spanning ontstaat in of buiten de relatie, moet er meestal iets geregeld of veranderd worden. Door spanningssignalen te negeren of te onderdrukken ontstaan op den duur nieuwe problemen. Je mist dan de kans om problemen op te lossen.

In therapieën merk ik vaak, met name bij vrouwen, dat hun thermometer te fijn staat afgesteld en sterk reageert op spanning bij anderen. Wanneer die thermometer uitslaat, gaan ze onmiddellijk aan de slag om het spanningsniveau te verlagen. Hun behoefte aan harmonie en hun angst voor spanning is zo groot, dat ze te snel in actie komen en daardoor voorkomen dat conflicten worden opgelost.

Jellie is zo iemand. Voortdurend staat ze op scherp om het minste signaal van spanning tussen haar vriend en haar kinderen op te vangen. Als zij samen met haar vriend voor relatietherapie komt omdat ze bang is dat haar tweede relatie ook fout loopt, opent hij met de mededeling dat het naar zijn idee allemaal niet zo ingewikkeld is, maar dat zij zich veel te druk maakt over haar kinderen. Hij heeft geen kinderen en was er dus ook niet zo aan gewend, dat geeft hij eerlijk toe, maar toch moet hem van het hart dat deze kinderen wel erg veel en erg luidruchtig aanwezig zijn in hun relatie. Hij heeft het daar wel eens moeilijk mee, maar daar moet ze zich niet zoveel van aantrekken. Ze moet zich trouwens ook niet zo druk maken over de kinderen. Ze mag, nee ze moet meer voor zichzelf opkomen. Als zij een film wil zien op de tv en een van de meiden zet MTV aan, dan moet ze daar wat van zeggen, vindt hij. Zo is het toch? En als zij het niet doet, zegt hij er wat van. 'Je kunt ook wel eens wat rekening met je moeder houden,' zegt hij dan. Dan verdwijnt zo'n kind boos naar boven, maar daar kan hij niet mee zitten. Zij houdt altijd veel te veel rekening met iedereen. Ook met hem. Hij heeft haar al vaak genoeg voorgehouden: 'Zeg dan gewoon wat je wilt en als ik daar geen zin in heb, dan hoor je het wel. Dat betekent niet dat het dan ook niet gebeurt, het betekent alleen dat ik het liever anders wil.'
Tot zover zijn we het allemaal eens, alleen zij kan dat niet.

Het is voor haar onmogelijk om met plezier naar een film te kijken, als ze weet dat de meiden balen omdat er op het andere net hun favoriete soap is. En als hij zit te knutselen in de woonkamer en zij heeft een vriendin op de koffie, dan kan ze hem wel naar het schuurtje sturen, maar ze weet dat hij zich dan buitengesloten voelt en zich zit op te vreten omdat hij denkt dat het gesprek over hem gaat.

'Helemaal niet,' zegt hij, 'en anders, wat dan nog?'

Ze kan het niet precies beschrijven. Er kruipt een onrust in haar, een spanning, die niet te verdragen is. Zij is de emotionele thermostaat in huis. Zodra de atmosfeer verandert, slaat zij aan. En dat gebeurt vaak in een stiefgezin met drie puberkinderen en een man die geen kinderen gewend is, maar zeker weet dat hij ze anders zou opvoeden als hij ze wel zou hebben. Dus heeft hij steeds kritiek op haar manier van opvoeden, omdat hij haar probeert te 'helpen'.

Ze zitten met zijn tweeën in de kamer, bijvoorbeeld, met muziek en een boek en dan komt haar dochter binnen zonder iets te zeggen. Er is iets, ziet zij: mot met haar vriendje, tegengezeten op school. Emotioneel en mogelijk ook fysiek schuift ze een beetje op, wat verder bij hem weg, wat dichter bij het kind, op haar hoede. 'Goedenavond,' zegt hij nadrukkelijk en ze verstijft. Hoe is het mogelijk dat hij niet aanvoelt dat hij nu even zijn mond had moeten houden. 'Dag mama,' zegt het kind, even nadrukkelijk. 'Dag lieverd, alles goed?' zegt zij en voelt zijn woede door haar huid. Zonder zijn kant op te kijken ziet ze hoe hij kijkt. Ze weet het, ze had één lijn met hem moeten trekken, haar dochter moeten aanspreken op haar onbehoorlijke gedrag. Maar ze wil nu het kind helpen, haar apart nemen, vragen wat er is. 'Wil je een kopje chocolademelk?' vraagt ze maar durft de kamer bijna niet uit, omdat ze die twee dan alleen moet laten. In de keuken spreekt ze zichzelf toe terwijl de melk warm wordt: het kind heeft haar nu nodig, hem legt ze het later wel uit. Hij is volwassen en moet de wijste zijn, al begrijpt ze hem ook wel, voor hem is het ook moeilijk. Als ze terugkomt in de kamer is hij naar boven en heeft haar dochter de tv aangezet.

'Is Kees al naar bed?' vraagt ze. 'Wat is er gebeurd?' 'Weet ik veel,' zegt het kind en barst in een woedende huilbui uit, omdat hij weer een hele preek was begonnen. Over dat ze geen rekening hield met anderen, terwijl ze alleen maar de tv had aangezet. En dat hij hier in huis doet alsof hij de baas is. En dat hij altijd haar moet hebben en dan wel altijd als haar moeder er niet bij is. Dat het voor hem ook niet meevalt, probeert zij nog, andermans kinderen en dat hij toch ook wel lief kan zijn en altijd heel royaal. En precies legt het kind bloot wat ze zelf ook vaak gedacht heeft, maar altijd van twee kanten probeerde te bekijken waardoor het minder duidelijk werd: 'Hij kan gewoon niet hebben dat hij jou met ons moet delen.' Nadat haar dochter ook boos naar boven gelopen is, omdat ze toch weer partij 'voor hem' kiest, zit ze nog een hele tijd beneden en daarna ligt ze wakker in bed, omdat iedereen om haar heen ongelukkig is en omdat zij dat altijd erger maakt als ze probeert er iets aan te doen. Wanneer hij door haar gepieker heen begint te snurken, wordt ze boos omdat hij slaapt, terwijl zij dacht dat hij ook ongelukkig was. 'Waar ben je nu weer chagrijnig over?' vraagt hij de volgende ochtend en de boosheid maakt onmiddellijk plaats voor schuldgevoel.

Nu komt ze in therapie om te leren een wat dikkere huid te krijgen.

De rol van gedachten in het veroorzaken van stress

In het 2e hoofdstuk hebben we het gehad over de rol die gedachten spelen in het veroorzaken van negatieve emoties en spanning. Wij worden niet gespannen of boos door de gebeurtenissen, maar door wat wij daarover denken.

Bij problemen die niet opgelost worden, spelen gedachten over jezelf en over elkaar vaak een hoofdrol. Die gedachten voorkomen dat je de verschillende stappen kunt doorlopen om het probleem aan te pakken. Je wilt het niet eens meer.

In het voorbeeld aan het begin van dit hoofdstuk wordt Piet niet boos omdat Désirée opgewekt met haar vriendin belt, maar omdat hij denkt dat zij meer geïnteresseerd is in haar vriendin dan in hem. Wanneer hij over de aanleiding van haar humeurigheid tegenover hem had gedacht dat zij teleurgesteld was in het verloop van de dag, zou hij zich minder gekwetst hebben gevoeld. Hij dacht echter dat zij hem niet meer zag zitten.

Wanneer Désirée had gedacht bij het aangaan van de lamp: 'Hij kan net als ik niet slapen omdat hij zich rot voelt over onze ruzie,' was ze minder boos geworden dan nu ze dacht: 'Hij is een egoïst en denkt alleen maar aan zichzelf.'

Ook in het nu volgende voorbeeld zorgen de gedachten over jezelf en over elkaar ervoor, dat Sven en Rianne er niet in slagen om met elkaar te praten over wat hun dwarszit.

Het gesprek tussen hen wordt ineens een stuk begrijpelijker wanneer je je realiseert dat wat elk van beiden doet en zegt een bepaalde betekenis krijgt door de gedachten die erachter zitten. En helaas is die betekenis voor de ander niet zomaar duidelijk.

> Het gaat om een heel klein incident met een heel zware lading. Sven heeft nog niet zo lang geleden een nieuwe baan gekregen die een fikse promotie inhield. Zijn carrière zit in de lift. Die van Rianne blijft daarbij achter. Zij is minder gaan werken na de komst van de baby en is na de bevalling bovendien wat zwaarder geworden. Ze zit nog niet echt lekker in haar vel en voelt zich onzeker.
>
> Rianne: Wat vind je, zal ik deze jurk aandoen of liever mijn zwarte pakje?
>
> Sven: Die jurk is prima.
>
> Rianne: Vind je hem te officieel misschien, kan ik beter een broek met een jasje aandoen?
>
> Sven: Nee, ik zeg toch dat hij prima is.

Rianne: Ja, maar vind je hem ook leuk? Maakt hij me niet dik?

Sven: Als je je niet op je gemak voelt in die jurk, doe je toch een broek met een jasje aan.

Rianne: Dus jij vindt ook dat die jurk dik maakt, dat ik beter een jasje kan dragen.

Sven: Dat zeg ik niet. Ik vind hem best leuk maar ik vind een jasje ook leuk. Jezus, maak er niet zo'n punt van, het is maar een etentje van de zaak.

Rianne: Waarom doe je nou zo geïrriteerd, ik sta me voor jou uit te sloven.

Sven: Weet je het zeker?

Rianne: Ik wil gewoon een beetje goede indruk maken.

Sven: Rianne, ík werk daar en ik word heus niet ontslagen omdat jouw jurk een beetje strak zit.

Rianne: Zie je wel, jij vindt ook dat ik voor gek loop in die jurk. Waarom zeg je dat dan niet. Ik ga me omkleden (is inmiddels in tranen).

Sven: Ik vind niet dat je voor gek loopt en laten we nou alsjeblieft gaan, want anders zijn we zo laat dat het niet meer hoeft.

Rianne: Wil je eigenlijk wel dat ik meega?

Sven: Ja, natuurlijk, wat is dat nou weer voor een achterlijke vraag.

Rianne: Ik weet niet, misschien schaam je je voor mij.

Sven: Wat mankeert jou? Weet je wat, ik bel gewoon af. Voor mij hoeft het zo echt niet.

Rianne voelt zich onzeker over zichzelf en denkt dus dat Sven haar ook minder aantrekkelijk en minder interessant vindt. Het feit dat Sven het de laatste tijd erg druk heeft, wakkert haar angst aan. Misschien heeft hij wel een vriendin. Misschien wil hij haar wel helemaal niet mee hebben.

Vanuit die achtergrond ziet zij haar angstige gedachten alleen maar bevestigd. Wat ze had willen horen is, dat ze er mooi uitziet.

Sven vindt Rianne mooi, maar is ook geïrriteerd omdat ze zo

zit te tutten. Bovendien kan hij er niet tegen als ze eerst zijn advies vraagt en vervolgens precies het omgekeerde doet. Van haar angstige en onzekere gedachten is hij zich niet bewust.

Pas wanneer ze beiden zouden uitspreken wat ze denken over de ander is er de mogelijkheid dat ze die onjuiste gedachten vervangen door een meer rationeel beeld van de werkelijkheid en van de ander.

Bij Piet en Désirée en bij Sven en Rianne zijn de gedachten die zoveel verdriet en spanning veroorzaken niet waar. Maar ze worden door beide partners wel voor waar aangenomen en niet ter discussie gesteld of nagevraagd bij elkaar. Op het moment dat je geëmotioneerd of gespannen bent, is het dus belangrijk om je bewust te worden van wat je denkt en om bij die gedachten stil te staan op de manier die we besproken hebben in het 2e hoofdstuk. Is het waar wat je denkt en schiet je er iets mee op?

Vaak kun je hierbij hulp krijgen van je partner. Door te vertellen waar je over inzit en door hem te vragen hoe hij echt over je denkt of wat hij echt bedoeld heeft. Voorwaarde is wel, dat jij jouw gedachten niet presenteert als *de* waarheid.

Het op deze manier uitwisselen van gedachten en gevoelens helpt om dichter bij elkaar te komen, om elkaar beter te leren kennen – niet in de geïdealiseerde versie van toen je verliefd was, maar echt. En bovendien helpt het om je beter te voelen.

Het omgaan met spanning

Piet en Désirée hadden hun spanning in de loop van de dag opgebouwd, Piet op zijn werk, Désirée thuis. In de loop van de avond en de nacht liep de spanning (vooral door de gedachten over de ander en over henzelf) verder op. Hoe eerder je in staat bent om dat opbouwen van spanning bij jezelf en bij elkaar te signaleren en te doorbreken, hoe beter het is. Wanneer je nog niet echt boos of gekwetst bent, gaat dat gemakkelijker dan wanneer je ook nog eens allerlei negatieve gedachten over elkaar en een pakket oud zeer aan de frustratie toegevoegd hebt. Om de spanning te kunnen doorbreken in een vroeg stadium is het van belang dat je bij jezelf en bij elkaar tekenen van spanning kunt oppikken. Niet pas als de spanning is opgelopen tot 70 of 80, maar al bij 20 of 30. De kans dat je in dat stadium iets kunt doen om de spanning kwijt te raken en misschien zelfs een volgende keer te voorkomen dat er spanning ontstaat, is dan veel groter.

Sandra en Menno krijgen vaak ruzie als Menno van zijn werk thuiskomt. Menno vindt het prettig om dan even bij te komen, de post door te nemen en de tv aan te zetten voor het nieuws. Sandra stoort zich daar mateloos aan. Ze kijkt uit naar de komst van Menno, omdat ze dan na een dag thuis met twee kleine kinderen even met een volwassene kan praten en haar frustraties over een dag met een kleuter en een peuter kwijt kan. In haar hart is ze een beetje jaloers op Menno, die zijn leven gewoon heeft kunnen voortzetten na de geboorte van de kinderen. Ze neemt het Menno kwalijk dat hij zich afsluit van het gezin nadat hij de hele dag 'lekker rustig' zonder onderbreking door kindergehuil of vieze luiers zijn gang heeft kunnen gaan op zijn werk.

Voor Menno is zich even terugtrekken een manier om terug te schakelen van zijn baan. Daarna is het voor hem gemakkelijker om echte aandacht te geven aan Sandra en de kinderen.

Door wat veranderingen in het ritme van het gezin komen ze tot een procedure die voor beiden veel prettiger is en waarin ze beiden hun spanning van de dag kwijt kunnen. Sandra laat de kinderen wat vroeger eten. Daarna eten Menno en zij samen terwijl de kinderen nog even spelen. Menno brengt vervolgens de kinderen naar bed en Sandra ruimt de vaatwasser in, waarna ze samen koffiedrinken en bijpraten.

De manier om spanning kwijt te raken is voor iedereen anders. De een ontspant door te sporten, de ander door een vriendin te bellen, te winkelen, voor de tv te zitten, de krant door te kijken of door een warme douche te nemen.

Tijd

In hoofdstuk 3 werd al benadrukt dat intimiteit tijd kost. Ik wil dat hier graag opnieuw benadrukken, omdat het aan je partner vertellen van gebeurtenissen en gedachten die spanning veroorzaken (op een moment dat je daar ook de rust voor hebt) noodzakelijk is om die spanning kwijt te raken en om problemen te kunnen oplossen.

U herinnert zich het onderzoek van de Amerikaanse psycholoog Gottman (zie pag. 98). Uit zijn onderzoek blijkt dat gelukkige paren veel meer gewone dingen van elkaar weten dan ongelukkige paren. Ze weten van elkaar welke films ze leuk vinden, van welke koekjes ze houden, maar ook wat ze globaal moeten doen op een dag, en ze informeren er 's avonds naar hoe dat allemaal verlopen is. Met andere woorden: ze verliezen elkaar niet uit het oog en kunnen daardoor de spanningen van het leven buiten de relatie beter aan.

Als achter de ruzie een machtsstrijd zit

Het is mooi als je spanningssignalen bij jezelf en bij je partner vroeg opmerkt en als je in staat bent om dan iets te doen om die stress op te lossen, maar soms lukt dat natuurlijk niet. Soms ga je niet hardlopen, douchen – warm of koud –, ben je niet in staat op tijd te verwoorden wat je dwarszit en gooi je je partner de meest kwetsende beledigingen naar het hoofd. Dan resten slechts spijt en boete. Het vereist moed om daarna een stap naar elkaar toe te maken en je te verontschuldigen, terug te komen op uitspraken die je niet meende en iets te doen om het weer goed te maken.

Wanneer dat zo af en toe voorkomt en je in staat bent om daarna toenadering te zoeken en spijt te betuigen, is dat geen punt.

Er zijn echter ook paren bij wie het goedmaken wordt gezien als een knieval aan de ander. Paren die ervan overtuigd zijn dat die ander daar ongetwijfeld misbruik van zal maken. Paren bij wie ruzies meer regel dan uitzondering zijn. Dit zijn de paren die in een machtsstrijd verwikkeld zijn. Het opvallende bij hen is dat een ruzie kan ontstaan om het minste of geringste. Wanneer ze achteraf proberen te reconstrueren waar het ook alweer om ging, dan weten ze het zelf soms niet meer. 'Om iets stoms.' Zelf begrijpen ze ook dat het om 'iets anders' ging dan om de inhoud van de ruzie. Het gaat om de macht. Voor deze partners geldt dat ze moeten winnen, want anders wint de ander en dan zijn ze naar hun gevoel nergens meer.

Susan en Freek zijn zo'n paar. Een half uur nadat ik ze begroet heb in mijn praktijk, is dát in ieder geval duidelijk.

Susan had gebeld om een afspraak te maken voor de therapie. Aan de telefoon had ze aangedrongen op spoed. Niet omdat er nu speciaal een crisis was in de relatie, crisis was er altijd, maar omdat ze haar man nu eindelijk zover had gekregen dat hij toegaf dat er iets mis was. Zij had al jaren geleden hulp willen zoeken, maar hij vond altijd dat ze het zelf maar op moesten lossen. Overal was wel eens wat en ze moest echt niet denken dat hij de vuile was buiten ging hangen bij een psycholoog. 'U weet hoe mannen zijn,' besloot ze vertrouwelijk.

'Allemaal weer anders,' vond ik, 'daarom heeft u wel gelijk dat het noodzakelijk is om samen een afspraak te maken en dan te kijken wat er misgaat tussen u beiden.'

Susan blijkt een aantrekkelijke, pientere vrouw van begin veertig, die gemakkelijk haar woordje doet. Naast haar gezin heeft ze een parttime baan als receptioniste-telefoniste. Freek lijkt wat kalmer en gereserveerder dan zijn extraverte vrouw, maar maakt wel de indruk dat er onder die beheerste façade behoorlijk wat broeit. Hij werkt als boekhouder op de financiële afdeling van een groot bedrijf. Het echtpaar is twintig jaar samen, waarvan vijftien jaar getrouwd en ze hebben drie kinderen van veertien, twaalf en negen jaar oud.

Op mijn vraag wie van beiden ik als eerste het woord mag geven om te vertellen wat er aan de hand is, wijst Susan naar haar man: 'Begin jij nu maar eens een keer, ik moet altijd het woord doen.'

Hij heeft hier niet op gerekend en is nog minder van plan om op de uitnodiging in te gaan: 'Nee, zeg jij het maar. Jij wilde hier naartoe en ik zeg het toch nooit goed volgens jou.'

'Hoezo, ik wou hier naartoe? Jij was het er toch mee eens? Jij vond toch ook dat het geen leven was zo en dat er iets aan gedaan moest worden? En nu schuif je het allemaal weer op mij af. Ik moet altijd beginnen te praten als er iets aan de hand is. Maar ik vertik het. Ik ga hier niet weer de kar trekken en dan straks thuis kritiek krijgen op wat ik gezegd heb.'

'Hoe bedoel je, kritiek? Wie heeft er nou altijd kritiek? Ik kan thuis geen stap zetten zonder van jou commentaar te krijgen. Laat staan dat ik een poging waag om uit te leggen wat er volgens mij speelt.'

'Wie loopt er nou altijd te chagrijnen, zeg. Als jij van je werk thuiskomt, krijgt iedereen iets zenuwachtigs, want dan is er weer van alles mis. Weet je wat de kinderen zeggen als jij een avond moet werken? Gezellig hè mam, zo met zijn viertjes.'

'Ja, omdat jij ze dan voor de tv laat eten en ze hun troep niet op hoeven te ruimen.'

'In een gezin met drie kinderen is wel eens wat rommel, ja en dat wordt ook heus wel weer opgeruimd. Maar jij zou jezelf eens moeten zien als je thuiskomt. Je begint meteen commando's te schreeuwen over fietsen en schooltassen. Het zijn kinderen, Freek.'

'Nou zeg, je schetst hier wel een aardig beeld van mij, alsof ik een boeman ben waar de kinderen bang voor zijn. (En vervolgens tegen mij) U ziet, mevrouw, dat het weinig zin heeft voor mij om uit te leggen wat er aan de hand is. Mijn vrouw weet dat precies te analyseren en het ligt allemaal aan mij.'

Hierop volgt een uitleg van Susan dat ze helemaal niet zegt dat het allemaal aan hem ligt, maar dat er met hem niet te praten valt omdat hij nooit eens iets toe kan geven.

Waarschijnlijk bedoelt hij het allemaal niet zo kwaad, begrijp ik in de loop van het gesprek, en hij heeft ook best goeie kanten al kan ze daar nou even niet op komen en ze zou hem ook niet echt willen missen, maar hij is zo ongelooflijk bot. Hij zal wel gevoel hebben, dat neemt ze wel aan, maar dan moet je eerst door een heleboel redeneringen heen ploegen. Hij is zo eigenwijs, terwijl ze die dingen waar ze last van heeft toch ook tegen hem zegt. Het zou voor hem toch ook beter zijn als hij zich eens wat meer gevoelsmatig uitte en eens wat leuker tegen de kinderen was.

Freek moet daarop toch het een en ander rechtzetten. Zijn vrouw zegt wel dat ze wil praten, maar ze bedoelt daar eigenlijk mee dat hij moet luisteren en haar vervolgens gelijk moet geven. Kijk: 'inderdaad wil hij wel eens zijn verstand gebruiken, ja, als er zaken besproken worden.' Persoonlijk ziet hij daar meer in dan in die onredelijke emotionele uitbarstingen. En hij is ook van mening dat het geen kwaad kan als de kinderen wat regels en respect bijgebracht krijgen. Maar zijn vrouw staat daarbij nooit achter hem, hetgeen hij, als het mag, even wil verduidelijken met een recent voorbeeld. Volgens haar is dit vervolgens geen goed voorbeeld en liep het bovendien heel anders.

Via de kinderen zou het gesprek over kunnen gaan naar de verdeling van de taken, de besteding van de vakantie of de wederzijdse familie. De inhoud wisselt, de posities blijven hetzelfde: lijnrecht tegenover elkaar. Als Susan een mening heeft, denkt Freek daar toch anders over. Als Freek iets voorstelt, vindt Susan dat geen goed idee. Geen enkel probleem of meningsverschil kan opgelost worden, omdat ze niet in staat zijn naar elkaar te luisteren. 'Laat mij nou eens uitspreken, ik heb jou net ook laten zeggen hoe jij het ziet.' 'Maar ik weet allang wat je wilt gaan zeggen, want dat zeg je altijd en dat is helemaal niet waar.'

Toegeven op een onderdeel van het probleem, hoe onbelangrijk ook, betekent ongelijk bekennen en dat betekent weer je positie opgeven. De ander zal daarvan profiteren, hij zal voortaan aannemen dat hij jou naar zijn hand kan zetten, dat hij het voor het zeggen heeft. Freek en Susan zijn verwikkeld in een machtsstrijd.

Het lijkt daarbij alsof het alleen maar gaat om de inhoud van de conflicten. Bij het praten daarover kunnen de emoties hoog oplopen. Veel meer gaat het echter om de vraag wie van tweeën het voor het zeggen heeft in de relatie, wie gelijk heeft, wie meer invloed heeft. Mensen zijn zich hiervan overigens meestal niet bewust. Wat ze voelen en waar ze last van hebben is dat ze zich voortdurend ergeren aan de ander, dat er veel gevit en bekritiseerd wordt en dat discussies oeverloos zijn. Soms worden irritaties door beiden of door een van beiden lang ingehouden ('Het heeft toch geen nut') en barsten ze daarna uit in een heftige (soms zelfs uit onmacht slaande) ruzie. Tijdens ruzies worden dingen gezegd die zo kwetsend zijn, dat ze blijven hangen en weer leiden tot nieuwe wrok. Voor lieve of waarderende uitingen is nauwelijks meer plaats. Beide partners voelen zich ongelukkig, onbegrepen, ondergewaardeerd en niet in staat het patroon te doorbreken.

Opdracht

Om na te gaan of er in uw relatie sprake is van een machtsstrijd kunt u het volgende vragenlijstje invullen.

1. Hebben u en uw partner vaak ruzie?
2. Gaan die ruzies regelmatig over relatief onbelangrijke dingen?
3. Bent u na de ruzie nog bozer, verdrietiger en machtelozer dan daarvoor?
4. Worden er vaak voorbeelden uit het verleden bij gehaald, als u ruzie heeft?
5. Kunnen ruzies heel lang slepen?
6. Gaan de ruzies over veel verschillende onderwerpen?
7. Valt u elkaar tijdens een ruzie vaak in de rede?
8. Begint een ruzie vaak over één onderwerp en wordt er dan van alles bij gehaald?

9. Heeft u voortdurend de neiging de ander te verbeteren als hij iets vertelt?
10. Leidt een ruzie bijna nooit tot opluchting of een oplossing?
11. Vindt u de ander eigenwijs en hij u ook?
12. Vindt u allebei van elkaar dat u geen ongelijk kunt bekennen?
13. Voelt u zich beiden ongelukkig met de situatie?
14. Houdt u wel van elkaar en wilt u wel samen verder?
15. Heeft u beiden het gevoel dat vooral de ander moet veranderen en u misschien een beetje?

Wanneer u tien of meer van de bovenstaande vragen met 'ja' beantwoord heeft, is er zeker sprake van een machtsstrijd.

In elk hoofdstuk tot nu toe werd benadrukt hoe belangrijk het is om te praten. Bij paren die verwikkeld zijn in een machtsstrijd en waarbij uit de hand lopende ruzies aan de orde van de dag zijn, geldt echter het spreekwoord: 'Spreken is zilver, zwijgen is goud.' Zij moeten leren vaker en vooral eerder hun mond te houden.

Mensen die in een machtsstrijd zitten, zijn gewend om heel snel op elkaar te reageren. Er wordt nauwelijks geluisterd (communicatieregel 1). Voordat de een uitgesproken is, denkt de ander te weten wat hij wil zeggen en begint dus al met zijn weerwoord. Iedere opmerking van de een geldt als prikkel voor de ander om er iets tegenin te brengen en zo zijn partner de mond te snoeren en de slag binnen te halen.

Dit snelle reageren op elkaar, zonder naar elkaar te luisteren maar slechts bedoeld om de ander van zijn ongelijk te overtuigen of zelfs te beschadigen, maakt deze ruzies zo destructief.

Stop en time-out

Om dit patroon te veranderen, moet je die keten van snelle negatieve reacties op elkaar doorbreken. Je moet als het ware tijd winnen om je te bezinnen op je eigen standpunt en om je te verdiepen in dat van de ander. In plaats van primair moet je meer secundair gaan reageren. Om dat te kunnen doen is het belangrijk dat je de signalen van spanning (of negatieve emotie) bij jezelf en bij je partner kunt waarnemen. Op het moment dat je voelt dat je te boos wordt of te angstig (voor de woede van de ander) moet je het gesprek stoppen. De ander geeft onmiddellijk gehoor aan die wens, desnoods midden in een zin. Degene die het gesprek stopt kan het beste even de kamer uit gaan, zodat beiden de gelegenheid krijgen om over hun gevoelens (en over de gedachten die daarachter zitten) na te denken. De ander hoeft niet bang te zijn dat het onderwerp hiermee van de baan is, want als je het gesprek stopt, verplicht je je hiermee ook om er binnen 24 uur op terug te komen. Loopt het dan weer uit de hand, dan stop je opnieuw.

Uit gesprekken met mijn cliënten weet ik dat de wetenschap dat ze een gesprek kunnen stoppen op het moment dat het vastloopt of te heftig wordt, bevrijdend is. Dat geldt zowel voor de paren die in een openlijke machtsstrijd verwikkeld zijn en dus vaak escalerende ruzies hebben als voor de paren die een meer verhulde machtsstrijd hebben, een soort guerrillaoorlog.

Een paar voorbeelden:

> Isa en haar vriendin Kelly hadden vaak heftige ruzies, waarbij ook nogal eens een klap viel. Kelly was meestal degene die sloeg, uit machteloosheid zei ze zelf, omdat Isa haar het bloed onder de nagels vandaan kon halen. Volgens Isa kon Kelly ineens een rood waas voor haar ogen krijgen en begon ze dan gewoon te schreeuwen of te meppen. Isa is vaak

bang om de dingen rechtstreeks te zeggen, uit angst voor de driftbuien van Kelly. Dus kleedt ze het heel omzichtig in. Deze omtrekkende bewegingen om haar zin te krijgen of haar punt te scoren maken Kelly juist razend. Ze vindt het oneerlijk en zegt dat Isa vreselijk kan 'zieken'.

Afgesproken wordt dat degene die het eerst doorheeft dat de spanning in het gesprek te hoog oploopt 'Stop' roept en de kamer uitgaat. Het kan daarbij gaan om je eigen woede die je voelt opborrelen (Kelly) of om angst die je voelt (Isa). Voor Isa is de wetenschap dat ze een gesprek kan stoppen voldoende om het minder uit de weg te gaan. Ze kaart eerder dingen aan en merkt tot haar verbazing dat Kelly veel minder vaak boos wordt dan ze had verwacht.

Lex en Merel hebben vaak ruzie over Lex' jaloezie. Zelf vindt hij dat hij daar alle reden toe heeft, omdat Merel ooit een korte buitenechtelijke affaire heeft gehad met een collega. Ze heeft dat eerlijk opgebiecht en is van baan veranderd, maar het vertrouwen van Lex in haar is hierdoor hevig geschokt. Sinds haar slippertje vraagt hij altijd zorgvuldig na waar ze geweest is en met wie. Wanneer ze samen andere mensen zien, heeft hij achteraf commentaar op Merels manier van doen tegen mannelijke kennissen. Hij vindt dat ze veel te open met mannen omgaat en ze te gemakkelijk aanraakt. 'Mannen zoeken daar van alles achter,' volgens hem. Ook hoort hij haar uit over wat ze van andere mannen vindt. Merel is best bereid om rekening te houden met Lex' onzekerheid. Ze voelt zich ten opzichte van hem ook nog altijd een beetje schuldig. Wanneer hij echter door blijft zagen, schiet ze uit haar slof. Soms zegt ze dan zelfs dat ze iemand heel aantrekkelijk vindt of dat ze inderdaad wel erg genoten heeft van haar vreemdgaan, gewoon omdat ze er genoeg van heeft telkens aan een derdegraadsverhoor onderworpen te worden.

Natuurlijk is met Lex en Merel eerst uitvoerig besproken wat het vreemdgaan in hun relatie teweeggebracht heeft. Beiden krijgen uitvoerig de gelegenheid om over hun onzekerheid, schuldgevoel en verdriet te praten.

Daarna wordt afgesproken dat ze zullen proberen om hun ruzies over dit onderwerp te stoppen. Wanneer Merel voelt dat ze geïrriteerd raakt, stopt ze het gesprek voordat ze onbezonnen dingen zegt. Wanneer Lex voelt dat hij angstig wordt, stopt hij ook, voordat hij Merel begint te ondervragen. Hij gaat dan nadenken over wat hij precies denkt en zal proberen om zichzelf gerust te stellen (volgens de methode uit hoofdstuk 2).

Bij sommige paren werkt deze 'Stop en time-out'-procedure niet, eenvoudig omdat ze zich er niet aan kunnen houden. Ze gaan toch te lang door met ruziën, of er moet hun toch nog even iets van het hart, of ze vergeten de hele afspraak op het moment dat het er echt om spant. Voor deze paren is (tijdelijk) een meer rigoureuze afspraak nodig, namelijk volledig stoppen met ruzie maken en met het uiten van ergernissen.

Voorwaarde is natuurlijk wel, dat deze ruziënde paren nog van elkaar houden en dat ze allebei lijden onder de ruzies en een oplossing willen zoeken. Als dat niet het geval is, zijn ze niet te helpen en in hun gevecht om te winnen zullen ze hun geluk en waarschijnlijk ook hun relatie verspelen.

De psycholoog Alfred Lange van de Universiteit van Amsterdam heeft voor de ruziënde paren die dat willen voorkomen de volgende procedure ontwikkeld:

• Allereerst maken zij de afspraak dat zij zullen stoppen met ruziemaken en aanvankelijk ook met praten over irritaties.

• Wanneer je je ergert aan iets dat je partner doet, zeg je daar niets over, maar maak je een aantekening.

• 's Avonds loop je de aantekeningen van de dag door en kijk je of je de punten waar je je aan stoorde nog steeds echt belangrijk vindt. Zo niet, dan streep je ze door en doe je er verder niets mee.

• Wanneer je ze wel belangrijk vindt, leg je de ander in

een 'beleefde' brief uit wat je hinderde. Denk aan de GSG-formule, dat wil zeggen: schrijf op in welke *situatie* je je stoorde aan welk *gedrag* van je partner en wat voor *gevoel* jou dat gaf. Probeer zo mogelijk ook aansluitend aan de irritatie een wens te formuleren.

- De ander verplicht zich om de brief te lezen en erover na te denken, maar hij mag er niet op reageren.
- Door zijn gedrag in de daaropvolgende dagen kan hij laten merken of hij het met de kritiek eens was of niet.

Uit het onderzoek van Lange bleek dat de ruzies bij echtparen met een machtsstrijd sterk verminderden door deze schriftelijke uitwisseling van ergernissen. Bovendien verbeterde de relatie. De verklaring hiervoor is dat partners op deze manier zeker weten dat hun boodschap bij de ander aankomt. Wanneer ze mondeling ruziemaken over iets wat hun stoort, is de kans groot dat de ander het onmiddellijk bestrijdt en dus nauwelijks hoort. Bovendien kun je op deze manier vertraagd reageren. Doordat je niet meteen in de verdediging of de tegenbeschuldiging schiet, kun je nog eens rustig nadenken of er iets voor het standpunt van de ander te zeggen is.

Ook in mijn eigen parktijk heb ik ervaren dat paren door deze afspraak minder ruzie gingen maken.

Voor Trees was het een openbaring, vertelde ze op de eerste zitting na de afspraak om te schrijven in plaats van te praten, dat haar man Ruud zo weinig schreef over zijn ergernissen. Terwijl hij normaal gesproken altijd wat te kankeren had. Ze verdacht hem ervan dat hij het schrijven te veel moeite vond. Zelf had ze wel een aantal brieven geschreven, maar minder dan ze had gedacht. Omdat Ruud minder aanmerkingen op haar gedrag had gemaakt, had ze zich ook minder aan hem gestoord. Hij begon namelijk meestal met ruzie maken, moest ze nog even kwijt. Voor Ruud deze beschuldiging kon pareren, vroeg ik hem hoe het kwam, dat hij zo weinig geschreven had. Ruud bekende dat zijn ergernissen 's avonds ineens te onbenullig leken voor woorden. Hij had aanvankelijk gedacht: 'Ik hoef overdag niet te noteren waar ik me aan erger, ik onthoud het wel.' Omdat hij het zich echter helemaal niet meer kon herinneren aan het eind van de dag, had hij het een paar dagen lang wel opgeschreven. Maar ook toen vond hij het achteraf toch niet meer nodig om daar nog veel woorden aan vuil te maken. Het was maar twee keer gebeurd, dat hij iets wel echt belangrijk vond. 'En daar had je ook gelijk in,' zegt Trees, waarop ze allebei in de lach schieten. 'Dat je dat nou nog een keer uit mijn mond mag horen,' vat Trees hun hilariteit samen, om vervolgens nog een compliment weg te geven. Ze vindt dat Ruud best iets 'gedaan' heeft met haar brieven. Ze kon duidelijk merken dat hij had nagedacht over wat ze schreef en er rekening mee hield.

In de drie maanden die daarop volgen hebben we nog maar enkele therapie-afspraken, gemiddeld een keer per maand. Trees en Ruud zijn er de types niet naar om vreselijk lang en diep over hun gevoelens te praten. De methode om stap voor stap conflicten aan te pakken slaat bij hen ook niet echt aan. Regelmatig gebeurt het dat ze vrolijk binnenkomen en boos de deur uit gaan, omdat ze al pratend over een verschil van mening elkaar toch weer in de haren vliegen, ook al zit ik erbij. Uiteindelijk besluiten we de gesprekken te stoppen en de afspraak om ergernissen op te schrijven te handhaven. Bij een follow-up-gesprek vier maanden later vertellen ze dat ze nog steeds veel minder ruzie hebben. Soms gaat het mis, maar dan stoppen ze het gesprek en spreken ze af dat ze elkaar 's avonds zullen schrijven wat ze ervan vinden. Meestal resulteert dat in een brief van Trees en niet van Ruud. Beiden zijn tevreden over hoe het nu gaat en zijn van plan het schrijven ter voorkoming van het uit de hand lopen van ruzies te blijven toepassen.

De koude oorlog

Erger nog dan bij de paren die voortdurend ruzie maken is de situatie bij partners die niets meer met elkaar
hebben. Bij de ruziënde paren is er in ieder geval nog
betrokkenheid bij elkaar. Ze vinden elkaar op zijn minst
belangrijk genoeg om van de ander te winnen. Bij de paren die niets meer om elkaar geven, zijn kilte en onverschilligheid in de plaats van affectie gekomen. Van deze
paren zie je in therapieën meestal maar één partner.
Vaak heeft zij (want meestal komt de vrouw in therapie)
andere klachten. Ze voelt zich depressief of angstig of
heeft lichamelijke kwalen. Ze ziet de samenhang met de
slechte relatie wel, maar heeft de hoop opgegeven dat er
nog iets aan te doen valt. Ze heeft er bovendien de motivatie niet meer voor. Scheiden is geen optie, om wat
voor reden dan ook: om de kinderen, om het geld, het
huis of uit angst om alleen te zijn.

Liz en Thomas zijn zo'n paar. Ongelukkig, verkild en verhard,
maar niet meer in staat om nog een beweging naar elkaar
toe te maken. Na een half jaar zijn ze gestopt met de therapie. Ze hadden voor de zoveelste keer besloten dat een gesprek met een echtscheidingsadvocaat zinniger was dan
een gesprek met een therapeut. Onlangs kwam ik Liz tegen.
Ze zijn nog steeds bij elkaar, hoewel Liz er 'nu toch echt' over
denkt om bij Thomas weg te gaan.
Op het moment dat ze dat vertelt, komen al die uitzichtloze
gesprekken die ik met ze voerde weer terug in mijn herinnering en de vele keren dat ze eerder besloten uit elkaar te
gaan en dan toch maar weer niet.
Al tien jaar zijn ze bezig met scheiden of bij elkaar blijven. En
hoewel je als buitenstaander gemakkelijk kunt bedenken
dat een beslissing waar je zo lang over doet waarschijnlijk
nooit zal vallen, is de twijfel voor hen iedere dag nieuw en
nog steeds kwetsend. Tien jaar geleden heeft zij voor het

eerst tegen hem gezegd dat het voor haar op die manier niet meer hoefde. Zij had zich heel iets anders voorgesteld van een huwelijk. Voor haar betekende liefde aandacht voor elkaar en belangstelling voor wat de ander meemaakte en voelde. Hij zag het volgens haar meer als een praktische regeling, waardoor hij gevoed, gekleed en bevredigd naar zijn werk kon. Volgens hem was dat A: niet waar en B: was die regeling bepaald niet zo comfortabel als zij het voorstelde. Er ontbrak nogal eens wat aan al haar zogenaamde zorg, terwijl hij van zijn kant toch echt zijn best deed om het haar en het gezin naar de zin te maken. Het was kortom niet bepaald gemakkelijk om haar tevreden te stellen.

Het woord 'scheiding' viel niet zomaar. Voor hem leek het onverwacht, maar ze had daarvoor al heel vaak gezegd: 'We moeten eens praten,' en er waren al regelmatig woorden gevallen over het feit dat ze weinig zin meer had om te vrijen en ze was geleidelijk aan steeds minder vrolijk geworden en steeds vaker verongelijkt. Maar toch: als eenmaal het hoge woord van scheiden gevallen is, dan kun je daarna niet meer gemakkelijk terug naar subtielere dreigementen.

Sinds die tijd waren er van tijd tot tijd ontladingen en tussendoor was er koude oorlog. Heel koud. Gestreefd werd naar machtsevenwicht, maar omdat macht van zichzelf onevenwichtig is, was dat een heel gedoe. Hij bedacht bijvoorbeeld op een dag dat het zo toch niet verder kon en boekte een weekend Londen om haar te verrassen. Haar sloeg daarop de schrik om het hart, want een weekend Londen betekende minstens een nacht Londen met hem in een hotelbed. Hij zou dankbaarheid verwachten, omdat hij zoiets leuks bedacht had voor haar. Dankbaarheid betekende dat ze hem iets verschuldigd was en dan dacht hij altijd maar aan één ding. En bovendien had ze net voor dat weekend een afspraak gemaakt met een vriendin om een dag weg te gaan en dat vond ze moeilijk om af te zeggen. Allemaal argumenten waar ze niet mee aan kon komen. Dus forceerde ze een ruzie over iets geheel anders: hij mocht zich wel eens wat meer bezighouden met de kinderen. Hierop verscheurde hij, omdat hij toch nooit iets goed kon doen, de tickets voor haar ogen, wat zij zonde van het geld vond, totdat ze ontdekte dat het niet de tickets waren maar een reclamefolder. Dat vond ze goedkope dramatiek en berekenend bovendien, dus eigenlijk nog erger dan zonde. Daarom zei ze dat ze naar een advocaat zou gaan en hij zou het huis te koop zetten. Maar toen ze de dag daarna rondkeek in haar woonkamer werd ze vreselijk treurig toen ze zich realiseerde dat de helft van haar spullen niet in haar toekomstige huurflatje zou passen en dat dat ook niet de bedoeling was omdat die helft in zijn flat zou komen te staan. Het punt was: welke helft, want ze had het allemaal met zoveel zorg uitgezocht, omdat ze al lang ongelukkig was en dus veel spullen nodig had. En toen hij thuiskwam, vroeg ze niet of hij al naar de makelaar was geweest en hij vond er eerst een week lang geen tijd voor en vervolgens vergat hij het, voorlopig. Daarna probeerde zij het toch maar weer eens gezellig te maken door lekker te koken. Hij dacht nog dat haar bedoelingen ongecompliceerd waren en had niet gerekend op het moeilijke gesprek over hoe het allemaal anders moest worden tussen hun tweeën, omdat hij overwegend fout was. Dus vertrok hij halverwege haar intiem bedoelde dineetje naar zijn werkkamer, haar in tranen achterlatend. Langzamerhand durfde hij nergens meer over te praten uit angst dat het gesprek ontsporen zou en zei hij al dat hij het druk had als ze met een kop koffie bij hem kwam zitten. En hoewel zij wist dat hij behoefte had aan warmte en zijzelf eigenlijk ook, durfde ze hem niet eens meer aan te raken, want dan zou hij denken dat alles weer goed was en zij tevreden was. Dus werden ze steeds meer wat ze elkaar verweten. Er was geen ontkomen meer aan, zelfs niet door een scheiding.

De loopgravenoorlog

Niet bij alle echtparen is het op het eerste gezicht duidelijk dat er sprake is van strijd. Soms woedt er bij echtparen die 'nooit ruzie hebben' een soort guerrillaoorlog, die gevoerd wordt met indirecte tactieken. Er wordt niet openlijk gepraat over kritiek en wensen, maar de ander wordt in de 'juiste richting' gemanipuleerd via allerlei strategieën.

Mensen die hun zin willen krijgen zonder rechtsreeks te zeggen wat ze willen, maken vaak gebruik van een van de onderstaande omwegen. Het vervelende van die omwegen is, dat de strijd wel voelbaar is, maar zo in het verborgene wordt gevoerd dat een echte oplossing uitblijft. Er wordt namelijk niet openlijk gezegd wat elk van beiden denkt, voelt en wil. Dus wordt er ook nooit overeenstemming bereikt. Mogelijk krijg je op deze manier wel af en toe je zin, maar het is geen respectvolle manier om met elkaar en met de verschillen die er zijn om te gaan. De belangrijkste strategieën om de ander te laten doen wat jij wilt zijn hieronder op een rij gezet.

1. Laten voelen

Als de ander iets doet wat jou niet bevalt, zeg je daar niet rechtstreeks iets van, maar je laat het hem voelen door te zwijgen, afstandelijk te doen, geen zin in seks te hebben, iets niet te doen wat hij graag wil, enzovoorts. Zowel mannen als vrouwen maken gebruik van deze strategie, maar over het algemeen hebben mannen er wat meer succes mee. Vrouwen pikken zelf emoties bij anderen snel op en kunnen die vervolgens moeilijk negeren. Daarom nemen ze aan dat hun man evenveel last van een afstandelijke opstelling heeft als zij zelf zouden hebben. Veel mannen kunnen zich daar echter wat beter tegen afschermen, dus bij hen werkt die truc veel minder goed. Wanneer vrouwen hun man 'straffen' door geen seks te willen, kan dat voor hem heel vervelend zijn, maar zelf gaan ze zich na verloop van tijd daar vaak ook schuldig of angstig over voelen. Ze zijn bang dat hun partner bij hen weggaat, zich tekortgedaan voelt of ongelukkig is.

2. Redelijk overleg

De ander wordt via deze strategie afgeschilderd als overemotioneel. Gevoelens worden genegeerd of gebagatelliseerd of er wordt 'aangetoond' dat ze onnodig of onredelijk zijn. Dit is een strategie waar mannen vaak beter in zijn. Als hun partner bijvoorbeeld geen zin heeft om te vrijen wordt met redelijke argumenten aangetoond dat ze wel zin zou moeten hebben, omdat seks belangrijk is voor een goede relatie en omdat het 'natuurlijk' is dat je seksueel contact hebt als je van elkaar houdt.

Als ze zich gekwetst voelt door een opmerking van hem, krijgt ze een glasheldere uitleg dat dit onnodig is, omdat het niet de bedoeling was en ze bovendien niet zo lichtgeraakt moet zijn.

Een belangrijk argument in het redelijk overleg is het bewaren van de vrede: 'Lieve schat, we gaan hier toch geen ruzie over maken, zo belangrijk is het toch niet.' Vervolgens gebeurt wat de 'redelijke' partner wil.

3. Slachtofferschap

Traditioneel zijn vrouwen hier wat beter in, maar sommige mannen hebben ook talent voor lijden of leren snel bij. De bedoeling van deze tactiek is: de ander een schuldgevoel geven door het zichtbaar zwaar en moeilijk te hebben. Bijvoorbeeld door zuchtend om hem heen stof te zuigen terwijl hij de krant zit te lezen, of door te benadrukken wat een zware rotdag je hebt gehad. De ander dient te begrijpen dat hij hier iets aan kan doen, of had moeten doen, ook al wordt hem niet precies verteld wat. De gedachte is dat hij het moet aanvoelen. Het 'slachtoffer' is ervan overtuigd dat zeggen wat je wilt niet mogelijk is of grote nadelen heeft.

4. Psychologiseren

Wanneer de ander graag iets wil, of wanneer hij iets doet wat jou niet bevalt, ga je je verdiepen in de achtergronden van zijn gedrag. Daarbij kom je meestal tot de conclusie dat hij het niet helemaal kan helpen. Het ligt bijvoorbeeld aan zijn kille moeder of aan zijn narcistische karakter.

Hij is niet boos op jou, maar hij herkent in jou karaktertrekken waar hij bij zijn moeder ook tegenaan liep. Hij is dus niet zozeer vervelend als wel psychisch gestoord. Hij moet in therapie om in het reine te komen met zijn verleden, dan zal het in de relatie met jou ook vanzelf beter gaan.

5. Hulpvaardigheid
Je hebt weliswaar kritiek of dringende wensen, maar dat is eigenlijk niet voor jezelf, maar voor de ander zijn bestwil. Hij heeft vakantie nodig of zou zich wat meer met zijn kinderen moeten bezighouden, want dat is beter voor hem.

6. Zwak, ziek en hulpeloos
Wanneer je iets niet wilt, maar het moeilijk vindt om dat te zeggen, kan het gemakkelijker zijn om te zeggen dat je het niet kunt. Je verschuilt je achter hulpeloosheid. Zeker wanneer je benadrukt dat de ander daar nu juist zo goed in is, kan hulpeloosheid een krachtig middel zijn om hem dingen voor jou te laten doen. Ik wil zeker niet beweren dat mensen bewust ziek worden om hun partner ervan te overtuigen dat hij iets voor hen moet doen, ik heb wel gemerkt dat het effect van ziekte vaak is dat de ander zijn gedrag gaat veranderen. Wanneer je partner een migraine aanval heeft, plat moet liggen vanwege een hernia of overspannen is, kun je niet anders dan je aanpassen aan hem. Ziekte levert zorg en aandacht op, die voorheen mogelijk schaars waren in de relatie.

7. Spot
Onder het mom van een grapje kunnen mensen de meest vreselijke dingen tegen elkaar zeggen. Als de an-

der zich daardoor gekwetst voelt, was het niet zo bedoeld en moet hij toch tegen een grapje kunnen.

8. Omwegen

Er zijn een heleboel indirecte manieren om iets moeilijks ter sprake te brengen. De meest simpele vorm is om de woorden van een ander te gebruiken: 'iemand anders' vestigde jouw aandacht erop dat jouw man zich toch wel erg autoritair opstelt. Zelf had je daar nog niet zo bij stilgestaan, maar het heeft je wel aan het denken gezet. Ook kun je bijvoorbeeld een uitvoerig verhaal vertellen over de vakantieplannen van je vriendin, terwijl de eigenlijke boodschap is, dat je zelf genoeg hebt van de voordelige kampeervakanties waar je partner een groot voorstander van is. Het kan ook zijn dat je via dat vakantieverhaal duidelijk probeert te maken dat, gezien het feit dat jullie in tegenstelling tot die vriendin zo weinig geld uitgeven aan vakanties, dat nieuwe bankstel er best af kan. Of je wilt erop wijzen dat je je stoort aan zijn krenterigheid. Het zal duidelijk zijn dat veel boodschappen die via een te lange omweg verzonden worden nooit aankomen. Eenvoudigweg omdat de ander er geen notie van heeft waar je naartoe wilt.

Het belangrijkste nadeel van alle strategieën is dat ze minder goed werken dan openlijk zeggen wat je wilt. Bovendien ontstaat er door dit soort gemanoeuvreer vaak een wrokkige of vijandige sfeer, waar je niet de vinger achter kunt krijgen en die dus ook moeilijk te doorbreken is.

OPDRACHT
Ga na welke strategieën u vaak gebruikt, wanneer u kritiek of een vraag niet rechtstreeks ter sprake wilt brengen. Probeer te formuleren hoe de boodschap zou luiden als u het wel duidelijk zou zeggen.

Ik moet bekennen dat ik zelf nogal eens neig naar slachtofferschap als strategie. Weten hoe het zou moeten, betekent kennelijk nog niet dat je dan ook meteen of altijd in staat bent om het zo te doen. Een aantal jaren geleden schreef ik over de 'strategie van het lijden' de volgende column. Ik hoop en geloof dat ik inmiddels minder gebruik maak van deze strategie, al was het maar omdat hij bij mijn man en kinderen weinig effect sorteert.

Wat zouden vrouwen toch hebben met lijden? Neem nou bijvoorbeeld mijzelf. Mooi huis, leuke man, schatten van kinderen, werk dat ik graag doe. Niets te klagen heb ik. Ik klaag ook nooit. Tenminste niet hardop. Ik hou namelijk helemaal niet van vrouwen die klagen. Ik kan er mijzelf op naslaan, want ik heb er regelmatig over geschreven. Vrouwen moeten niet klagen, ze moeten gewoon zeggen wat ze willen en vervolgens zorgen dat ze het krijgen. Van mannen dan altijd, want vrouwen, klagen en mannen, daar zit verband tussen. Het klagen van vrouwen is vaak over mannen maar vrijwel altijd bedoeld voor mannen, ook al houden die er net zo min van als ik. Persoonlijk mag ik dus niet klagen maar ik mag wel graag lijden in stilte, sinds ik niet meer klaag.
Dat ik in stilte lijd, wil niet zeggen dat ik wil dat het onopgemerkt blijft. Zo leed ik bijvoorbeeld vanmorgen nog, voor ik aan mijn stukje begon, onder het opruimen van het huis. Terwijl mijn familie vanwege de vrije dag (voor iedereen ja, maar niet voor mij) op hun respectieve gemak zit te ontbijten, allemaal na elkaar, ontspannen, krantje of tijdschrift erbij, loop ik druk om hen heen. Was in de wasmachine, stofzuigen, kranten weg, speelgoed in de doos, glazen in de vaatwasser, jassen aan de kapstok, tassen eronder, dat soort dingen. Ik zie er vermoeid uit, mag ik hopen. Mama zal het na honderd keer vragen maar weer zelf doen. Allemaal voor jullie, zie je wel. Alleen, niemand kijkt. Niemand denkt: Ach, die arme schat, wat moet ze toch ook altijd veel doen. En zelf zeggen kan ook niet want dat is klagen en ik ben geen zeur-

kous. Ik ben zelfs opvallend flink, voor iemand die de moeite neemt daarop te letten. Maar kijk ze zitten, mijn gezinsleden, aan de ontbijttafel, te doen alsof het leven een lolletje is.

Ik besluit tot een subtiele hint en begin bordjes onder de krant uit op te ruimen. 'Doe ik wel straks, schat,' zegt hij. Ja, wat nou straks, straks moet de rest van mijn overvolle programma, nu moet het huis opgeruimd. Goedgehumeurd zet hij het bordje in de vaatwasser. Gek genoeg word ik daar niet gelukkiger van. Ik wil niet gewoon hulp, ik wil beklag, erkenning, dat ik het altijd en overal het zwaarste heb, als werkende vrouw en moeder. En eigenlijk wil ik niet eens nu dat hij vlotjes even helpt, want dan lijkt het net alsof hij de taken met me deelt en dat haalt de glans af van mijn lijden, zal ik maar zeggen. Gedeelde smart is halve smart en wie zit daar nou op te wachten.

'Ik ga even bellen,' zegt hij monter en verdwijnt het kantoor in. Hij heeft er zin in, wat denkt hij wel, even bellen, dat doet maar. En ik dan met wat ik allemaal moet en met de kinderen en de was.

'Kun jij straks één uur op Christopher passen?' met de nadruk op één. Zo weinig vraag ik. Hij vindt het prima, gaat hij leuk even met hem weg. En misschien is dat wel het probleem met mannen. Niet dat ze niet helpen met de kinderen, ze helpen best, maar dat ze het nog leuk vinden ook. Dat komt omdat ze alleen maar de leuke dingen doen en bovendien minder en bovendien niet zoals wij drie dingen tegelijk, zeggen vrouwvriendelijke onderzoekers venijnig en dat is vast ook zo. Dit jaar werd een onderzoek gepubliceerd waaruit bleek dat mannen meer aan de verzorging van kinderen en het huishouden zijn gaan doen. 'Dat kan niet,' sisten vrouwen collectief verontwaardigd, maar het is natuurlijk wel waar.

Hoe zou het komen dat we het slachtofferschap maar moeizaam prijsgeven? Ik ken maar weinig vrouwen die heerlijk in de zon blijven zitten lezen terwijl hun man het huis schoonmaakt, en dat is niet alleen maar omdat die man dat niet zou willen doen. Ik heb voorlopig de volgende verklaring bedacht. Vrouwen zijn eeuwenlang vooral gewaardeerd om hun opofferingsgezindheid. Een goede vrouw cijferde zich weg voor haar gezin. Lijden, afzien en zorgen is voor vrouwen iets moois. Moeder stond altijd voor iedereen klaar. Daarvan afzien en dingen gaan doen omdat je ze leuk vindt is daarom een hachelijke onderneming, want ben je dan nog wel een echt goede vrouw en moeder? Door in stilte, maar niet onzichtbaar, te lijden willen we onze dierbaren die waardering ontfutselen.

Deze verklaring vind ik zelf prettiger dan de hypothese, die ook wel eens in me opgekomen is, dat we op die manier anderen willen straffen. Ons plezier zou het vergallen als we onze partner zo zouden zien ploeteren, dus het hunne misschien ook. Een beetje schuldgevoel kunnen we ze toch wel bezorgen?

Specifieke problemen die stress veroorzaken in een relatie

Tot slot van dit hoofdstuk wil ik een aantal specifieke problemen bespreken die de relatie onder druk kunnen zetten en het daardoor moeilijk kunnen maken om problemen op te lossen.

We hebben in het voorafgaande al voorbeelden gezien van stress die veroorzaakt werd door drukte op het werk, door de dubbele belasting van werk en gezin, door problemen met de kinderen, met financiën, met de zorg voor ouders. Behalve door deze factoren kan er ook spanning ontstaan in een relatie door verdriet, angst of boosheid, die ontstaan is in het verleden. Soms in een ver verleden, soms vroeger in de relatie.

Verdriet, angst en boosheid uit het verleden

Meestal kiezen we er binnen de context van de gedragsveranderende relatietherapie (het theoretisch kader van waaruit dit boek geschreven is) voor om te ontleden wat er op dit moment misgaat in het contact tussen twee mensen en om daar dan op in te grijpen. Lang niet altijd is het immers mogelijk om te begrijpen wat het verband is tussen problemen nu en gebeurtenissen uit het verleden. En zelfs wanneer er wel een verband kan worden gelegd, helpt dit inzicht lang niet altijd om de interactie met je partner te veranderen.

Soms is het echter niet mogelijk om het verleden buiten beschouwing te laten, omdat het zich voortdurend opdringt in het heden. Het verleden is voor sommige mensen geen verleden tijd. Problemen of trauma's van vroeger veroorzaken problemen nu. Als dat het geval is, zullen die problemen of trauma's eerst verwerkt moeten worden voor je kunt praten over gedragsverandering in het heden.

Onverwerkte rouw kan bijvoorbeeld een rol spelen bij de problemen die mensen in hun relatie hebben.

Francis en Anton hebben vijf jaar geleden hun oudste zoon verloren. Hij kwam op zijn fiets onder een auto en was op slag dood. Ze hebben dit verdriet beiden totaal verschillend verwerkt en zijn daardoor het contact met elkaar kwijtgeraakt. Anton heeft zich na een periode van woede en wanhoop op zijn werk gestort. Hij heeft na die eerste periode nooit meer echt over het ongeluk kunnen praten. Achteraf zegt hij: 'Ik dacht die eerste tijd dat ik gek werd. Ik was er de hele dag mee bezig. Ik had fantasieën dat ik de bestuurder van die auto op zou zoeken en op hem in zou rijden. Ik begon veel te veel te drinken. Op een bepaald moment realiseerde ik me dat ik daarmee moest ophouden, omdat ik anders alles kwijt zou raken. Toen heb ik van het ene moment op het andere besloten om mijn leven weer op te pakken.'

Francis heeft de dood van haar zoon heel anders verwerkt. In het begin, toen het met Anton zo slecht ging, was ze min of meer verdoofd. Ze stortte zich op het regelen van de begrafenis en het opvangen van iedereen om haar heen, vooral van Anton, die er toen veel slechter aan toe was dan zij. Achteraf heeft ze het idee dat ze dat allemaal in een soort trance gedaan heeft. Ze heeft altijd graag over hun zoon willen praten. Met Anton kon ze dat niet, omdat hij het niet aankon. Dus ging ze vaak op zijn kamertje zitten overdag. Soms stond ze 's nachts op om oude foto's of videobanden te bekijken. Omdat ze niet over hun grote verlies konden praten, leek het ook niet meer relevant om andere dingen met Anton te bespreken. Bovendien nam Francis het hem kwalijk dat hij doorleefde alsof er niets gebeurd was en dat hij hun zoon letterlijk doodzweeg.

Bij Jeske en Guus ligt het probleem misschien nog ingewikkelder, omdat Jeske zich zo schuldig voelt over het verlies van haar ongeboren kind. Bovendien is ze rancuneus over het feit dat Guus een buitenechtelijke relatie heeft gehad.

Jeske en Guus melden zich aan voor therapie omdat Jeske 'buien' heeft waarin ze zich van alles en iedereen afsluit en afwisselend verdrietig en boos is. Ze kan Guus dan nauwelijks in haar buurt verdragen. Al snel komt tijdens de gesprekken naar voren dat ze veel last heeft van schuldgevoelens in verband met een vroegere abortus. Ze heeft deze abortus laten doen, omdat ze vrij snel na de geboorte van hun tweede kind onbedoeld weer zwanger werd. Omdat ze in die periode samen problemen hadden in verband met een buitenechtelijke relatie van Guus, besloten ze dat ze een derde kind niet aankonden. Achteraf heeft Jeske het idee dat ze deze abortus nooit had mogen doen. Het voelt voor haar als moord op haar ongeboren kind en ze vindt dat ze veel te snel heeft toegegeven aan de druk van Guus, die dat derde kind absoluut niet wilde. Ze verwijt zichzelf dat ze het kind heeft opgeofferd om Guus terug te krijgen. Ze had de moed moeten hebben om voor haar kind te kiezen en hem te laten gaan, als hij dat wilde.
Ze heeft hierover nooit goed met Guus kunnen praten. Hij

wil die ellendige periode uit hun leven het liefste afsluiten en probeert Jeske ervan te overtuigen dat het geen zin heeft om steeds achteruit te kijken. Op deze manier worden de twee kinderen die ze samen hebben ook de dupe. Jeske kan het verleden echter niet laten rusten. Ze voelt soms een grote woede ten opzichte van Guus, niet alleen omdat hij haar met twee jonge kinderen in de steek wilde laten vanwege een verliefdheid, maar ook omdat hij het nu allemaal zomaar kan vergeten.

Soms heeft het trauma of het verlies niet plaatsgehad tijdens de relatie maar ver daarvoor. Bijvoorbeeld wanneer er sprake is geweest van mishandeling, verwaarlozing of seksueel misbruik in de jeugd.

Mascha is als meisje jarenlang misbruikt door haar stiefvader. Hoewel ze van hem tegen niemand iets mocht vertellen over de 'spelletjes' die ze met hem deed, vertelde ze het op een bepaald moment toch tegen haar moeder. Die sprak haar stiefvader erop aan, maar hij ontkende alles en gaf haar de schuld. Tot Mascha's verbijstering geloofde haar moeder haar stiefvader. Mascha liep van huis weg, werd kort opgenomen in het nieuwe gezin van haar vader en ging van daar naar een pleeggezin. In dit pleeggezin werd ze opnieuw misbruikt door haar pleegvader. Dit keer werd ze wel geloofd en volgde er een plaatsing in een tehuis en daarna in een project voor beschermd wonen. Na een aantal relaties, die allemaal fout liepen, leert ze Ben kennen, haar huidige man. Aanvankelijk gaat de relatie tussen hen heel goed, ook seksueel. Mascha vertrouwt Ben en hij is gek op haar. Na verloop van tijd merkt Mascha echter dat ze geen zin meer heeft om met Ben te vrijen. De herinneringen aan wat er gebeurd is met haar stiefvader en met haar pleegvader dringen zich steeds meer op. Ze voelt zich schuldig tegenover Ben en is bang dat hij bij haar weg zal gaan.

In al deze voorbeelden is er sprake van problemen uit het verleden die moeilijkheden veroorzaken in de relatie. Vaak is het nodig om professionele hulp te zoeken bij het verwerken van deze problemen.

Het verwerken is een pijnlijk proces, omdat dan juist de ervaringen en gevoelens die het meest pijnlijk zijn en die je hebt geprobeerd weg te stoppen naar boven worden gehaald. Door jezelf bloot te stellen aan deze beelden en aan de gevoelens die ze oproepen doven die langzaam uit. Geleidelijk aan wordt de gebeurtenis 'verwerkt verleden'. Dat wil zeggen dat je eraan kunt denken zonder verscheurd te worden door pijn, verdriet of schuldgevoel. Bovendien komt de gebeurtenis, als die eenmaal verwerkt is, niet op allerlei momenten waarop je het niet verwacht terug: door een gebaar, door een film, tijdens nachtmerries. Deze zogenaamde flashbacks verdwijnen wanneer je alle gevoelens die met de gebeurtenis verbonden zijn, hebt doorleefd. Bij elk verlies en elk trauma hoort een scala aan emoties: verdriet, schuld, schaamte, woede, jaloezie, enzovoorts. Vaak hebben mensen wel sommige van die emoties toegelaten, maar waren ze bijvoorbeeld niet in staat om het schuldgevoel te verdragen dat ook deel uitmaakte van het trauma. In de therapie worden al deze emoties opgeroepen tot ze hun kracht verliezen.

Het verwerken gebeurt door te praten en/of te schrijven over de traumatische gebeurtenis of over het verlies. Aanvankelijk wordt feitelijk gesproken of geschreven over wat er precies gebeurd is, daarna wordt de aandacht bewust gericht op specifieke aspecten die veel emotie oproepen. Soms wordt gebruikgemaakt van voorwerpen, bijvoorbeeld speelgoed, foto's, sieraden die verbonden zijn met het verlies of het trauma. Het gebeurt ook wel dat het verwerkingsproces wordt afgesloten met een ritueel. Bijvoorbeeld een gezamenlijk bezoek aan het graf, het planten van een herdenkingsboom in de tuin, het verbranden van brieven of kleren.

Hoewel een deel van het verwerkingsproces vaak gebeurt alleen met degene die het trauma heeft meegemaakt, is het wezenlijk dat er tijdens dat proces of daarna met de partner gesproken wordt over alle gevoelens die er zijn losgemaakt. Doordat beide partners weten wat de ander voelt en meemaakt, kunnen ze elkaar weer gaan begrijpen en kan het contact tussen hen hersteld worden.

Stressfactoren binnen een stiefgezin

Ongeveer een op de drie huwelijken in ons land eindigt in echtscheiding. De meeste mensen gaan na hun scheiding vroeg of laat weer een nieuwe relatie aan. Een op de vijf kinderen krijgt niet alleen te maken met echtscheiding van zijn ouders, maar ook met stiefouders. Zo'n tweede gezin brengt heel specifieke problemen met zich mee en is in vele opzichten niet te vergelijken met een 'gewoon gezin'.

Toch doen veel mensen, en niet in de laatste plaats de stiefgezinnen zelf, hun uiterste best om te doen alsof ze wel een gewoon gezin zijn. Die gedachte veroorzaakt veel problemen en teleurstellingen.

Ik zie Esther terug, twee jaar nadat ik haar huwelijksaankondiging ontving. Blij voor haar en ook nieuwsgierig had ik haar onmiddellijk gebeld om haar te feliciteren. Ik kende haar van een vorig huwelijk. Met haar ex was ze een aantal keren bij mij geweest om een huwelijk te redden waar hij vanaf wilde. Er bleek geen redden meer aan: hij ging weg bij haar. Hij was (helaas nu pas) zijn grote liefde tegengekomen. Dat was niets geworden met die grote liefde, had ze me aan de telefoon verteld, toch nog triomfantelijk hoewel ze hem inmiddels weinig slechts meer gunde want hij was van zichzelf al ongelukkig genoeg. Hij had zelfs nog geprobeerd haar terug te krijgen, maar nu had zij een Ander. En wel een heel andere Ander. Nooit had ze geweten dat het zo kon zijn in een relatie: dat je jezelf kon zijn en dat die Ander niet anders wilde. Dat hij geïnteresseerd was in alles wat je voelde en dat je overal over kon praten. Balsem voor een gekwetst ego was hij en nog dol op kinderen ook. Alsof het zijn eigen kind was, zo ging hij om met haar dochtertje.

'Jij zei nog: laat hem wat rustig aan doen met vader spelen,' zegt ze en ik herinner me dat zij dat zorgeloos beloofde. Zelfs als ik in staat was geweest om door haar geluk heen te breken met verstandige opmerkingen had ik het waarschijnlijk nagelaten. Ik hoor zelf veel te graag en veel te weinig liefdesverhalen.

'Wat ging er fout?' vraag ik zonder bedacht te zijn op het heftig snikken dat volgt. Ze houdt van hem, vang ik op tussen het huilen door, maar als het zo doorgaat moet ze bij hem weg. Het is het kind, begrijp ik. Hij had zich heel veel voorgesteld van het vader zijn. Als leraar had hij verstand van kinderen en hij kon met de moeilijkste nog goed overweg. Haar dochter was niet gemakkelijk, dat wist ze zelf ook wel, maar met hem kon ze daarover praten, beter dan met de vader van het kind. In het begin ging het nog wel. Haar dochter was gereserveerd genegen om de man, met wie haar moeder blijkbaar zoveel op had, op den duur te accepteren. En zijzelf had ervan genoten om eindelijk weer een gezin te zijn. Ze had het gevoel dat ze de twee mensen van wie ze het meeste op de wereld hield elkaar cadeau had gegeven. Een kind voor haar man, een vader voor haar dochter. Alleen bleek al snel dat ze dat cadeau liever wilden ruilen. Haar man stoorde zich aan allerlei eigenschappen van haar dochter. Hij vond dat ze egocentrisch was en onbeleefd en onzelfstandig en te veel aandacht vroeg en in pedagogisch opzicht ernstig bijgestuurd diende te worden. Ze bleef lang vasthouden aan haar overtuiging dat hij het goed bedoelde. Dat legde ze haar dochter ook uit, wanneer die zich kwam beklagen over alle op- en aanmerkingen. 'En je zou de dingen ook wel een ietsje vriendelijker kunnen zeggen, schat,' zei ze vervolgens tegen haar vriend, 'of misschien een ietsje minder vaak.' Allebei voelden ze zich door haar in de steek gelaten. Als ze thuiskwam, wachtte haar van twee kanten een tirade over de ander, waarna een uitspraak van haar verwacht werd.

'Hij is volwassen,' zegt ze, 'maar zo pietluttig, niets laat hij passeren, het lijkt wel of ik met twee kinderen te maken heb.'

'Wat wil je van hem?' vraag ik. 'Wil je dat hij je helpt met de opvoeding van je dochter?' Ze beantwoordt een andere vraag.

'Ik hou van dat kind, het is mijn kind en eigenlijk wil ik gewoon iemand die net zoveel van haar houdt als ik. En dat kan niet natuurlijk.'

'Dat tref je maar een enkele keer,' zeg ik, 'en waarschijnlijk heeft hij dat geprobeerd.'

Haar gezicht verhardt. 'Ik weet niet wat hij heeft geprobeerd,' zegt ze, 'maar ik weet wel dat hij van mijn kind af moet blijven, anders gaat hij eruit.'

Tweede huwelijken zijn niet gemakkelijker dan eerste. Als er kinderen in het spel zijn, zijn ze zelfs moeilijker. Problemen rond de kinderen zijn zelden een reden tot echtscheiding in het eerste huwelijk, ze zijn het vaak in het tweede huwelijk. We besluiten om in een aantal gesprekken met het hele gezin uit te zoeken of en hoe ze samen verder kunnen. In ieder geval is duidelijk dat hij voorlopig met ontslag moet als vader. Of ze hem zal kunnen vergeven dat hij niet van haar kind houdt, zal dan moeten blijken.

Een verschil tussen een gewoon gezin en een stiefgezin is dat je dit gezin niet met zijn tweeën begint. Je hebt dus geen tijd om elkaar na de fase van de verliefdheid goed te leren kennen en samen uit te vinden hoe je de verschillen kunt overbruggen. Een van beiden komt een bestaand een-oudergezin binnen, met kinderen die vrijwel voortdurend en niet altijd erg welwillend aanwezig zijn. Die kinderen hebben al twee ouders. Voor de stiefouder worden deze kinderen nooit zijn eigen kinderen, behalve misschien wanneer hij in het gezin komt als de kinderen nog heel jong zijn en als het contact met de eigen ouder verbroken is.

Juist omdat de ouders zo graag weer een gewoon gezin willen zijn, ontkennen ze die waarheid vaak en wordt de stiefouder veelal te snel ingeschakeld in de rol van 'vader' of 'moeder'. 'Ik ben niet je vader,' wordt erbij gezegd om de verwarring groter te maken. 'Noem me maar Jan, oom Jan, of zie me maar als een vriend.' Vervolgens slaat hij aan het opvoeden vanuit de eerlijke behoefte om zijn partner te helpen, die zo'n moeilijke tijd achter de rug heeft met de scheiding en daarna in haar eentje met de kinderen. Voor vrouwen geldt dit nog veel sterker dan voor mannen. Stiefmoeders die in een gezin met alleen een vader komen, beginnen meteen te zorgen. Ze verwachten dat van zichzelf, en hun nieuwe partner draagt de zorg graag over. Zeker als de kinderen al wat groter zijn, wordt hem en haar die zorg niet in dank afgenomen.

Jellie en Kees, met wie we in het begin van dit hoofdstuk al kennis maakten (zie pag. 188), zijn beiden voor de tweede keer getrouwd. Kees had uit zijn eerste huwelijk geen kinderen; de drie tienerdochters van Jellie wonen bij hen. Aanvankelijk was Kees als stiefvader heel populair. Jellie was met haar dochters vijf jaar alleen geweest en door met Kees te trouwen werd de financiële situatie van het gezin veel beter. Kees, die geen kinderen gewend was, vond die meiden ook wel leuk. Iedereen was vol hoop, dat ze nu met zijn allen een min of meer normaal gezin zouden kunnen vormen. Jellie, die het alleen opvoeden met bovendien een kritische ex-partner op de achtergrond heel moeilijk had gevonden, vond het heerlijk dat ze nu een volwassene naast zich had met wie ze haar zorgen kon delen. Het liep echter allemaal wat anders. Al na een paar maanden begonnen de conflicten tussen Kees en de dochters en vooral ook tussen Jellie en

Kees. Kees is het totaal niet eens met Jellies aanpak: te veel praten en te weinig optreden. Hij vindt dat de kinderen haar niet met respect behandelen en wil haar helpen en in bescherming nemen. Jellie is niet blij met zijn 'hulp'.

Jellie (is een avond naar de film geweest met een vriendin en voelt de spanning als ze thuiskomt): Is er iets? Waar is Noor?
Kees: Die is weer eens boos naar boven gelopen. (Tegen de twee dochters die tv zitten kijken:) Kunnen jullie ook even naar boven gaan, ik wil even met je moeder praten.
De twee dochters protesteren: We zitten net naar *Friends* te kijken.
Jellie: Wij gaan wel even in de keuken zitten.
Kees: Wij gaan helemaal niet in de keuken zitten, kom zeg, dit is mijn eigen huiskamer...
Jellie: Ik dacht dat dit ook onze huiskamer was.
Kees: Ja, van ons ja, niet alleen van jouw dochters. Jij blijft hier zitten en ik schenk je wat in en ik wil graag even praten met jou alleen (dit laatste met stemverheffing, waarna de twee meiden zich mopperend dat het weer een gezellige boel is terugtrekken).
Jellie: Moet dat nou zo? Wat maakt het nou uit om even in de keuken te gaan zitten?
Kees: Daar gaat het helemaal niet om. Waar het om gaat is dat die meiden hier gewoon precies bepalen wat er gebeurt en als ik even een corrigerende opmerking maak, dan kan ik meteen een grote bek krijgen.
Jellie: Wat voor corrigerende opmerking?
Kees: Ik zette gewoon om acht uur het nieuws aan en toen begon Noor te schelden dat zij zat te kijken en dat ik asociaal was.
Jellie: Hoe bedoel je, je zette gewoon het nieuws aan, zonder iets te vragen?
Kees: Ja, nou wordt het helemaal mooi, moet ik in mijn eigen huis vragen aan een snotneus van dertien of ik alsjeblieft het nieuws mag zien?
Jellie: Nee, natuurlijk niet, maar ik vind het wel normaal dat

je zegt dat jij even het nieuws wilt zien en dat je niet zomaar haar programma wegzapt.

Kees: Het was gewoon zo'n muziekprogramma, waar ze de hele dag naar zit te kijken, trouwens ik vind het belachelijk dat je het weer voor ze opneemt. Je had moeten horen hoe ze tegen me tekeerging. Dat pik ik van niemand en zeker niet van zo'n kind, ze kan toch wel een beetje respect tonen?

Jellie: Respect moet je verdienen.

Kees: Wat bedoel je daar nou weer mee, of laat maar, ik begrijp het al, ik heb het weer verkeerd gedaan. Weet je wat, ik bemoei me gewoon helemaal nergens meer me. Het zijn jouw kinderen en je zoekt het maar uit. En kom dan niet bij mij klagen als je ze niet aankunt, want dat heb je helemaal alleen aan jezelf te wijten.

Jellie: Precies ja, het zijn mijn kinderen en ik heb het begrepen. Ik kan jou gewoon niet met de kinderen alleen laten en dat zal ik ook niet meer doen. Je lijkt verdomme zelf wel een puber.

Jellie en Kees koesterden de illusie dat een stiefgezin (bijna) een gewoon gezin is, maar dat is niet zo. Een stiefvader wordt zeker voor kinderen van deze leeftijd nooit een 'echte' vader en kan zich ook niet zo gedragen. Hij kan zich niet rechtstreeks met de opvoeding bemoeien en kan zeker niet de regels in die opvoeding bepalen. Wanneer hij het met dingen niet eens is, kan hij dat hooguit met zijn partner, de opvoeder van de kinderen, bespreken en hij kan proberen haar te steunen. Een dergelijke terughoudende opstelling is heel moeilijk. Je wordt wel voortdurend met de kinderen, die je bij je partner cadeau gekregen hebt, geconfronteerd en je moet hem of haar ook nog delen met die kinderen. Dat geeft heel ambivalente gevoelens. In de roes van de verliefdheid op een nieuwe partner wordt dat vaak onderschat. Hoewel de conversatie tussen Jellie en Kees heel kwetsend voor beiden is, hebben ze met hun conclusie eigenlijk wel gelijk. Inderdaad moet Kees de opvoeding aan Jellie overlaten. Het zou alleen goed zijn als op een rustiger moment beiden de gelegenheid zouden krijgen om hun gevoelens over deze moeilijke gezinssituatie te uiten.

Een stiefouder is geen ouder en een stiefgezin is geen gewoon gezin. Veel minder dan andere gezinnen is een stiefgezin een eilandje waarop je je kunt terugtrekken met elkaar. De ex-partner speelt vaak een belangrijke rol op de achtergrond. Via de kinderen, die regelmatig naar hem toe moeten, of waarover moet worden overlegd, of via de alimentatie, breekt hij in het nieuwe gezin in en oefent er zijn invloed uit. Dat geeft spanning, want hij blijft degene op wie je ook zo kwaad bent, die jou in de steek heeft gelaten of bij wie jij weg bent gegaan omdat het niet meer ging. En hij blijft voor je nieuwe partner een soort rivaal. Weliswaar al met lengtes verslagen, maar zijn sporen zijn voor de nieuwe partner nog overal voelbaar.

Zelfs wanneer er geen kinderen zijn, kunnen ex-partners nog grote invloed hebben op de nieuwe relatie. Ze kunnen die invloed bewust proberen uit te oefenen, omdat ze de scheiding nog niet verwerkt hebben of jaloers zijn op het nieuwe geluk van hun ex-partner.

Sylvia kan nog steeds niet accepteren dat Nico echt bij haar weg wilde. Ze snapte wel dat hij twijfelde en ze vindt achteraf zelf ook dat ze erg uit elkaar gegroeid waren, allebei te veel bezig met hun eigen leven. Toen Nico aankondigde dat hij een tijd op zichzelf wilde wonen om na te denken over zichzelf en over de relatie, heeft ze zich daar aanvankelijk ook niet zo tegen verzet. Ze vond het wel een erg drastische aanpak, maar als hij dat zo wilde, dan gaf ze hem die ruimte. De cynische vriendin, die zei dat mannen alleen ruimte willen om te denken als er iemand klaarstaat om die ruimte op te vullen, geloofde ze niet. Zo was Nico niet, die had nog nooit tegen haar gelogen en toen ze hem vroeg of er iemand anders was, ontkende hij dat. Dat was niet de reden dat hij afstand wilde.

Het nadenken leidde niet tot vermindering van de afstand. Na een jaar twijfelen van Nico en een jaar vechten van Sylvia, die er alles aan deed om het contact te verbeteren, deelde hij haar mee dat hij wilde gaan scheiden. Hij hield nog wel van haar, maar niet meer op 'die manier'.

Sylvia was verslagen, maar niet helemaal. Ze wist zeker dat hij nog tot inkeer zou komen. Toen ze ontdekte dat hij een relatie had met een andere en veel jongere vrouw, voelde ze zich bedrogen en vernederd. Dus dat was er al die tijd aan de hand geweest. Wie had daar vanaf geweten? Iedereen waarschijnlijk behalve zij. Zij was zo naïef geweest om in hem te blijven geloven.

Sinds die tijd bestookt ze Nico en zijn vriendin met telefoontjes en briefjes, thuis en op zijn werk. In al die brieven vraagt ze om uitleg en om een laatste gesprek. Als Nico erop ingaat, loopt het uit de hand met afwisselende huilbuien en woedeaanvallen. De laatste tijd is ze heel depressief en ze heeft een aantal keren gedreigd een eind aan haar leven te maken. Nico voelt zich vreselijk schuldig tegenover haar en stelt zich daarom toleranter op dan hij zou moeten volgens zijn nieuwe vriendin. Zij vindt dat hij niet meer op Sylvia's verzoeken om te praten in moet gaan, omdat hij het zo alleen maar moeilijker maakt. Ze hebben daar regelmatig ruzie over. Tijdens de laatste ruzie stelde zijn vriendin voor, dat hij misschien maar naar Sylvia terug moest gaan, als hij zich zoveel zorgen maakte over haar.

De ervaringen uit het verleden kunnen ook veel indirecter een rol spelen. Zelfs zonder het te willen zul je je eerste partner vergelijken met de tweede. In het begin zal die vergelijking altijd ten gunste van de tweede uitvallen. Gelukkig is die heel anders. Je had nooit gedacht dat een relatie zo kon zijn. Je bent gekwetst in je eerste relatie en de zorg en toewijding van je nieuwe liefde werken helend. Je wapent je echter ook. Je neemt je voor dat dit je nooit meer zal overkomen. Daarom stel je je in deze tweede relatie misschien defensiever of wantrouwender op. Tenslotte is het wel de bedoeling dat je iets leert van je fouten. Jou pakken ze niet meer.

Anita en Marco zijn beiden tegen hun zin gescheiden. Hun partners kozen voor een andere relatie. Ze hebben elkaar in die periode leren kennen via het Internet. Aanvankelijk wisselden ze hun ervaringen al 'chattend' met elkaar uit en verbaasden zich erover, dat ze elkaar zo goed aanvoelden. Aarzelend, want allebei nog bang, besloten ze elkaar te ontmoeten en het klikte 'live' evenzeer als op het net. Binnen een paar maanden woonden ze samen en één jaar ging dat goed. Toen bleek dat ze het verleden veel minder goed verwerkt hadden dan ze dachten. Anita merkte dat ze wel heel goed met Marco kon praten, maar dat ze tijdens het vrijen steeds vaker aan haar ex-man dacht. Seksueel hadden zij het altijd goed gehad, daarom begreep ze nog steeds niet wat hem bezield had. Hij was niets tekort gekomen bij haar. Marco kon zich langzamerhand wel een beetje voorstellen wat Anita's ex-man bezield had. Hij vond Anita behoorlijk dominant en ze had altijd overal iets op aan te merken of aan toe te voegen. De echtscheiding was bijvoorbeeld nog steeds niet geregeld, omdat Anita met geen enkel voorstel van haar ex-man akkoord ging. Hij moest bloeden vond ze. 'Zo komt ze nooit van hem af,' dacht Marco en vroeg zich af of dat niet precies was wat ze wilde. Anita ging zich storen aan Marco's gebrek aan ambitie en zijn gemakkelijke manier van leven. De gedachte dat haar ex-partner, die wel ambitieus en ondernemend was maar veel minder lief dan Marco, haar in de steek gelaten had, hielp niet meer tegen haar ergernis. Na twee jaar liep ook deze nieuwe relatie stuk.

Het is niet zo, dat je heel andere vaardigheden nodig hebt om een succes te maken van een tweede relatie. Ook hier gaat het erom met elkaar te praten, naar elkaar te luisteren, elkaars verschillen te accepteren en in je gedrag elkaar tegemoet te komen. Er zijn echter wel een heleboel extra stressfactoren: het (onverwerkte) verleden, de ex-partners, de kinderen, de verschillende geschiedenis, de andere gezinscultuur, de angst, achterdocht en gekwetstheid die je mee hebt genomen uit je vorige relatie. Wanneer je dat allemaal in ogenschouw neemt, is het niet zo gek dat tweede relaties vaker mislopen dan eerste, zeker wanneer er kinderen bij betrokken zijn. Hoe pijnlijk het soms ook is: in die tweede relaties moet er ruimte zijn om al die gecompliceerde gevoelens te uiten.

In een onderzoek dat ik voor *Margriet* deed naar stiefgezinnen kwam de angst om te praten als het meest imponerende gegeven naar voren. Alle kinderen, ouders en stiefouders vonden dat er gepraat moest worden en allemaal vonden ze dat dat in hun gezin te weinig gebeurde. Er was angst om te praten en daardoor te kwetsen en er was vooral angst om te luisteren. Wanneer je net een nieuwe relatie hebt, wil je heel erg graag dat iedereen daar gelukkig mee is. Je wilt liever niet horen dat je kinderen je nieuwe vriend maar niks vinden, dat ze veel liever zouden willen dat papa en mama nog bij elkaar waren. Dat ze papa trouwens veel leuker en liever vinden en bij hem zouden willen wonen en dat papa's nieuwe vriendin ook best aardig is. De kinderen weten dat je dat niet wilt horen en willen je niet kwetsen of willen wel praten, maar weten dat je niet zult luisteren. En wat je al helemaal niet wilt horen en zelfs niet wil voelen, is dat er in deze nieuwe relatie ook nieuwe ergernissen en problemen komen. Je bent bang om te merken dat je helemaal niet zo volmaakt bij elkaar past en dat er ook nu verschillen zijn. De kans op een verschilfobie is groter en net zo destructief als in de eerste relatie. Ook deze tweede keer zal het niet volmaakt zijn en het vereist moed om dat onder ogen te zien en hardop te zeggen wat je voelt en wilt.

6

Intimiteit en seksualiteit

Seksualiteit is een heel kwetsbaar gebied in ons leven. Door met iemand te vrijen kun je je heel dicht bij een ander voelen en intens ervaren dat je van hem of haar houdt. Je kunt je echter ook diep gekwetst voelen, wanneer die ander je afwijst, je niet begrijpt of iets heel anders wil dan jij. Ondanks alle zogenaamde openheid over seks is het nog steeds niet eenvoudig om er met degene die je het meest nabij is over te praten. Integendeel: het lijkt wel eens of door alle gepassioneerde en soms extreme seks in films en op tv de verwachtingen alleen maar opgeschroefd worden, en dus groeit het verschil met je eigen ervaringen in je eigen relatie en de onzekerheid en teleurstelling daarover.

In dit hoofdstuk gaat het over de 'gewone' seksualiteit in langer durende relaties, over verschil in verlangen en in beleving tussen partners en over veranderingen die de seksuele relatie doormaakt in de loop van je leven. Het gaat niet over langdurige problemen in het seksuele functioneren zoals bijvoorbeeld angst voor of afkeer van seksueel contact, pijn bij het vrijen, vaginisme, erectieproblemen of problemen met te snel of helemaal niet klaarkomen. Wanneer het niet lukt om dit soort problemen samen op te lossen is het verstandig hulp te zoeken bij een seksuoloog of bij een arts of psychotherapeut die ervaring heeft met de behandeling van seksuele problemen.

Intimiteit

Zo'n dertig jaar geleden volgde ik als studente psychologie een cursus van een Amerikaanse gezinstherapeut die toen gastcolleges gaf in Nederland over echtpaartherapie. Volgens hem waren de problemen in relaties overzichtelijk in twee categorieën in te delen: vrouwen wilden altijd meer praten en mannen wilden altijd meer seks.

Ik was in die tijd verliefd en vond het cynisme van die opmerking stuitend en nergens op slaan. Toch heb ik dit altijd onthouden, in tegenstelling tot veel van de meer genuanceerde dingen die ik geleerd heb. In de jaren dat ik me bezighoud met relatietherapie moest ik er regelmatig aan terugdenken: 'Niet dat het waar is, natuurlijk,' dacht ik dan, 'maar het lijkt er vaak wel op.'

Inmiddels is mij duidelijk dat mannen en vrouwen ongeveer hetzelfde willen, maar dat zij verschillen in de manier waarop zij dat willen bereiken. Mannen en vrouwen die zich samen niet gelukkig voelen, missen vooral intimiteit. Mogelijk denken mannen wat vaker dat ze die intimiteit kunnen terugvinden door te vrijen en vrouwen dat er dan toch eerst gepraat moet worden, maar het gaat om hetzelfde verlangen. Vaak is het 'terug'-verlangen, omdat je die intimiteit merkwaardig genoeg zo moeiteloos vond bij elkaar toen je elkaar veel minder goed kende.

Veel paren gaan de intimiteit samen missen als er kinderen zijn. De overgang van jong echtpaar naar gezin met kinderen is waarschijnlijk de meest ontregelende faseovergang die mensen in hun leven meemaken. Jonge mensen zijn, terwijl ze nog thuis wonen, al heel zelfstandig, hebben een seksuele relatie voor ze gaan samenwonen en trouwen pas nadat ze het leven met zijn tweeën een tijdje hebben uitgeprobeerd. Dus de overgang van het gezin naar de volwassenheid doen ze met stukjes en beetjes. De overgang naar het ouderschap komt met één klap. De rolverdeling bij jonge paren is veel gelijkwaardiger dan ze zagen bij hun ouders. Ze werken beiden en verdelen samen de huishoudelijke taken. Er wordt veel gepraat, want als er iets is wat mannen van de vrouwenemancipatie hebben meegekregen, dan is dat wel dat emoties en zorg er zeer toe doen. De periode waarin een paar besluit dat het graag kinderen wil hebben, de zwangerschap en de komst van de kinderen, is een periode waarin je samen heel intiem bent. Er wordt een heleboel gepraat en er wordt enthousiast gevrijd. Geen verkeerd woord over voorbehoedmiddelen, maar ik hoor toch vaak van paren dat het zwanger willen worden een speciale intensiteit en opwinding geeft aan het vrijen.

En dan, als het kindje of de kinderen er eenmaal zijn, word je overvallen door de realiteit. De meeste paren worden op slag een stuk ouderwetser van het kinderen krijgen. Vaak gebeurt dit weloverwogen, het lijkt zelfs een vrije keuze. Voor het zo gewenste kindje moet tijd gemaakt worden. Zijn carrière is wat verder op streek of wordt wat beter betaald, dus zij gaat minder werken. Het komt niet alleen beter uit, zij wil dat ook. Ze is wat beduusd van het moederschap, had niet gedacht dat de moederliefde zo hard zou aankomen. Het is al moeilijk genoeg om het kind een paar dagen per week naar de crèche te brengen. Op de andere dagen dient kwaliteitsaandacht gegeven te worden. Ooit zei een vriendin met wie na het moederschap nauwelijks meer een intiem gesprek over mij of over haarzelf mogelijk was: 'Ik kan het niet helpen, ik ben voortaan altijd met mijn tweeën.'

Dat heeft voor de intimiteit in de relatie met de partner

natuurlijk ook behoorlijk wat consequenties. Zoals in het geval van Roos en Daan:

Roos en Daan zijn beiden halverwege de dertig. Roos heeft zich in eerste instantie bij mij aangemeld voor therapie omdat ze zich depressief en doodmoe voelt. Volgens de huisarts was er sprake van een maar niet overgaande postnatale depressie na de geboorte van het tweede kind. Dat kind is echter inmiddels al twee en de somberheid van Roos heeft minder te maken met de geboorte van haar jongste dan met de periode daarna en met het gemis van Daan. Daan en zij werken allebei vrijwel fulltime en de bedoeling was dat ze ook samen de zorg voor de kinderen en het huishouden zouden delen. Hoewel Daan minder doet dan hijzelf denkt en meer dan Roos denkt, doet hij in ieder geval meer dan de meeste mannen die hij kent. Zo heeft hij bijvoorbeeld op zijn werk als jurist bij een groot bedrijf bedongen, dat hij een halve dag per week vrij is en dat hij bovendien een halve dag thuis werkt. Roos heeft een baan als lerares bij een grote scholengemeenschap. Haar rooster is in drie dagen per week gepropt. Zij accepteert dat zij een groter deel van het huishouden en van de zorg voor de kinderen op zich moet nemen dan Daan. Af en toe zijn er ruzies over hoe groot dat gedeelte is. Niet eens meer zo vaak. Roos vindt het vaak niet meer de moeite om er nog een probleem van te maken. Het haalt toch nooit echt iets uit. Roos vindt dat zij weliswaar de taken delen, maar niet de verantwoordelijkheid. Daan doet veel van wat ze hem vraagt, maar niets uit zichzelf. Bovendien doet hij maar een ding tegelijk. Als hij op de kinderen past, kan hij niet stofzuigen of de was vouwen. Als hij thuis werkt, gaat hij op zijn kamer zitten, terwijl zij haar lessen voorbereidt met de kinderen om zich heen. Daan voelt zich door haar miskend. Hij heeft al honderd keer voorgesteld om meer hulp in de huishouding te nemen, maar volgens Roos is dat niet nodig en bovendien niet te betalen. En hij wil best meer uit zichzelf doen, maar dan is het nooit goed. Zij wil dat alles op haar manier gebeurt. Beiden hebben ze door dat deze ruzies maar ten dele gaan waar ze over gaan. Beiden voelen ze zich slachtoffer, bij gebrek aan beter beschuldigen ze elkaar, maar eigenlijk verlangen ze naar elkaar, naar hoe het vroeger was. Misschien verlangt zij wat meer naar lange gesprekken over wat ze voelden of over hoe ze dachten en hij wat meer naar eindeloze vrijpartijen, maar het kan ook wel eens omgekeerd zijn. Ze hebben alles wat ze altijd wilden: elkaar, kinderen en een baan en plotseling blijken ze dat leven in afzonderlijke shiften te draaien. Als hij thuis dienst heeft, zit zij op haar werk en omgekeerd. Als ze allebei thuis zijn is er achterstallig werk en daarna of intussen de kinderen. Als aan alle verplichtingen en schuldgevoel is voldaan, is er alleen nog de uitputting en het verlangen naar ononderbroken slaap. In tijdschriften leest Roos dat het belangrijk is om tijd voor elkaar te maken, maar daar moet ze niet aan denken. Uit eten, een avond naar de film: bij de gedachte dat ze een babysit moet gaan bellen of zich moet omkleden, zinkt de moed haar in de schoenen. Vrijen wordt de zoveelste verplichting, het zit er weer op voor de komende twee weken, statistisch moet hij tevreden zijn. Maar ook weer niet zo tevreden! Hij zou minimaal kunnen klagen of aandringen, zoals je hoort dat andere mannen doen. Het lijkt wel of het hem ook niet meer uitmaakt. Zelfs bijpraten met vriendin moet ze plannen op een lijstje, waar ze niet aan toe komt. De afspraak plant ze voor alle zekerheid ver weg, dan zal het toch wat rustiger zijn, maar ze is opgelucht wanneer die door de eveneens drukke vriendin voor de zoveelste keer wordt afgebeld. 'Ach, wat jammer, we bellen gauw.'

Verlangen voelt ze soms nog wel als Daan voor een paar dagen weg is, maar als hij terug is, voelt ze zich voornamelijk geïrriteerd omdat hij niet begrijpt hoe druk zij het heeft gehad en omdat hij aandacht wil voor wat hij allemaal gepresteerd heeft. Wat denkt hij wel. Hij heeft het daar leuk gehad in het buitenland, spannende dingen gedaan en zij kon hier thuis sloven.

Aandacht is een schaars artikel geworden in de moderne relatie. Voor intimiteit is aandacht een eerste vereiste en voor aandacht is weer tijd nodig. 'Misschien moeten we wel uit elkaar,' denkt Roos steeds vaker. 'Het lijkt wel alsof er niets meer is tussen ons.' Daan denkt dat soort dingen minder vaak, zegt hij, maar wat hij dan wel denkt? 'Niet zoveel,' zegt hij, 'ik heb het gewoon druk.'

Wat is intimiteit eigenlijk? Je kunt je intiem met iemand voelen door te praten over wat je voelt, door naar elkaar te kijken en door te vrijen. Het intiemst is waarschijnlijk voor veel mensen de combinatie. Praten over persoonlijke gevoelens zonder intimiteit is echter ook heel goed mogelijk, je ziet het regelmatig op tv. Emotie-tv is niet intiem, wel soms onderhoudend. Heftige seks zonder intimiteit komt waarschijnlijk minstens zo vaak voor. *I.M.*, het prachtige liefdesverhaal dat Connie Palmen schreef over haar relatie met Ischa Meijer is een verhaal over intimiteit. Een intimiteit die (aanvankelijk) alleen ontbrak in hun seksuele relatie. Connie Palmen schrijft daarover:

> 'Wat ik hem al die tijd niet durfde te zeggen, heb ik nu tegen hem gezegd en dan nog niet eens in de bewoordingen die ik er in mijn hoofd voor heb, maar veel voorzichtiger, omdat ik me er zelf voor schaam en omdat zijn verlegenheid soms zo onverdraaglijk groot is, dat ik me geweld moet aandoen om haar te verdragen.
> 'Je wordt me vreemd als je met me vrijt,' heb ik tegen hem gezegd en dat het bed het enige podium is, waarop hij echt toneelspeelt, waarop hij niet meer gewoon is, maar een ander, onecht, een bundeling clichés, een gespeelde man, iemand die zijn angst, kuisheid en misschien wel zijn afschuw van seks overschreeuwt. En ik zeg hem dat ik hem zeer begeer, dat ik als een waanzinnige naar hem verlang, maar dat ik hem nog nooit ben tegengekomen in bed en dat ik het niet in huis heb hem daaruit te bevrijden, dat ik niet zou weten hoe ik dat zo een-twee-drie moest doen.

Het uitspreken van dit gevoel kan alleen vanuit grote intimiteit. En die is er tussen hen als ze samen praten. Uit het hele boek spreekt een intense nieuwsgierigheid naar elkaar, een heftig verlangen om de ander te leren kennen en om aan hem uit te leggen hoe zij in elkaar zit.

'Het verlangen om te denken heb je van je moeder,' zegt Ischa nu, 'maar de lust om te denken heb je van je vader. Ik zag het opeens aan de manier waarop je naar me keek, laatst met de kerst bij jullie thuis. Zo kijkt jouw vader naar jouw moeder, onderzoekend, denkend, nieuwsgierig.'
Ik zeg tegen hem dat hij niet half weet hoe gelukkig ik word van dit soort opmerkingen, van zijn manier van kijken en analyseren en dat ik me zo door hem gekend voel. 'Kennis is liefde,' grijnst hij daarop.

Van dat laatste ben ik niet zeker. Maar elkaar willen kennen en onderzoeken is wel het wezen van intimiteit. Je zit als het ware met je neus op elkaar om niets te missen.

Wanneer ik paren vraag om te vertellen wanneer ze zich intiem met elkaar voelden, dan praten ze vaak over herkenning: je vertelt iets aan de ander en hij begrijpt dat. Of hij kijkt zelfs alleen maar naar je en begrijpt wat je voelt. En zegt dat dan ook, want er zijn toch meestal wel wat woorden nodig om de intimiteit tastbaar te maken. Het zijn momenten zonder wedijver of strijd, waarop er niets geregeld of afgesproken of verdedigd hoeft te worden.

Momenten van intimiteit kunnen ontstaan in de auto of tijdens een wandeling, in bed of op de bank, mits je ervoor en erna maar niet te veel om handen hebt. Intimiteit moet een beetje kunnen dobberen op de tijd. In het begin van een relatie maak je alle tijd. Verliefdheid helpt om al het andere te relativeren, dus hou je tijd over.

Maar het is niet zo dat kennis vanzelf leidt tot liefde.

Soms knapt liefde af op kennis. De verliefdheid neemt af door kennis. Je leert elkaar meer kennen door wat je doet dan door wat je zegt. Wanneer je bij elkaar in huis woont, moet je meer dingen doen. Zeker wanneer kinderen, huishouden en baan gecombineerd worden, valt er minder te praten, te verdoezelen en te herkennen; er moet gewerkt, opgeruimd en schoongemaakt worden. Roos denkt Daan inmiddels te kennen als haar broekzak. Ze weet dat een vergadering bij hem altijd uitloopt, dat de keuken een slagveld is als hij gekookt heeft, dat hij de was niet uitklopt als hij uit de droger komt en dat hij ieder probleem dat zij ziet in vijf minuten heeft opgelost. Hoe beter ze hem leert kennen hoe meer verschillen met haarzelf ze ziet. Hij lijkt ook nauwelijks geïnteresseerd in een gesprek over wat zij voelt. Hij weet het al en hij wordt er niet vrolijk van, want over haar gevoel heen ligt een dikke laag kritiek. Er is niet alleen geen tijd voor intimiteit, het is ook niet zonder gevaar om te gaan praten over gevoelens, als je een hoop te doen hebt.

Voor wie dat risico neemt is het overigens wel de moeite. Als je de tijd neemt om weer dingen te vragen en te luisteren naar de antwoorden en vervolgens te vertellen hoe jij erover denkt, ontdek je weer interessante verschillen en overeenkomsten. Daardoor ontstaat intimiteit en daardoor krijg je weer zin om te vrijen.

In het onderzoek naar de beleving van seksualiteit en relaties dat ik samen met Willeke Bezemer in 1993 deed voor *Margriet* stelden we onder andere de vraag: Is intimiteit door te praten een voorwaarde voor seksueel contact voor u? 66% van de vrouwen vindt dit altijd of meestal een voorwaarde. Veel minder vrouwen, namelijk 36%, waren van mening dat hun mannen intimiteit door te praten ook (meestal) een voorwaarde vonden. Jongere vrouwen dachten dat vaker dan oudere vrouwen. Maar alle vrouwen benadrukten dat ze het heel prettig vonden, wanneer hun partner wat dit betreft aan hun wensen tegemoetkomt en er eerst een intieme sfeer is voordat er gevrijd wordt.

Astrid zegt daarover: Het fijnste vind ik het als er al de hele dag een soort spanning tussen ons is. Als we elkaar af en toe eens aanhalen of als we bijvoorbeeld heel lekker hebben zitten praten over iets of tegen elkaar aan op de bank tv hebben zitten kijken. Het gekke is, dat ik vaak veel meer opgewonden raak van een blik of een heel zachte aanraking, dan van een tongzoen of het strelen van mijn borsten. Het is moeilijk om dat aan mijn man duidelijk te maken. Hij wil juist wel graag mijn borsten pakken of stevig zoenen. Zo'n beetje versieren, een beetje strelen en dan weer ophouden en wat praten, dat vind ik het allerfijnste. Ik vind het ook heel leuk als hij een complimentje maakt, dat ik er mooi uitzie of zo. En tijd vind ik belangrijk. Op zo'n zondagochtend als je niet moe bent of op vakantie, dan vrijen we het lekkerste. Ineens gepakt worden vind ik vreselijk. Dat wil niet zeggen dat ik alleen maar zachtjes wil vrijen. Soms vind ik het juist heerlijk om stevig of hartstochtelijk te vrijen, maar ik moet wel zelf voelen dat ik nog iets kan doen. [...] Af en toe iets liefs zeggen onder het vrijen vind ik ook heel belangrijk. Ik wil contact met hem houden.

Toen we dezelfde vraag aan de mannen voorlegden, bleek dat zij intimiteit door te praten vaker een voorwaarde vonden voor seks dan hun vrouwen dachten, hoewel inderdaad minder vaak dan hun vrouwen. De helft vindt dat het altijd of meestal een voorwaarde is. Een kwart vindt het geen voorwaarde.

Karel: Belangrijker dan seks is voor mij dat het gezellig en prettig is tussen ons tweeën. Ik zou ook niet goed kunnen vrijen als het verder niet goed is. Bijvoorbeeld na een ruzie, dan duurt het toch minstens wel een dag voordat ik weer behoefte heb aan intimiteit.

Veel paren (en de meeste vrouwen) zien praten, intimiteit en seksualiteit dus het liefst in die volgorde. Eerst het praten, dan ontstaat de sfeer en dan wordt er gevrijd.

Omgekeerd werkt het echter ook: door vrijen ontstaat ook intimiteit en krijg je weer zin om meer uit te wisselen over wat je voelt en hebt meegemaakt. Het ligt wat gecompliceerder, omdat praten willekeurig gedrag is en vrijen minder. Dat wil zeggen, je kunt wel besluiten om iemand aan te halen, je kunt zelfs besluiten om met iemand naar bed te gaan, maar als je dat eigenlijk niet wilt, doet je lichaam niet mee en ontstaat er tegenzin of afkeer. Er is echter een verschil tussen vrijen tegen je zin en de bereidheid om je open te stellen voor aanraking en seksueel contact. Wanneer je aanraking en seks vermijdt, om wat voor reden dan ook, mis je ook de mogelijkheid om te ontdekken waar je lichamelijk plezier aan beleeft en mis je een manier om samen met je partner intimiteit en lust te ervaren. Veel paren gaan ervan uit, dat je allebei van tevoren zin moet hebben, op hetzelfde moment, omdat het anders niet mogelijk is, of op zijn minst niet netjes, of politiek onjuist om met elkaar te vrijen. Op dit misverstand zal ik later nog terugkomen, omdat het voor veel gemiste kansen zorgt in seksuele relaties.

Fasen in de seksuele relatie

Het begin

De meeste mensen hebben ongeveer rond hun zeventiende voor het eerst gemeenschap. Daaraan is een periode vooraf gegaan van aantrekkingskracht voelen voor een jongen of een meisje, verliefd worden, aanraken, zoenen, vrijen met de kleren aan en vervolgens met steeds meer kleren uit. Het vrijen wordt dus langzamerhand steeds bloter en intiemer. De behoefte om te vrijen is in deze fase heel sterk. Voor jongens is dit meer dan voor meisjes een echt fysieke behoefte. Bij meisjes is de zin in vrijen soms wat vager: een behoefte aan knuffelen, bij elkaar zijn, lief en mooi gevonden worden en aan de opwinding van het samenzijn.

In de fase dat je verliefd bent, wil je alles van elkaar weten: wat je denkt, wat je voelt en hoe je je voelt. Met elkaar vrijen wordt net als met elkaar praten gezien als een uiting van je liefde voor elkaar. Hoewel het verlangen om te vrijen en de opwinding heel sterk zijn, is de eerste keer voor jongens en voor meisjes soms meer spannend dan prettig. Door vaker met elkaar te vrijen ontdekken ze hoe ze het elkaar en zichzelf naar de zin moeten maken. Na een soms wat rommelig begin volgt voor de meeste paren een periode waarin ze intens van elkaar en van het vrijen genieten en waar ze later soms met enige nostalgie aan terugdenken. Technisch verliep het misschien allemaal niet zo soepel, maar de intensiteit van de gevoelens was heel hevig.

In het eerder genoemde *Margriet*-onderzoek naar de beleving van seksualiteit vertelde Maartje over haar eerste keer het volgende.

Toen we elkaar vijf maanden kenden, hadden we voor het eerst gemeenschap. Dat kwam omdat hij niet eerder wilde of eigenlijk niet eerder durfde. Hij was bang om te falen. Ik was nieuwsgierig en heel erg verliefd. Ik had nooit eerder verkering gehad en voor hem was het ook de eerste keer. Hij leek me heel volwassen en rustig en hij vond mij leuk. Ik had niet zo veel zelfvertrouwen, dus ik stond er eigenlijk van te kijken dat iemand mij leuk vond.

De eerste keer dat we met elkaar naar bed gingen was heel onprettig. Het was eigenlijk per ongeluk. Hij durfde niet en toen 's ochtends ineens wel. Het deed geen pijn, maar ik dacht meer: 'Is dit nou alles?' Het verbaasde mij niet echt, want ik had vroeger ook wel eens gehoord dat er niets aan was. Later heb ik toen wel aan mijn moeder gevraagd: 'Vind jij het eigenlijk lekker?'

Mijn moeder zei toen: 'Het heeft jaren geduurd voordat ik het prettig vond.'

Toen dacht ik: 'Dan komt het misschien nog wel.'

Ook voor jongens is de eerste keer spannend.

Floris: 'Een echte relatie met een vriendinnetje kreeg ik toen ik veertien was. Met dat vriendinnetje ben ik ook naar bed gegaan.'

'Dat was dus vrij jong.'

'Ja, vindt u dat? Ik dacht eigenlijk: ik ben te laat. Ik dacht dat het met je dertiende of veertiende toch wel gebeurd moest zijn. Je hoorde natuurlijk ook van die verhalen om je heen en dan denk je dat je zelf ook moet. Dat meisje was even oud als ik. Het was tijdens een zeilkamp. We hadden daarvoor op de boerderij waar we sliepen eerst al een hele nacht gevreeën. Dat was in een hooiwagen. We lagen daar een hele nacht te praten, te kussen en te vrijen. Dat was leuk. Een paar weken later zijn we met elkaar naar bed gegaan in het huis van een vriend van mij. Ik kende een oudere jongen en die had een huis waar we naar toe konden. Het was niet zo speciaal of spectaculair. Ik was heel zenuwachtig, ik wist niet wat ik moest doen, waar moest ik hem in steken? We hebben geen voorbehoedmiddel gebruikt toen, daar heb ik niet over na-gedacht. Daarna zijn we vaker met elkaar naar bed gegaan en toen is ze aan de pil gegaan. Ik kan me eigenlijk niet her-inneren of het toen leuker werd. Er staat me weinig meer van bij. Het heeft ook niet zo lang geduurd, een maand of drie. [...]

Toen ik mijn tegenwoordige vriendin leerde kennen was ik achttien. Wat ik leuk aan haar vond weet ik nog heel goed. Ze was gewoon ontzettend knap en ze was heel aardig. Ze schonk aandacht aan mij, daar was ik helemaal verguld over. Het duurde best lang voordat wij echt iets kregen met elkaar. Ik zag haar heel vaak en ik was ontzettend verliefd op haar. Ik was nog nooit zo verliefd geweest. Ik ging vaak bij haar langs. Ze woonde toen nog samen met een vriend, maar op een gegeven moment ging dat toch niet meer met die vriend. Een hele tijd hebben we toen alleen maar af en toe een kusje gegeven. Na zo'n maand of drie zijn we met elkaar naar bed gegaan. Ik was heel zenuwachtig dat het niet zou lukken en het lukte ook niet zo erg. Ik had moeite om mijn erectie te houden. Zij vond het wel leuk geloof ik. Ja, zij vond het wel leuk. Vrij snel daarna, ongeveer een maand later zijn we gaan samenwonen.

Ik verwachtte van de relatie veel seks en veel erotiek, maar dat is niet helemaal zo uitgekomen.'

'Waarom niet?'

'Het oude verhaal: ik wil vaker dan zij. Dat was van het begin af aan zo. Het is ook niet heel erg, het staat de relatie niet in de weg of zo. Maar als je het mij zou vragen, dan wil ik vaker.'

In de verkeringstijd ontdekken paren wat seksualiteit en intimiteit is. Vaak hebben vrouwen iets meer tijd nodig dan mannen om erachter te komen wat ze fijn vinden met vrijen. Mannen hebben meestal een voorsprong, omdat ze veel vaker dan meisjes al een aantal jaren ervaring hebben met masturberen en dus beter weten hoe ze bij zichzelf opwinding en een orgasme kunnen opwekken. Het risico bestaat dat vrouwen door deze 'achterstand' in het opwekken en ervaren van lust passiever blijven en met zich laten vrijen op een manier die voor hun mannelijke partner prettig is, maar voor hen misschien niet. Hoewel vrouwen van nu actiever zijn tijdens het vrijen dan vroeger, meer initiatief nemen en duidelijker durven aan te geven wat ze wel en niet prettig vinden, is het nog steeds geen uitzondering, dat ze pas na een aantal jaren vrijen voor het eerst een orgasme ervaren.

Vrijen in langer durende relaties

Wanneer paren eenmaal besloten hebben dat zij samen verder willen, besluit een groot aantal van hen dat ze graag kinderen willen. Het zwanger willen worden geeft voor veel paren een grote intensiteit aan het vrijen. Vrouwen die zwanger willen worden hebben vaak veel zin om te vrijen. Van de andere kant kan bij paren waarbij de gewenste zwangerschap op zich laat wachten na verloop van tijd ook spanning ontstaan. Vooral wanneer er vanwege vruchtbaarheidonderzoek op bepaalde tijden gemeenschap moet plaatsvinden kan dit belastend zijn.

Bij Roos en Daan zagen we al dat de zin in vrijen, met name bij vrouwen, vaak sterk vermindert als de kinderen er eenmaal zijn. Overigens gebeurt dit niet alleen als er kinderen in de relatie komen, ook bij paren zonder kinderen zie je een sterke afname van de seksuele behoefte en in ieder geval van de frequentie na een aantal jaren.

Uit alle onderzoeken naar de frequentie van seksueel contact blijkt dat jonge mensen die net een relatie hebben, veel vaker vrijen dan oudere mensen. Uit ons onderzoek bleek dat het grootste gedeelte van de groep tot 25 jaar vaker vrijt en vaker gemeenschap heeft dan één keer per week. In de jaren daarna geldt dat voor minder dan de helft.

Met name boven de 55 neemt de frequentie van het vrijen en van de gemeenschap sterk af. (In de ogen van veel paren is vrijen en gemeenschap helaas hetzelfde en volgt uit het één praktisch altijd het ander.) Volgens de oudere paren uit ons onderzoek betekent de afname van de frequentie lang niet altijd dat de tevredenheid over de seksuele relatie ook minder wordt. Veel paren geven aan dat het vrijen weliswaar minder voorkomt, maar ze beleven het vaak als minstens zo prettig, omdat ze veel meer vertrouwd zijn met hun eigen en met elkaars lichaam.

Een verschil in behoefte aan seksueel contact en dan met name aan gemeenschap is wel een probleem waar veel paren een oplossing voor moeten vinden. Vaak is dat niet eenvoudig. De partner die vaker wil (ja, inderdaad meestal, maar niet altijd, de man) voelt zich gekwetst en afgewezen, de partner die minder vaak wil, voelt zich onder druk gezet, schuldig en tekortschieten. Uit ons *Margriet*-onderzoek bleek dat meer dan de helft van de mannen ontevreden is over de frequentie van het vrijen en de gemeenschap. Deze mannen willen vrijwel altijd vaker gemeenschap. Voor de vrouwen gold dat 70% tevreden was over de frequentie. 6% van hen gaf aan minder vaak gemeenschap te willen, de rest wilde vaker, maar hun motivatie daarvoor lag anders dan bij de mannen. Uit de interviews met de mannen bleek dat zij vrijwel altijd vaker gemeenschap wilden omdat zij daar zelf behoefte aan hadden, terwijl de vrouwen dat wilden omdat zij hun man of vriend niet wilden teleurstellen, dus eerder voor hem dan voor zichzelf.

Anneke: 'Bert heeft veel meer behoefte om te vrijen dan ik, maar hij wil het alleen als ik het ook wil. Ik voel me er wel eens schuldig over dat ik niet vaker behoefte heb. Toch hou ik echt van hem. Ik vind het rot voor hem. Soms weet ik dat hij erop ligt te wachten dat ik het initiatief neem. Dat voel je toch. Onbewust hou ik altijd een beetje bij hoe lang het geleden is. Als we al meer dan een week niet gevreeën hebben, krijg ik zelf ook wel het gevoel: nu moet het eigenlijk toch weer eens.'

'Moet het dan voor jou of denk je dat het voor hem moet?'

'Dat weet ik niet. Allebei een beetje denk ik, maar het is heel raar. Het is net of ik dan verstijfd of verlamd ben. Dan denk ik: kom op, doe niet zo raar, pak hem nou gewoon vast of ga tegen hem aan liggen, maar dat kan ik dan bijna niet. Dan moet ik echt over een drempel heen.'

'En lukt dat?'

'Ja, meestal wel. Als we dan eenmaal gaan vrijen, vind ik het best fijn. Je voelt je dan toch weer dichter bij elkaar. Ik weet ook hoe belangrijk het voor hem is. Ik kan het altijd aan hem merken de volgende dag. Hij is dan heel lief en heel vrolijk. Ik voel me achteraf ook opgelucht. Soms denk ik ook: nou dat zit er weer op.'

Brian: 'Er is op seksueel gebied een enorme dip geweest. Een paar jaar geleden was dat heel frustrerend. Toen had ze echt bijna nooit zin. Dan waren het geen smoesjes, nooit van hoofdpijn of flauwe verhaaltjes ophangen, maar dan zei ze gewoon dat ze niet wilde. Dat leverde toch wel spanningen op en teleurstelling en heel veel vragen. Niet in de verwijtende sfeer, maar meer in de zin van: Wat doe ik dan verkeerd? En onzekerheid: Wil ze ooit nog wel? Ik werd niet kwaad, als ik me weer afgewimpeld voelde, maar ik vond het altijd wel erg. Daar hebben we het vaak over gehad. Dan praat je wel over jaren dat het echt bergafwaarts ging. Zij dacht: Wat is er dan met mij? En ik dacht ook: Wat is er aan de hand? Je komt er dan samen niet uit.
Nu gaat het op seksueel gebied weer beter. Het is nog niet zoals het vroeger was. Misschien kan dat ook niet. Je bent toch ouder en je kent elkaar langer. [...]
Mirjam heeft eigenlijk nooit zo veel moeite om mij over te halen. Ik wil altijd wel. Andersom is dat niet zo. Zij zegt veel vaker nee. Ik heb namelijk gewoon meer behoefte en dat laat ik ook merken. Niet dat ik me opdring, maar ze merkt wel aan me dat ik zin heb en dan zegt ze gewoon nee. Dat vind ik belangrijk, die openheid, dat ze "nee" kan zeggen.'

Als paren het verschil in verlangen niet kunnen oplossen of overbruggen ontstaan er conflicten. Er ontwikkelen zich min of meer vaste patronen waarin beiden intimiteit vermijden of waarin een van de twee 'altijd' het initiatief neemt en de ander 'nooit' zin heeft en altijd ontwijkt.
Ook zie je dat machtsconflicten die elders in de relatie ontstaan, uitgevochten worden op seksueel gebied: als

jij niet bereid bent een eerlijk aandeel van de huishoudelijke taken op je te nemen, moet je niet verwachten dat ik nog zin heb om 's avonds met jou te vrijen. Daar ben ik dan veel te moe voor.

Soms wordt het 'Voor wat hoort wat'-principe nog duidelijk benoemd, vaker gebeurt het dat een van tweeën 'gewoon' geen zin heeft om te vrijen, maar dat men zich van de samenhang met een probleem in de relatie helemaal niet zo bewust is.

Uit de bovenstaande voorbeelden wordt duidelijk, dat de verliefdheid en de nieuwsgierigheid naar elkaar, de drang om elkaar te veroveren in deze fase van de relatie minder worden. Geen enkele verliefdheid is bestand tegen de dagelijkse omgang met de geliefde. In een langduriger relatie is er hooguit sprake van momenten van verliefdheid, wanneer de ander een tijd op reis geweest is, bijvoorbeeld, of tijdens een vakantie. In haar boek *Liever vrijen* legt seksuologe en relatietherapeute Maureen Luyens uit dat de motieven die in de beginfase van de relatie een belangrijke reden waren om met elkaar te vrijen nu (vrijwel) vervallen. De verliefdheid is minder, de nieuwsgierigheid bevredigd, de ander veroverd. Als er geen andere redenen komen om te vrijen, verdwijnt de behoefte daaraan vaak grotendeels. Veel paren vinden die andere motieven wel: ze vrijen vanwege het fysieke plezier, om zich te ontspannen, om contact met elkaar te voelen, om elkaar een plezier te doen, om zichzelf een plezier te doen.

Voor sommige paren is het verdwijnen van de verliefdheid en het minder worden van de passie echter moeilijk te verteren. Het maakt hen zenuwachtig. Ze houden vast aan de illusie dat bij 'echte liefde' dat gevoel van verliefdheid en hartstocht hoort. Wanneer dat verdwijnt, zijn ze bang dat de relatie ten einde loopt. Vertrouwdheid en kameraadschap, die door veel paren genoemd worden als verworvenheid binnen een langere relatie, vinden zij maar een slap aftreksel. Soms kan dit verlangen naar verliefdheid en begeerd worden ertoe leiden dat mensen een buitenechtelijke relatie beginnen om toch die intensiteit weer te ervaren.

We zagen al eerder dat veel paren het in de periode dat de kinderen opgroeien, in de zogenaamde middenfase, het moeilijkst hebben. Dat heeft te maken met puberende kinderen, met een carrière die dan vaak op zijn hoogtepunt is en voor veel spanning zorgt, met ouders die soms hulpbehoevend worden en met het fysiek ouder worden. Het uiterlijk verandert, mannen en vrouwen worden wat zwaarder, er komen rimpels, er ontstaan lichamelijke ongemakken en klachten. Partners kunnen zichzelf minder aantrekkelijk voelen en kunnen de ander ook minder aantrekkelijk gaan vinden. Het is ook een fase waarin veel mensen de balans opmaken en zich afvragen of dit nu alles is wat het leven hun te bieden heeft. De seksuele relatie wordt natuurlijk ook beïnvloed door alle stressfactoren die in deze levensfase spelen.

Daarnaast is er in deze fase geleidelijk aan ook een verandering in het seksuele functioneren. De individuele verschillen voor wat betreft de invloed die dit heeft op de seksuele relatie zijn heel groot, maar toch kun je zeggen dat over het algemeen de seksuele reacties trager zijn. De zin en het plezier in vrijen blijven bestaan, maar zowel mannen als vrouwen merken dat de snelheid waarmee ze lichamelijk reageren, afneemt.

De vrouw heeft meer tijd nodig om opgewonden te raken, zeker vanaf de menopauze. Het duurt langer voordat de vagina vochtig wordt. Als je hier geen rekening mee houdt en niet meer tijd neemt, kan gemeenschap pijnlijk worden.

Ook mannen worden minder snel opgewonden en krijgen minder snel een erectie. De erectie kan gemakkelijker verdwijnen, de zaadlozing komt minder snel en het orgasme voelt minder intens. Sommige paren maken zich hier vreselijk zorgen over en kunnen er niet mee omgaan. Om zichzelf en hun partner te sparen gaan ze seksueel contact vermijden.

> Koos, 55 jaar, merkte de laatste tijd, als hij seksueel contact had, dat zijn erectie niet meer zo stevig was of zelfs verdween als hij wilde overgaan tot gemeenschap. 'Dat was het dan,' dacht Koos, 'ik word impotent.' Annie, zijn vrouw heeft altijd minder behoefte gehad aan seks dan Koos en ze zijn gewend dat hij het initiatief neemt. Nu Koos dat niet meer doet, omdat hij bang is dat hij dan weer 'faalt', gebeurt er niets meer. Annie is behalve een beetje opgelucht, ook wel ongerust over de situatie (wat is er aan de hand, heeft hij een ander?). Daarnaast is ze inwendig boos. Want als zij vroeger geen zin had om te vrijen, dan zette Koos haar behoorlijk onder druk. Nu hij kennelijk geen zin heeft, wordt daar geen woord over gezegd.
> Boosheid, verlegenheid en angst zorgen ervoor dat Koos en Annie niet praten over wat er aan de hand is en dus ook geen oplossing zoeken. Hun seksuele leven dooft langzaam uit.

Soms gaan mensen in deze fase uit elkaar, omdat ze hun veranderende seksualiteit wijten aan de spanningen of de sleur die er in de relatie zijn ontstaan. Ze gaan ervan uit dat ze met een andere partner wel weer plezier en zin in het vrijen krijgen en dat ze dan ook beter zullen 'presteren'. Vaak lijkt dat aanvankelijk ook te lukken. Verliefdheid, zagen we al, is een heel sterk motief om te gaan vrijen en door dat motief kan het vrijen (tijdelijk) beter gaan.

Over het algemeen zie je dat de paren die in de vorige fasen seksueel actief waren en in staat bleken om soepel om te gaan met de verschillen die hun gevoelens voor elkaar in de loop van de tijd ondergingen, ook in staat zijn de problemen die samenhangen met het ouder worden op te lossen. Zij blijven met elkaar vrijen en daar plezier aan beleven.

Voor paren die wel in staat zijn om zich aan de lichamelijke veranderingen van het ouder worden aan te passen, kan deze fase juist ook nieuwe mogelijkheden bieden. Sommige lichamelijke verschillen kunnen nu namelijk gemakkelijker overbrugd worden. Mannen hebben meer tijd nodig om tot een orgasme te komen en dat past beter bij het tempo van veel vrouwen. Bovendien zijn mannen in deze fase wat minder exclusief gericht op gemeenschap. Voor veel vrouwen was het altijd al een wens dat er wat vaker 'gewoon' gevrijd zou worden zonder dat dit altijd inleiding tot gemeenschap was. Ook het minder worden van dit verschil leidt voor een aantal paren tot een grotere intimiteit en meer tevredenheid over de seksualiteit. Het verschil in behoefte wordt bovendien minder groot of wordt minder zwaar opgenomen, omdat paren nu uiteindelijk wel weten wat ze aan elkaar hebben en zich minder snel gekwetst en afgewezen voelen. Tenslotte zijn de rollen bij de paren die deze faseovergang op een positieve manier maken vaak wat minder strikt verdeeld. Mannen zijn in de seksuele omgang wat minder actief en vrouwen, die inmiddels hun lichaam beter kennen, wat minder passief. Als ze tenminste niet zoals Koos en Annie uit angst, boosheid of gewoonte volharden in hun oude patroon.

Verschillen in de beleving van het vrijen tussen mannen en vrouwen

Vrijen doe je met je lijf, met je hoofd en met zijn tweeën: je hebt elkaar ervoor nodig. In haar eerder genoemde boek maakt Maureen Luyens duidelijk hoe deze drie factoren op elkaar inwerken. Om samen te kunnen genieten van seks helpt het als je begrijpt wat zich in je eigen lijf en hoofd afspeelt en in dat van je partner. Gebrek aan kennis of misverstanden daarover kunnen veel verdriet en boosheid veroorzaken.

Verlangen

Het verlangen om te vrijen is iets wat zich vooral in je hoofd afspeelt. Je bent in gedachten met de ander en met vrijen bezig en fantaseert erover. De rol van het lichaam, van de hormonen, is bij het ontstaan van het verlangen beperkt.

Zowel mannen en vrouwen fantaseren over seks, vóór het vrijen maar ook vaak tijdens het vrijen. Waarschijnlijk dient het dan als een manier om het verlangen of de opwinding sterker te maken. Wanneer we ervan uitgaan dat iedereen zijn eigen beeld ontwikkelt over hoe zijn seksuele relatie er uit zou moeten zien (John Money noemt dit onze *love map*, liefdeskaart) dan kun je via je fantasie de werkelijkheid een beetje aanpassen aan je eigen kaart en zo het verschil met de werkelijkheid en met de kaart van je partner wat verkleinen.

De inhoud van de fantasieën van mannen en vrouwen komt voor een deel overeen, maar er zijn ook verschillen. Mannen fantaseren vaak over het lichaam van een potentiële sekspartner, over borsten, benen, billen, terwijl vrouwen vaker fantaseren over romantische scènes die tot seksueel contact leiden. Zij zijn meer met de hele aanloop tot het vrijen bezig. Daarnaast kunnen vrouwen (net als mannen) ook fantasieën hebben over heel expliciete en harde seks en zelfs over scènes waarbij ze overweldigd worden, soms door meer mannen tegelijk. Dit soort fantasieën, dat vrouwen zelf soms raar voorkomt, betekent absoluut niet dat vrouwen dit in werkelijkheid ook zouden willen. Het grote verschil met een situatie waarin ze feitelijk gedwongen worden tot seks, is dat ze in hun fantasie de totale regie in handen hebben. Het aantrekkelijke van zo'n fantasie is voor veel vrouwen eerder dat ze in een dergelijke situatie genieten van de opwinding van hun seksuele partners en van hun beheersing daarover.

Mannen zijn veel vaker op een dag in gedachten met

seks bezig dan vrouwen. Daardoor lijkt het ook of ze veel vaker of zelfs 'altijd' zin hebben in seks. Bij vrouwen lijkt zin in vrijen minder vaak ineens te ontstaan. Voor hen geldt meer dan voor mannen, dat de zin kan ontstaan tijdens het vrijen of tijdens intiem praten met elkaar. Allebei spontaan en dan ook nog op hetzelfde moment zin krijgen komt in langdurige relaties niet zo vaak voor. Meestal is het zo, dat de zin bij een van beiden ontstaat en dat de ander bereid is op zijn toenadering in te gaan en daardoor zin krijgt.

Opwinding

Wanneer je verlangt naar vrijen, erover fantaseert en elkaar begint aan te raken, reageert het lichaam. Dit resulteert bij de man in een erectie, het iets groter worden van zijn ballen en het vochtig worden van de eikel. Bij de vrouw komt er een afscheiding in de vagina, de schaamlippen en de clitoris zwellen op, de vagina wordt wijder, de tepels worden groter en gaan rechtop staan. Bij zowel mannen als vrouwen gaan de ademhaling en de hartslag sneller.

Meestal zijn vooral jonge mannen sneller opgewonden dan vrouwen, althans dat lijkt zo omdat ze, zoals we zagen, vaak al een voorsprong hebben. Ze zijn immers veel vaker dan vrouwen al van tevoren met seks bezig. Vrouwen hebben dan ook vaak wat tijd nodig om op een zelfde niveau van opwinding te komen. Wanneer mannen ouder worden, verdwijnt dit verschil, omdat ze dan zelf ook meer stimulatie nodig hebben voor ze een erectie krijgen.

Omdat er meestal een verschil is tussen partners in het niveau van opwinding, is het belangrijk dat je je tijdens het vrijen in deze fase richt op je partner en op het niveau van opwinding van degene die het minst 'ver' is. Een vergissing die vaak gemaakt wordt, is dat de partner die al meer opgewonden is, heel snel probeert om de ander op een zelfde niveau te brengen door gericht op borsten of geslachtsdelen te strelen of door meteen heel stevig te vrijen. De partner die minder opgewonden is, kan dit vervelend of zelfs pijnlijk vinden, ook al is die manier van vrijen of strelen in een later stadium, als de opwinding sterker is, wel prettig. Door te snel heel seksueel gericht vrijen kan de opwinding en de zin bij de ander juist afnemen en kan een reactie van verzet of je afschermen het gevolg zijn.

Het orgasme

Door het langer vrijen stijgt de opwinding naar een hoog niveau en houdt daar een tijd aan. Dit wordt de zogenaamde plateaufase genoemd. De neiging om intens te vrijen wordt sterker. Na de plateaufase kan het orgasme volgen. Bij mannen betekent dat een zaadlozing, door het samentrekken van de urinebuis, de spieren van de penis en de bekkenbodemspieren. Bij vrouwen is een uitgebreider gebied betrokken bij het orgasme: de spieren rond het voorste gedeelte van de vagina, van de baarmoeder en de bekkenbodemspieren. Bij mannen wordt het orgasme beleefd als één heftig moment, terwijl het bij vrouwen vaak langer duurt en in golven van toenemende en weer afnemende opwinding komt. Mannen krijgen gemakkelijk een orgasme tijdens de gemeenschap, omdat de penis tijdens de bewegingen bij de gemeenschap rechtstreeks wordt gestimuleerd door de vagina. Voor vrouwen is het heel gewoon om niet klaar te komen tijdens de gemeenschap. Zij krijgen veel makkelijker een orgasme door het rechtstreeks stimuleren van de clitoris, met de hand of met de mond. Tijdens de gemeenschap wordt de clitoris via de schaamlippen alleen indirect gestimuleerd.

Voor mannen is het orgasme heel belangrijk bij het vrijen. Voor vrouwen is dit veel minder het geval. Veel vrouwen kunnen toch genieten van het vrijen, ook zonder orgasme, terwijl dit voor mannen moeilijk voorstelbaar is.

Herstelfase

Na het klaarkomen komt het lichaam tot rust. Bij mannen verdwijnt de erectie en het duurt een tijdje voor die opnieuw kan terugkomen. Vrouwen kunnen echter gemakkelijker (door stimuleren van de clitoris) in deze fase tot nieuwe opwinding en een nieuw orgasme komen.

Het beschrijven van de fasen tijdens het vrijen – verlangen, opwinding, orgasme en herstel – wekt misschien de indruk, dat de fysieke reacties altijd zo keurig achter elkaar verlopen, dat de zin ook geleidelijk toeneemt en na het orgasme weer verdwijnt en dat mensen zich na afloop bevredigd voelen. Dat is echter niet zo. De zin kan tijdens het vrijen toenemen of juist afnemen en partners kunnen zich, onafhankelijk van het feit of ze een orgasme hebben gekregen, wel of niet bevredigd voelen. Dat alles hangt af van lichamelijke en psychische factoren bij jezelf op het moment van het vrijen maar ook van de manier waarop je op elkaar reageert. Vrijen doe je namelijk met elkaar.

Voor de meeste mensen is het vrijen het fijnste wanneer ze intimiteit en veiligheid ervaren in de relatie en wanneer er respect en aandacht is voor elkaar. Met name voor vrouwen speelt dit een belangrijke rol. Zij hebben er over het algemeen meer moeite mee om intimiteit te creëren door te vrijen. Het gevoel van nabijheid is voorwaarde voor het vrijen, terwijl voor mannen vrijen een manier kan zijn om het contact te maken.

Bij het afstemmen op elkaar kan zoveel misgaan, dat het soms een wonder mag heten dat de meeste mannen en vrouwen toch nog regelmatig heel prettig met elkaar vrijen. Bij Sjaak en Ivonne, bij Andrea en Michiel en bij Tineke en Frans ontstaan problemen omdat ze niet begrijpen wat hun partner voelt of wil of omdat de timing niet gelijk loopt.

Bij Sjaak en Ivonne is er regelmatig strijd over het vrijen. Sjaak zou veel vaker willen vrijen, maar alleen als Ivonne dat ook wil. Als zij geen zin heeft, vindt hij er ook niets aan. Ivonne heeft hem tijdens een van hun gesprekken hierover uitgelegd dat seks voor haar niet van het ene moment op het andere in bed begint, maar dat er dan al van tevoren een bepaalde sfeer moet zijn. Toen Sjaak de avond daarna om tien uur een romantische cd opzette, de open haard aanstak en een fles wijn tevoorschijn haalde, knapte ze onmiddellijk af. Voor haar was dat te weinig spontaan, ze had het idee dat ze nu verplicht zin moest krijgen en zo werkte dat niet. Een paar dagen later weert ze Sjaak af als die haar omhelst terwijl ze zit te telefoneren. Sjaak begrijpt er nu helemaal iets meer van: ze zegt dat ze vaker buiten het bed aangehaald wil worden en nu is het weer niet goed. Hij neemt zich voor om haar voorlopig met geen vinger aan te raken.
Na twee weken begint Ivonne zich zorgen te maken over zijn terughoudendheid. Omdat ze niet gewend is om zelf initiatief te nemen bij het vrijen ligt ze op een avond een hele tijd naast hem wakker en schuift steeds iets dichter naar hem toe. Ze heeft er behoefte aan om hem dicht bij zich te voelen en krijgt steeds meer zin om te vrijen. Wanneer ze uiteindelijk haar hand op zijn buik legt, draait Sjaak zich licht snurkend om. Hij is gewoon in slaap gevallen! Ivonne voelt zich gekwetst en afgewezen.

Michiel heeft al de hele avond zin om te vrijen. Wanneer het er uiteindelijk in bed van komt, is hij al heel erg opgewonden. Voor Andrea geldt dat veel minder. Michiel probeert haar opgewonden te maken door haar hartstochtelijk en stevig te strelen. Zelf raakt hij daardoor nog meer opgewonden, maar Andrea spant en weert hem af, omdat hij haar pijn doet.

Tineke geniet er tijdens het vrijen van als Frans zo opgewonden is dat hij heel snel klaarkomt. Het geeft haar een gevoel van 'macht' en tegelijk van tederheid. Frans vindt echter dat zij moet genieten van het vrijen door een orgasme te krijgen. Dus besteedt hij veel tijd aan het op alle mogelijke manieren strelen van Tineke om haar opgewonden te maken. Het effect is omgekeerd: hoe meer hij zijn best doet op haar en hoe langer het duurt, hoe minder opgewonden hij zelf wordt en hoe minder opwindend Tineke het vindt. Vrijen wordt voor hen allebei een hele klus, maar dat is het laatste wat ze tegen elkaar durven te zeggen uit angst de ander te kwetsen.

De rol van gedachten

De rol die gedachten en fantasieën, positief en negatief, spelen bij het ontstaan van verlangen kwam al eerder aan de orde. Ook spelen positieve gedachten over je partner of over de relatie mee bij het je openstellen voor seksueel contact. Wanneer je de ander lief vindt, wanneer je samen gepraat hebt of een leuke avond hebt gehad, kan dat aanleiding zijn om te gaan vrijen.

De aanleiding om te gaan vrijen hoeft overigens niet altijd zo positief te zijn. De gedachte dat het er maar weer eens van moet komen, dat de ander misschien wel vreemd gaat als jullie zo weinig vrijen, of dat hij anders morgen chagrijnig is, kan ook een reden zijn om seksueel contact te hebben. Alleen wordt het dan meestal minder positief beleefd.

Jeanet, 46 jaar, vijfentwintig jaar getrouwd, zegt daarover: 'Soms merk ik wel eens dat het helemaal niet gaat en dan zou ik het liefst willen ophouden. Eigenlijk is dat trouwens best vaak zo. Ik doe het dan niet, omdat ik weet dat mijn man dan de volgende dag ontzettend chagrijnig is. Hij kan dan tekeergaan tegen mij of de kinderen en er is eigenlijk geen goed garen met hem te spinnen. Hij zegt dan zelf: "Je weet best hoe dat komt." Volgens hem voelt hij zich dan ook lichamelijk erg rot. Hij krijgt last van een heel gespannen gevoel en heeft pijn in zijn buik. Ik zeg wel eens: "Doe het dan zelf," maar dat wil hij niet.

Als hij zo rot doet, heb ik nog veel minder zin om te vrijen en soms is het heel moeilijk om daar weer uit te komen. Omdat hij zo agressief is en zo tekeergaat, heb ik steeds minder zin om met hem naar bed te gaan en als ik niet met hem naar bed ga, wordt hij agressiever.'

Natuurlijk is er niets mis mee om af en toe met je partner te vrijen om hem een plezier te doen (of haar), bij wijze van cadeautje. Je hoeft dan zelf niet per se zin te hebben of een orgasme te krijgen, je doet het omdat je hem lief vindt of het hem gunt, zoals je ook wel andere dingen voor elkaar doet. Alleen als dat de meest voorkomende reden is om te vrijen of als je er zelf heel weinig aan beleeft, ontstaat er op den duur waarschijnlijk weerzin tegen het vrijen.

Er zijn ook vrouwen en mannen die heel veel last hebben van negatieve gedachten over of tijdens het vrijen. Dat kan bijvoorbeeld zo zijn als ze in hun jeugd misbruikt zijn, als ze vervelende ervaringen hebben gehad met seksualiteit, als ze heel streng of normatief zijn opgevoed, of als ze zich schamen voor hun eigen lichaam.

Sofie, 43 jaar: 'Seks mocht nooit in mijn leven [...]. Ik was eenentwintig toen ik mijn man leerde kennen. Hij was stil, verlegen en heel aardig om te zien. Absoluut geen bedreigende man. Het was de eerste keer dat mijn moeder iemand met wie ik omgang had aardig vond. Andere vriendjes waren nooit goed. Misschien is dat wel de belangrijkste reden geweest dat ik met hem door ben gegaan. Toen we trouwden, was ik nauwelijks meer verliefd. Ik had nog nooit seks gehad. Voordat we trouwden, streelden we wat en dat vond ik wel leuk, maar de nacht na het trouwen was het al mis. We probeerden wel wat, maar het ging helemaal niet. Ik voelde echt afkeer. Dat bleef zo. We hebben wel af en toe wat gestreeld, maar dat werd ook steeds minder. Langzamerhand ondernam hij geen pogingen meer om nog seksueel contact te hebben.'

Herman, 48 jaar, heeft een moeilijke jeugd gehad. Hij was het kind van een Duitse soldaat. Zijn moeder trouwde toen hij nog klein was met een Nederlandse man met wie ze een heel slecht huwelijk had. Die man dwong haar vaak tot seks door te zeggen: 'Als je met die mof naar bed kon, dan kun je het met mij ook.' In Hermans jeugd ving hij geluiden van gewelddadige seks op uit de slaapkamer van zijn moeder. Hij werd, omdat hij 'het moffenjong' was, door zijn stiefvader mishandeld.
Door alles wat Herman hoorde als kind kreeg hij het idee dat seks niet iets moois kon zijn. Tot twee jaar terug heeft hij de grootste moeite gehad met seks, maar ook met zichzelf. Hij heeft zelfs een tijdlang een eind aan zijn leven willen maken.
Na een mislukte eerste relatie leert Herman een vrouw kennen die seksueel heel veeleisend is en hem het gevoel geeft dat hij niet normaal is. Naast de relatie met hem heeft ze ook seksuele relaties met andere mannen. Ook dit huwelijk loopt vast, waarna Herman een relatie krijgt met zijn huidige vriendin. Hij leert haar kennen via een advertentie, wordt heel erg verliefd, maar als hij probeert voor het eerst seks met haar te hebben kan hij geen erectie krijgen. Omdat deze vriendin hem het gevoel geeft dat niets moet en omdat ze heel lief en geduldig is, lukt het Herman uiteindelijk om plezier te krijgen in seks.

Louise, 26 jaar, heeft als zeventienjarige au-pair in het buitenland een tijd lang een relatie gehad met een veel oudere man, die haar vernederde en herhaaldelijk dwong om seks met hem te hebben tegen haar zin. Omdat het haar eerste ervaring was met seks en omdat ze ver van huis was, heeft ze dit te lang door laten gaan voor ze uiteindelijk de moed had met deze man te breken. Inmiddels heeft ze een leuke vriend van wie ze veel houdt, maar het vrijen met hem lukt helemaal niet. Bij pogingen tot seksueel contact, dat Louise zelf ook wil (al was het maar voor haar vriend), reageert ze vaginistisch. Het doet haar heel erg pijn. Regelmatig krijgt ze tijdens het vrijen flashbacks van seks met die andere man.

In al deze gevallen zal eerst moeten worden afgerekend met de negatieve gedachten en gevoelens uit het verleden, zodat er ruimte komt om positieve ervaringen en gedachten op te bouwen. Soms lukt dit paren zelf, zoals Herman en zijn vriendin, met veel geduld en liefde, soms is het nodig om hiervoor deskundige hulp te zoeken bij een psycholoog of seksuoloog.

Misverstanden en waarheden over seks

Behalve de hiervoor besproken gedachten die met je persoonlijke ervaringen met seks te maken hebben, zijn er ook gedachten en misverstanden die min of meer algemeen aanvaard worden in onze cultuur, maar die desalniettemin voor onnodige problemen in je seksuele relatie kunnen zorgen.

Misverstand 1: Je moet allebei zin hebben voor je gaat vrijen en als je eenmaal bent begonnen met vrijen moet je het ook 'afmaken'

Veel paren gaan ervan uit dat het vrijen volgens een vaste volgorde verloopt: je krijgt zin, je gaat vrijen en raakt steeds meer opgewonden, waarna je een orgasme krijgt en je bevredigd voelt. Vaak gaat het echter anders. Je hebt bijvoorbeeld geen zin als je begint met vrijen, maar al doende ga je het steeds leuker te vinden.

Door vast te houden aan het idee dat de zin er moet zijn voor het vrijen, zul je er minder toe komen om elkaar aan te halen. Immers de kans dat je allebei op hetzelfde moment 'spontaan' zin krijgt, is na de eerste fase van verliefdheid niet zo heel groot. Ook kun je als partner met meer zin de vergissing maken, dat je het vrijen kort houdt, zodat je de ander niet te veel lastigvalt, want die heeft immers geen zin. Dat zou kunnen betekenen dat het vrijen stopt op het moment dat die ander het net leuk begint te vinden. Belangrijker dan 'zin' is de bereidheid om zin te krijgen. En natuurlijk het vertrouwen dat je mag stoppen met vrijen, wanneer je dat wilt. Een ander veel voorkomend misverstand is namelijk dat je, wanneer je eenmaal begonnen bent met vrijen, moet doorgaan tot je allebei een orgasme hebt gehad.

Eileen, 40 jaar: 'Voor hem is het heel belangrijk dat ik een orgasme krijg. Als het moet, blijft hij uren lang doorgaan met mij te strelen of te likken. Dan lig ik me intussen druk te maken dat het voor hem allemaal zo lang duurt. En niet alleen voor hem, ook voor mij. Soms ben ik dan hartstikke moe, maar omdat ik weet hoe belangrijk het voor hem is, doe ik dan toch mijn best.'
'Maar wil je het dan zelf nog wel?'
'Nee, eigenlijk niet. Het enige wat ik dan wil, is dat het afgelopen is. Lekker tegen hem aan liggen en in slaap vallen. Als ik dat zeg, kwets ik hem. Hij begrijpt niet dat ik het niet belangrijk vind. Voor hem is het niet volledig als ik niet klaarkom. Hij denkt dat ik het vrijen met hem niet meer opwindend vind. Hij wil ook niet zo'n man zijn, die alleen maar aan zichzelf denkt. Soms denk ik: deed hij dat maar eens wat meer. Een snelle wip zo af en toe, dat lijkt mij prima. Soms doe ik wel eens alsof ik klaarkom. Hij heeft het wel eens gevraagd of ik dat deed en ik heb het natuurlijk ontkend. Hij zei: "Ik zou dat ook altijd merken." Toen dacht ik: je moest eens weten.'

Misverstand 2: Van het strelen van geslachtsdelen of 'erogene zones' wordt de ander vanzelf opgewonden

Met name veel vrouwen vinden het niet prettig als hun partner meteen in het begin van het vrijen hun borsten of genitaliën begint te strelen. Ze verstrakken en weren af en voelen helemaal geen opwinding. Uit het eerder genoemde onderzoek van Willeke Bezemer en mijzelf bleek dat veel vrouwen het opwindend vinden om over hun hele lijf gestreeld te worden, om intimiteit te ervaren door samen te praten en te lachen tijdens het vrijen, om lieve dingen tegen elkaar te zeggen, te zoenen en gezoend te worden. Ook mannen vinden het lang niet altijd prettig wanneer zonder inleiding onmiddellijk naar hun penis gegrepen wordt. Met andere woorden: er bestaat geen handleiding voor de goede minnaar. Je zult met je eigen partner telkens opnieuw moeten uitzoeken wat hij of zij op welk moment prettig vindt.

En ter geruststelling van de mensen die ze niet hebben kunnen ontdekken: er bestaan geen erogene zones, dat wil zeggen dat er geen vaste plekjes op het lichaam zijn die je maar hoeft te strelen en de opwinding is er. Sommige strelingen zijn – afhankelijk van het moment – wel of niet prettig. Wanneer je heel opgewonden bent, kan bijvoorbeeld stevig strelen van de clitoris prettig zijn, terwijl het op een ander moment pijn doet. Om beiden opgewonden te worden van het vrijen moet je goed op elkaar letten en elkaar duidelijk laten merken wat je wel en niet prettig vindt, elke keer opnieuw.

Misverstand 3: Wanneer de opwinding zakt, kun je maar beter ophouden met vrijen

Tijdens het vrijen kan de opwinding verdwijnen en weer toenemen. Vrouwen zijn dit wat meer gewend dan mannen. Sommige mannen (zeker als ze wat ouder worden) zijn bang dat hun erectie zal verdwijnen en dat gemeenschap niet meer mogelijk is als ze tijdens het vrijen merken dat hun erectie afneemt. Hierdoor gaan ze soms te snel (zeker voor hun partner) over tot gemeenschap of ze besluiten helemaal te stoppen met vrijen.

Misverstand 4: Het orgasme is letterlijk het hoogtepunt van het vrijen

Rondom het orgasme bestaan een heleboel misverstanden. Sinds de seksuele revolutie, de ontdekking dat vrouwen net als mannen plezier kunnen beleven aan het vrijen, is het orgasme voor vrouwen 'verplicht gesteld'. Mannen hebben het idee dat zij geen goede minnaar zijn, wanneer hun partner niet klaarkomt tijdens de gemeenschap. Uit het *Margriet*-onderzoek bleek dat mannen het belangrijk vinden dat zij zelf klaarkomen tijdens het vrijen, maar dat zij het bijna even belangrijk vinden dat hun partner ook een orgasme krijgt. Zij vinden het zelfs meer van belang dat hun partner een orgasme krijgt dan de vrouwen in kwestie zelf. Vrouwen vinden tederheid, strelen, praten en lachen tijdens het vrijen belangrijker dan klaarkomen. Of het vrijen bevredigend is, hangt voor vrouwen dus niet op de eerste plaats af van het orgasme.

Een misverstand dat hiermee samenhangt, is dat je als goede minnaar in staat moet zijn om je partner een orgasme te geven en dan liefst tijdens de gemeenschap. Uit onderzoek blijkt dat het voor vrouwen heel gewoon is om tijdens de gemeenschap niet klaar te komen. Zij kunnen dat veel gemakkelijker door stimulatie van de clitoris met de hand bijvoorbeeld, door oraal contact of door de clitoris tegen het lichaam van hun partner te drukken. Ter overtuiging wat cijfers: ongeveer 95% van de vrouwen kan zichzelf een orgasme geven door masturbatie. Voor vrouwen is dat verreweg de gemakkelijkste manier om klaar te komen. Ruim de helft van de vrouwen kan klaarkomen als de clitoris wordt gestimuleerd door de partner. 40% kan een orgasme krijgen tijdens de gemeenschap, wanneer zijzelf of hun partner tegelijkertijd met de hand de clitoris stimuleert. Slechts een kwart van de vrouwen komt door de gemeenschap klaar, over het algemeen doordat ze een manier gevonden hebben om hun clitoris tijdens het vrijen tegen het lichaam van hun partner te wrijven.

Mannen kunnen juist wel gemakkelijk klaar komen door gemeenschap. Er is gewoon een biologische verklaring voor dit verschil tussen mannen en vrouwen: tijdens de gemeenschap wordt de penis rechtstreeks gestimuleerd door de vagina, terwijl stimulatie van de clitoris – toch een voorwaarde voor het orgasme van de vrouw – slechts heel indirect is.

Misverstand 5: Wanneer je vrijt om andere redenen dan verliefdheid, liefde of 'zin' is dat niet goed

Seksuologe Maureen Luyens legt uit dat mensen, zeker in een langer durende relatie, allerlei redenen hebben om met elkaar te vrijen.

Bijvoorbeeld:
- plichtsgevoel: je had al weken geen zin en vindt dat het er nu maar weer eens van moet komen;
- de behoefte om de partner een plezier te doen;
- de wens om het weer goed te maken na een ruzie;
- het verlangen om de ander te veroveren;
- schuldgevoel, vanwege verliefdheid op een ander;
- het vermijden van ruzie: als ik nee zeg, is hij morgen chagrijnig;
- de behoefte aan intimiteit of aandacht;
- de behoefte om jezelf aantrekkelijk te voelen;
- angst dat je de ander verliest;
- het verlangen om zwanger te worden.

Geen van die redenen is goed of slecht. Integendeel, door van jezelf en de ander te accepteren dat er meerdere redenen zijn voor seksueel contact dan zin, verliefdheid of passie, loop je minder risico dat de relatie een sleur wordt of uitdooft omdat je aan vaste normen moet voldoen. Echter wanneer een van tweeën zich voortdurend wegcijfert en opoffert om aan de wensen van de ander tegemoet te komen en meestal vrijt zonder daar zelf genoegen aan te beleven, kan er op den duur een aversie tegen het vrijen ontstaan.

Misverstand 6: Als je een partner hebt, is masturberen raar

Zowel mannen als vrouwen met een vaste partner masturberen naast de seks met hun partner. Seks met jezelf is namelijk heel iets anders dan seks met zijn tweeën en je kunt het er gemakkelijk naast doen.

Meer dan de helft van de vrouwen met een relatie uit ons *Margriet*-onderzoek masturbeerde dan ook met enige regelmaat. Er was een samenhang met de leeftijd: naarmate vrouwen ouder worden vrijen ze niet alleen minder vaak, ze masturberen ook minder vaak. Voor vrouwen is masturberen de gemakkelijkste manier om klaar te komen en in die zin is het ook belangrijk om via masturbatie je eigen lichaam te leren kennen en te weten hoe je bij jezelf een orgasme kunt bewerkstelligen. Als je dat zelf weet, kun je het ook beter uitleggen aan je partner.

Van de mannen uit het *Margriet*-onderzoek (mannen die ook allemaal een partner hadden) masturbeerde ongeveer een kwart niet, de rest wel. Ook hier is er een samenhang met de leeftijd, dus ook de mannen masturberen minder naarmate ze ouder worden. Met name de oudere mannen en vrouwen geven nog wel eens aan dat ze het eigenlijk een beetje raar of een tweede keus vinden om te masturberen. Sommige mannen masturberen met name als hun partner liever niet wil vrijen.

Misverstand 7: Fantaseren over een ander is geestelijke ontrouw

Mannen en vrouwen fantaseren over vrijen. Vaak zijn dat fantasieën over vrijen met hun eigen partner, vaak ook over vrijen met andere partners. Meer dan de helft van de vrouwen fantaseert wel eens of zelfs vaak over

seks met een ander en van de mannen zegt slechts 11%
dat fantaseren over een ander dan de eigen partner
nooit voorkomt. De meeste mannen en vrouwen ervaren
die fantasieën als een onschuldige manier om hun eigen seksuele ervaringen wat op te sieren. Meestal gebeurt dat fantaseren tijdens het masturberen of gewoon
overdag, soms ook tijdens het vrijen met de eigen partner. Tussen droom en daad bestaat een grote afstand.
Er is geen enkele reden om aan te nemen dat mannen
en vrouwen die meer fantaseren over vrijen met een ander ook eerder vreemd zouden gaan.

Misverstand 8: Als je partner opgewonden is en je stopt met vrijen, raakt hij daar heel gespannen van

Mannen en vrouwen krijgen er helemaal niks van, als
ze opgewonden raken en het vrijen stopt. De opwinding
zakt dan gewoon. Wanneer je toch zin hebt om klaar te
komen, kun je dat zelf doen door masturbatie. Het kan
soms wel jammer of teleurstellend zijn om te stoppen
met vrijen, als je daar net heel veel zin in hebt, maar
ook niet meer dan dat. In ieder geval is het geen reden
om niet te stoppen met vrijen als je het gevoel hebt dat
je echt niet wilt, of dat je het (op dat moment) vervelend
vindt. Het kan wel soms helpen als je je partner duidelijk maakt waarom je op dat moment wil stoppen, zodat
hij of zij het niet ervaart als een afwijzing van de persoon.

Misverstand 9: Als de relatie goed is, gaat het vrijen vanzelf

Dat is helaas niet zo. Het omgekeerde is wel meestal het
geval: als paren het niet goed met elkaar kunnen vinden
of ruzie hebben, gaat het vrijen ook niet goed. Maar het is
zeker niet zo dat het vrijen ook meteen goed gaat, wanneer de relatieproblemen opgelost zijn. Om goed te kunnen vrijen spelen andere factoren mee. Je moet weten
wat je prettig vindt met vrijen en hoe je ervoor kunt zor-

gen dat je die ervaringen ook krijgt, je moet tot dan toe overwegend plezierige ervaringen hebben gehad met seks en lichamelijkheid, je moet vanuit je opvoeding geen negatieve houding hebben tegenover seksualiteit en je moet een partner hebben met wie je samen prettig kunt vrijen.

Misverstand 10: Seks en genieten van seks is verplicht in een goede relatie

Er zijn paren die geen seksuele relatie (meer) hebben en die het toch heel goed met elkaar kunnen vinden. Er zijn ook paren bij wie een van beiden weinig behoefte heeft aan seks en er ook weinig plezier aan beleeft. Dat betekent niet dat die paren een slechte relatie hebben. En verplicht genieten is altijd een heel gedoe en in feite onzin. Je kunt een ander niet opleggen om ergens plezier aan te beleven.

Tevreden paren

Wanneer je onderzoekt welke paren in staat zijn om ook op de lange duur een bevredigende seksuele relatie te houden, dan vind je bij deze paren de volgende kenmerken terug:

1. Paren die tevreden zijn over hun seksuele relatie kunnen flexibel met veranderingen omgaan. Ze accepteren dat de verliefdheid tijdens de dagelijkse beslommeringen verdwijnt, dat kinderen en werk energie en aandacht eisen, dat er bij het ouder worden veranderingen in het seksuele functioneren optreden. Ze accepteren deze veranderingen niet alleen, maar vinden ook een manier om ermee om te gaan. Wat ze niet doen is zich gekrenkt of teleurgesteld terugtrekken van elkaar.
2. Tevreden paren praten over ergernissen en problemen (zie de vorige hoofdstukken) en vechten die niet

via de seks uit: als jij niet doet wat ik wil, zal ik het jou laten voelen.

3. Tevreden paren beseffen dat het te veel gevraagd is om altijd 'spontaan' en op hetzelfde moment zin te krijgen. Ze gaan ervan uit dat de zin kan komen tijdens het vrijen, stellen zich daarvoor open en accepteren dat je om verschillende redenen kunt vrijen.

4. Tevreden paren vinden het prettig en belangrijk om elkaar aan te raken. Ze voelen zich vrij om initiatief te nemen om te vrijen en om ermee te stoppen als ze het niet prettig meer vinden. Ze hebben geleerd om zowel actief als passief te genieten van vrijen. Ze respecteren daarbij elkaars grenzen: dat wil zeggen dat ze niet te veel druk hebben uitgeoefend op de ander om dingen te doen die hij of zij niet wilde.

5. Tevreden paren kunnen aan elkaar duidelijk maken wat ze wel en niet prettig vinden en kunnen dingen aan elkaar vragen. Hun principe is: 'Je kunt alles vragen wat je wilt, je kunt niet alles doen wat je wilt.'

6. Tevreden paren hebben geleerd om te gaan met de verschillen die er tussen hen zijn, met name met het verschil in behoefte. Ze hebben dit verschil opgelost op een soepele manier, dus niet doordat een van tweeën zich altijd aanpast.

Hoe hou je het vrijen goed in langer durende relaties?

Adviezen om je seksuele relatie goed te houden kun je enigszins afleiden door te kijken naar hoe tevreden paren ermee omgaan.

Toch heb ik (misschien ten overvloede) de belangrijkste adviezen nog eens op een rijtje gezet.

1. Een gegeven dat uit alle onderzoeken naar seksuele beleving naar voren komt, is dat praten over je seksuele

wensen en gevoelens belangrijk is. Dat klinkt logisch, lijkt gemakkelijk maar is dat niet. Uit ons onderzoek voor *Margriet* bleek dat jonge mannen en vrouwen gemakkelijker praten over seks en over hun wensen dan ouderen. Vrouwen geven iets vaker aan (met of zonder woorden) wat zij willen of prettig vinden dan mannen. Althans dat denken ze zelf. Uit de vragenlijsten van de mannen bleek dat de mannen vaak vonden dat vrouwen helemaal niet aangaven wat ze wilden, terwijl vrouwen vaker meenden dat ze dat wel duidelijk hadden gemaakt. Met andere woorden: vrouwen vinden van zichzelf dat ze communicatiever zijn dan hun mannen merken. Overigens zijn vrouwen en mannen het wel met elkaar eens dat het een positief effect heeft als ze aangeven wat ze prettig vinden met vrijen. Een van de moeilijkheden met praten over seks is dat je om te praten taal nodig hebt en het is in gewoon 'net' Nederlands niet zo gemakkelijk om woorden te vinden voor seks en geslachtsdelen. Om te voorkomen dat ze grof worden, gebruiken veel mensen dus vage termen als 'het' en 'je weet wel'. De communicatie wordt daar niet helderder van.

Anderen geven er de voorkeur aan om met gebaren of bewegingen of geluidjes duidelijk te maken wat ze willen. Dat lijkt wat minder geforceerd, je voelt je dan mogelijk niet zo'n instructeur of instructrice, maar het is tegelijk ook weer minder duidelijk en voor meerdere uitleg vatbaar.

Een andere moeilijkheid bij het praten is dat wij op het gebied van seksualiteit zo kwetsbaar zijn. Een opmerking dat je iets niet fijn vindt, kan heel hard aankomen. Met name vrouwen zijn zich daarvan bewust en houden die opmerkingen dus vaak voor zich, maar sluiten zich daarna wel af of zijn op hun hoede tijdens het vrijen, om ervoor te zorgen dat het niet weer voorkomt.

Omdat mannen en vrouwen zo verschillend zijn in hun beleving van seksualiteit en in hun wensen op seksueel gebied, zoals we hierboven zagen, is het juist hier zo belangrijk om wel te praten over elkaars gevoelens en verlangens. Anders blijft hij bijvoorbeeld denken dat zij een orgasme absoluut noodzakelijk vindt en dat ze oraal contact altijd heerlijk vindt, of blijft zij uitgaan van de gedachte dat hij altijd zin heeft en dat het voorspel voor hem een beetje moet opschieten, terwijl dat misschien niet zo is, of niet altijd.

2. Naast praten is tijd belangrijk. En niet alleen tijd om te vrijen. Wanneer je het de hele dag druk hebt, zal het wel eens een enkele keer gebeuren dat je 's avonds dan toch allebei ineens zin hebt om te vrijen of dat de een de ander kan overhalen, maar over het algemeen hebben paren tijd nodig om intimiteit te ervaren door aanraken, knuffelen, praten, samen dingen doen. Niet voor niets leven de meeste relaties seksueel en anderszins op in een vakantie.

3. Durf initiatief te nemen en actief te zijn. Bij jongere paren gebeurt dit steeds vaker. Meisjes zijn niet langer afwachtend, maar durven initiatief te nemen, te vragen wat ze willen en een actievere rol op zich te nemen bij het vrijen. Bij paren die wat langer bij elkaar zijn, zie je echter toch nogal eens, ook al door de vaak wat grotere behoefte van de man, dat er een min of meer vast patroon ontstaat.

Een van beiden neemt steeds het initiatief en de ander wacht af. Voor beide partners is dat niet zo prettig. Degene die steeds het initiatief neemt, mist het genoegen om veroverd en begeerd te worden en de andere partner komt zo wel in een heel afhankelijke rol terecht. Ook tijdens het vrijen heb je de meeste kans om er plezier aan te beleven als je de actieve en de passieve rol kunt afwisselen en als er geen rigide taakverdeling is van de een die streelt en de ander die gestreeld wordt. Meestal hebben mannen wat meer de neiging om heel actief te zijn en belanden vrouwen gemakkelijker in de passieve rol, maar het omgekeerde komt ook voor. Door zelf actief een houding op te zoeken waarin hun clitoris gestimuleerd wordt en ze vrij kunnen bewegen, kunnen vrouwen hun plezier in het vrijen vergroten. Omgekeerd is het ook belangrijk dat je je tijdens het vrijen kunt overgeven aan de strelingen van de ander en dat je niet voortdurend het idee hebt dat je elke streling meteen moet retourneren. Vrijwel iedereen vindt het heerlijk om de ander te verwennen en te zien dat hij daarvan geniet en opgewonden raakt.

4. Respecteer elkaars grenzen en accepteer elkaars verschillen. Om te kunnen genieten van het vrijen is het wezenlijk dat je je veilig voelt bij elkaar. Als je denkt dat de ander dingen zou kunnen doen die je niet prettig vindt of die zelfs pijnlijk zijn, dan zul je je niet ontspannen maar steeds op je hoede zijn en jezelf proberen te beschermen of af te sluiten.

Het is belangrijk dat je van elkaar weet wat je wel en niet wilt en dat je daar rekening mee houdt. Dus geen pogingen tot anaal contact als je weet dat de ander dat niet prettig vindt. Wanneer beiden heel verschillende verlangens hebben, kun je zoeken naar een gebied waarop je allebei geniet en daarnaast kun je af en toe bij wijze van cadeautje vrijen op de manier die de ander prettig vindt, mits dit voor jou niet te belastend is en geen weerzin opwekt. Wanneer je partner bijvoorbeeld mooie lingerie heel prettig vindt en jij voelt je daar hoerig in, dan kun je hem daar af en toe een plezier mee doen, zonder dat je het zelf verplicht leuk hoeft te vinden. Wanneer je voelt dat dit bij jou over een grens gaat, moet je het niet doen.

Overigens zijn grenzen niet altijd precies hetzelfde. Oraal contact kan de ene keer tegenstaan, terwijl je het ook wel eens heel prettig gevonden hebt. Dat kun je niet altijd weten van elkaar. Daarom is het zo essentieel dat elk van beide partners op elke moment kan aangeven als er een grens overschreden dreigt te worden en dat de ander dan ook onmiddellijk stopt.

5. Houd rekening met de ander, maar durf ook op jezelf gericht te zijn. Om te kunnen genieten van het vrijen en zeker om een orgasme te krijgen is het niet alleen belangrijk dat partners op elkaar gericht zijn en rekening houden met elkaar tijdens het vrijen, maar ook dat ze op bepaalde momenten hun aandacht kunnen richten op hun eigen genot en zich als het ware even kunnen terugtrekken in zichzelf. Partners die alleen maar gericht zijn op het genoegen en het orgasme van de ander en zichzelf vergeten, maken het vrijen op den duur voor zichzelf en voor de ander minder leuk.

6. Stel je open voor aanraking, intimiteit en vrijen. Ga er niet van uit, dat er altijd zin of een gevoel van verliefdheid moet zijn voor je begint met vrijen, of dat de zin er voortdurend moet zijn tijdens het vrijen, maar laat je ook af en toe 'overhalen' of durf het aan om je partner te verleiden (uiteraard met inachtneming van zijn of haar grenzen).

Buitenechtelijke relaties

Een buitenechtelijke relatie veroorzaakt vrijwel altijd een ernstige crisis in een relatie. De partner die verliefd wordt, voelt zich meegesleept door een plotselinge passie, de 'bedrogen' partner voelt zich diep gekrenkt en fundamenteel afgewezen. Ondanks wat geluiden tijdens de seksuele revolutie dat het toch 'moet kunnen' om meer dan een relatie tegelijk te hebben, ervaren de meeste paren dat ze dat helemaal niet kunnen en ook niet willen.

Ze spreken af, tegenwoordig zelfs weer definitiever dan

een aantal decennia geleden, dat het hun nooit zal over-komen en dat ze eeuwig trouw blijven en in ieder geval altijd eerlijk tegen elkaar zullen zijn.

En dan gebeurt het toch. Tenminste het gebeurt be-hoorlijk vaak. Minstens een op de vijf vrouwen en man-nen met een vaste relatie die deelnamen aan ons onder-zoek, had wel eens met een ander dan hun vaste part-ner gevrijd. En dat zijn nog alleen de mannen en vrou-wen die dit toegeven. De werkelijke cijfers zullen waar-schijnlijk hoger liggen. De meeste van die paren blijven desondanks bij elkaar. Ze vinden dus een manier om deze schok te verwerken en weer samen verder te gaan, ook al dachten ze misschien van tevoren dat ze dit nooit zouden accepteren.

Misschien is ontrouw ook zo moeilijk te verteren, omdat veel mensen ervan uitgaan dat het alleen maar gebeurt als er iets mis is in je eigen relatie. Dat hoeft echter niet het geval te zijn. Veel mannen en vrouwen willen hun vaste partner helemaal niet kwijt, maar voelen zich des-ondanks hevig aangetrokken tot iemand anders, zoals blijkt uit de volgende gespreksfragmenten.

Robert, 41 jaar, getrouwd, twee zoontjes: 'Drie jaar geleden ben ik weer vreselijk verliefd geworden. Het was een perio-de waarin we van alles hadden meegemaakt. Ik was net overspannen geweest. Toen leerde ik een vrouw kennen met wie ik bijna een jaar een relatie heb gehad. Zij heeft er uiteindelijk een punt achter gezet, omdat ze het niet kon. Ze wilde dat ik een beslissing zou nemen en dat kon ik niet. Nu, achteraf, denk ik er anders over. Toen dacht ik dat we zo wel door konden gaan, maar nu heb ik het gevoel dat zo'n relatie ernaast toch niet kan. Met name omdat ik me reali-seer dat ik Margriet heel veel verdriet heb gedaan. In die pe-riode kon ze er slecht tegen dat ik een andere relatie had. Ze voelde heel veel afstand tussen ons, maar ze kon er niet over praten. Het speelt ook wel een belangrijke rol dat we nu kinderen hebben. Ik heb nooit weg gewild bij Margriet, maar ik wil ook zeker niet weg bij de kinderen.'

'Zou u nu, als u weer verliefd zou worden, die verliefdheid minder kans geven?'

'Ik moet eerlijk zijn: ik weet het niet. Ik denk nog steeds heel veel aan mijn vriendin. Het was een heel bijzonder iemand, die bijvoorbeeld ook prachtige gedichten schreef. Ik denk dat Margriet de laatste jaren geen andere relaties meer heeft gehad. Ik denk dat ze dat ook niet wil. Ik weet zelf niet hoe ik zou reageren. Ik ken mezelf inmiddels wel een beetje.'

Jacqueline, 38 jaar, veertien jaar een relatie: 'Ja, ik ben wel eens verliefd, ik heb ook wel eens met iemand anders gevrijd. Vanaf het begin van mijn huwelijk ben ik soms vreemdgegaan. Dan ging ik bijvoorbeeld met vriendinnen een weekend weg en ook wel eens een week naar Italië of zo. Daar werd wel schande over gesproken in de familie, maar dat deed ik gewoon. Mijn man was zo ontzettend van huisje, boompje, beestje, maar ik wilde dat toch echt. Het is toen een keer gebeurd tijdens zo'n vakantie. Ik was met een vriendin naar Griekenland en daar ontmoette ik een jongen met wie ik heerlijk kon dansen. Daar voelde mijn man meestal ook niet zoveel voor. Met die jongen heb ik toen ook seks gehad. Dat was heel fijn, ik denk er nog wel aan, heel soms, maar ik heb het toch van mij afgezet. Het was een incident. Verder wilde ik ook niet met die man. Ik heb het nooit aan mijn man verteld. Ik voelde me wel schuldig, het is toch ook heel raar. Dan ben je nog zo verliefd en dan zie je daar op het vliegveld je man staan. Dat is wel moeilijk. Ik heb het hem nooit verteld, omdat ik zeker weet dat hij dan zou zeggen: stap maar op. Ik ben wel eens vaker wat verliefd. Dan fantaseer ik over diegene, maar ik druk het ook weg.'

Liesbeth, 50 jaar, bedrijfsgeneeskundige, negenentwintig jaar getrouwd: 'Hij wilde dat ik formeel toestemming gaf voor een relatie met een andere vrouw. Dat heb ik nooit gedaan. Ik vond altijd wel: je leeft maar een keer, dus als je nou per se vindt dat je dat moet doen, dan moet je het ook maar doen. Maar mijn toestemming is niet aan de orde en ik vind het niet prettig, je moet het niet aan mij vragen. Zelf heb ik wel verschillende keren een andere relatie gehad. Hij wist wel dat er wat gevrijd werd, maar hij wist niet dat ik met zo'n andere man naar bed ging, dat heb ik hem nooit verteld. Ik denk ook niet dat hij dat aangekund had. Ik ben wel blij dat ik het gedaan heb, ik heb me nooit schuldig gevoeld. Met één man heb ik een relatie gehad toen het heel slecht ging met mijn eigen man. De relatie gaf mij toen de moed om door te gaan. Via mijn werk heb ik verschillende relaties gehad met mannen. Heel warme relaties. Ik heb nog een man met wie ik nog steeds een speciale band heb, terwijl ik nooit meer met hem naar bed ga. Vroeger moest dat echt, maar nu hoeft dat niet meer voor mij. Ik zou er niet meer van alles voor arrangeren. Het heeft mij heel erg geholpen in mijn gevoel van eigenwaarde. Wat ik zo fijn vond, was het gevoel zonder rancune de liefde te bedrijven, alleen maar tederheid. Met mijn eigen man is er toch vaak iets van boosheid op de achtergrond. We maakten het wel altijd goed, dus bij het vrijen zat er nooit echt ruzie tussen, maar soms wel rancune. Het was net alsof ik zo'n soort black box in mijn hoofd had, waar dan soms ineens dingen uit kwamen. Dat haalt de onbekommerdheid weg uit de relatie.'

Uit deze voorbeelden blijkt dat de redenen om een relatie met een andere partner aan te gaan veel minder simplistisch zijn dan dat je iets tekort zou komen in je eigen relatie. Vaak speelt de behoefte aan waardering en bevestiging een rol. Die worden, zoals we eerder zagen, soms wat schaars in een vaste relatie en dat kan een relatie met een ander, die je dat vanuit zijn verliefdheid wel royaal biedt, heel aantrekkelijk maken. Hoewel het vrijen met een buitenechtelijke partner technisch vaak minder bevredigend is dan met je eigen partner, die je immers lichamelijk zo goed kent, heeft het wel de passie en de spanning van het nieuwe en daarom kan het heel opwindend zijn. Soms speelt behoefte aan vrijheid en het breken met de sleur een belangrijke rol. En niet te vergeten: de gelegenheid. Wanneer er een andere aantrekkelijke partner aanwezig is die geïnteresseerd is en de kans doet zich voor, is de verleiding wel heel groot.

Je wordt overspoeld door een heleboel gevoelens als je getroffen wordt door verliefdheid, terwijl je al een vaste relatie hebt. Aan de ene kant voel je je zeer aangetrokken tot iemand, is er het sterke verlangen om bij hem of haar te zijn, ben je dolgelukkig, aan de andere kant is er de angst voor ontdekking en het schuldgevoel ten opzichte van je partner. Totale verwarring kortom.

Voor de meeste mensen is het een enorm dilemma of ze nu wel of niet hun gevoelens eerlijk op moeten biechten. Vaak hebben ze hun partner wel beloofd om eerlijk te zijn, maar zijn ze bang voor de gevolgen als ze die belofte nu waarmaken. Bang voor de pijn en het verdriet dat ze de ander aandoen, maar, eerlijk is eerlijk, ook bang dat ze gedwongen worden tot een keuze op het moment dat hun ontrouw bekend wordt.

Vaak heeft de vaste partner wel al enige tijd een vermoeden dat er iets speelt. De ontrouwe partner slaagt er namelijk meestal niet echt overtuigend in om te doen alsof er niets aan de hand is. Hij komt later thuis, heeft minder zin in seks, ziet er anders uit, of heeft ineens wel erg veel zakelijke afspraken. Wanneer ernaar gevraagd wordt en de ontrouwe partner ontkent, wakkert dat het schuldgevoel aan en wordt het ook steeds moeilijker om uiteindelijk toe te geven dat er wel iets aan de hand was.

Achteraf, wanneer de ontrouw uitkomt, zijn de bedrogen partners soms nog meer ontdaan over het liegen dan over de ontrouw zelf. Ze hebben het gevoel dat ze de ander nooit meer kunnen vertrouwen, nu hij in staat bleek om zo flagrant te liegen.

Het is moeilijk om een algemeen advies te geven met betrekking tot eerlijkheid over buitenechtelijke affaires. Wanneer het een kortdurende relatie is, is het effect van de bekentenis misschien zo desastreus, dat je moet overwegen om zelf de last en het schuldgevoel van de leugen te verdragen. Als een relatie met een derde langer duurt of serieuzer is, valt het liegen niet vol te houden. Vroeg of laat zal er dan gepraat moeten worden over de relatie en dan maar liever vroeg. Want erger dan liegen is slecht liegen, dat wil zeggen zo liegen dat het toch uitkomt, zodat de partner zowel de pijn van de ontrouw als van de leugen te verwerken krijgt.

Wanneer de ontrouw bekend of ontdekt is, volgt er over het algemeen een heftige crisis. De ontrouwe partner schaamt zich, voelt zich schuldig en is bang om een van beide of beide geliefden kwijt te raken. De bedrogen partner is diep gekrenkt, bang om in de steek gelaten te worden, woedend, jaloers, onzeker. Het is aan te raden om in deze fase waarin beiden worden overspoeld door heftige gevoelens geen keuze te maken, maar tijd te winnen. De neiging bestaat wel om heel impulsief te reageren: 'Ik stap op als je haar nu niet belt dat je haar nooit meer wilt zien.'

Ook de verliefde partner loopt het risico om, meegesleept door zijn passie van het moment, alles achter zich te laten wat hem toch ook heel dierbaar is. Niet zelden krijgen mensen daar later vreselijk spijt van.

De omgeving speelt vaak ook een rol. Familie en vrienden reageren heftig op ontrouw. Waarschijnlijk uit angst dat iets wat zo dichtbij gebeurt ook hun zou kunnen overkomen. Zij zien de wanhoop van degene die hun lief is en vinden dat er iets moet gebeuren: er moet een keuze gemaakt worden, een besluit moet vallen. 'Dat accepteer je toch niet. Bij mij kwam hij er niet meer in.'

Hiermee zetten ze de relatie die toch al schudt op haar grondvesten nog meer onder druk. De bedrogen partner voelt zich niet alleen afgedankt, maar nog een zwakkeling ook. Iemand anders zou de bedrieger allang met zijn koffer op straat gegooid hebben.

Het is moeilijk, maar verstandig om geen beslissing te nemen voor de balans opgemaakt is en de allerergste paniek wat bedaard is. Pas daarna kun je een goede afweging en een keuze maken.

Van de andere kant is er ook een groep mensen met buitenechtelijke relaties, die deze keuze blijft uitstellen en soms jaren blijft twijfelen of de relatie nu wel of niet moet worden verbroken. Wanneer er zo'n impasse ontstaat moet de trouwe partner ook de afweging maken of hij wel op deze basis een relatie wil voortzetten met iemand die kennelijk niet weet welke keuze hij moet maken en daardoor iedereen belet om zijn leven weer op te pakken.

Wanneer uiteindelijk de keuze gemaakt is en wanneer die gevallen is op de vaste partner, zijn de problemen daarmee niet voorbij.

Wanneer beide partners zich weer relatief veilig voelen, begint de verwerking van alles wat er gebeurd is. Het wordt nooit meer zoals het was. Het vertrouwen is beschadigd en de onbekommerde zekerheid over elkaars trouw zal nooit meer terugkomen.

De ontrouwe partner zal graag met een schone lei willen beginnen: 'Ik heb voor jou gekozen, dus dan moet je ook over het verleden ophouden.' De ander kan dit niet zomaar. In de periode dat hij of zij nog moest vechten voor de relatie ging het soms beter dan nu hij gewonnen heeft. Toen kon er wel gevrijd worden, soms vaker en nog hartstochtelijker dan voor de crisis, nu lukt dat ineens niet meer, omdat steeds de vraag opduikt: 'Deed je dat met die ander ook?' Het beantwoorden van dergelijke intieme vragen over details levert overigens meestal slechts ellende en verdriet op. De ontrouwe partner wil ze liever niet beantwoorden. De bedrogen partner denkt dat hij het moet weten, maar kan vervolgens niet leven met de beelden die door de antwoorden worden opgeroepen. De partner die ontrouw was heeft weliswaar gekozen, maar dat houdt ook in dat hij een eind heeft moeten maken aan een relatie die belangrijk voor hem was. Ook dat verlies kost verdriet, dat verwerkt moet worden. Het begrip daarvoor bij de eigen partner is niet erg groot.

Het zal kortom een hele tijd duren voordat beiden al deze emoties verwerkt hebben en de weg naar elkaar teruggevonden hebben. Het is in die verwerkingsfase nodig om veel te praten over beider gevoelens – niet over details van de seks met de ander – hoe moeilijk dat soms ook is. Daarnaast moet de balans opgemaakt worden van de eigen relatie. Wat zou je anders willen? Hoe kun je voorkomen dat je elkaar ooit weer zo uit het oog verliest?

Achteraf kunnen sommige paren zeggen dat deze periode, hoe moeilijk die ook geweest is, toch iets heeft opgeleverd voor de relatie. Ze hebben elkaar daardoor beter leren kennen, hebben een tweede keer bewust voor elkaar gekozen of zijn meer hun best gaan doen voor de relatie of voor elkaar.

Literatuur

Bögels, S.M. & P. van Oppen (red.), *Cognitieve therapie – theorie en praktijk*, Bohn Stafleu Van Loghum, Houten 1999

Greenberger, D. & C. Padesky, *Je gevoel de baas*, Swets & Zeitlinger, Lisse 1999

Heffels, A., *Ik heb al een vader*, Anthos, Baarn 1994

Heffels, A. & W. Bezemer, *Liever de lusten*, Anthos, Baarn 1993

Heffels, A. & W. Bezemer, *Min of meer macho*, Anthos, Baarn 1994

Kampschuur, P., B. Buunk & C. Schaap, *Het omstreden huwelijk*, Ambo, Baarn 1990

Keijsers, G.P.J., A. van Minnen & C.A.L. Hoogduin (red.), *Protocollaire behandelingen in de ambulante geestelijke gezondheidszorg*, Bohn Stafleu Van Loghum, Houten 1999

Lange, A., *Gedragsverandering in gezinnen*, Wolters-Noordhoff, Groningen 1994

Luyens, M., *Liever vrijen*, Lannoo, Tielt 1997

Palmen, Connie, *I.M.*, Prometheus, Amsterdam 1998

Vansteenwegen, A., *Liefde is een werkwoord*, Lannoo, Tielt 1990

Vansteenwegen, A., *Liefde na verschil*, Lannoo, Tielt 1995

Vansteenwegen, A., *Helpen bij partnerrelatieproblemen*, Bohn Stafleu Van Loghum, Houten 1996

Vansteenwegen, A., *Liefde vraagt tijd*, Lannoo, Tielt 1999

Wilmink, Willem, *Verzamelde liedjes en gedichten tot 1986*, Bert Bakker, Amsterdam 1992